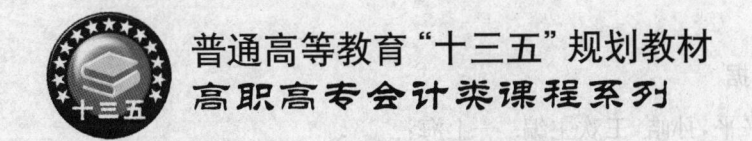

普通高等教育"十三五"规划教材
高职高专会计类课程系列

统计基础与实务

主 编／宋平平 孙 皓 王 欢
副主编／张琳琳 褚 阳

立信会计出版社
LIXIN ACCOUNTING PUBLISHING HOUSE

图书在版编目(CIP)数据

统计基础与实务 / 宋平平,孙皓,王欢主编. —上海:
立信会计出版社,2016.4
普通高等教育"十三五"规划教材
ISBN 978-7-5429-5023-9

Ⅰ.①统… Ⅱ.①宋… ②孙… ③王… Ⅲ.①统计学—高等职业教育—教材 Ⅳ.①C8

中国版本图书馆 CIP 数据核字(2016)第 093417 号

策划编辑　赵新民
责任编辑　张巧玲　王　倩
封面设计　南房间

统计基础与实务

出版发行	立信会计出版社		
地　　址	上海市中山西路 2230 号	邮政编码	200235
电　　话	(021)64411389	传　　真	(021)64411325
网　　址	www.lixinaph.com	电子邮箱	lxaph@sh163.net
网上书店	www.shlx.net	电　　话	(021)64411071
经　　销	各地新华书店		
印　　刷	常熟市梅李印刷有限公司		
开　　本	787 毫米×1092 毫米　1/16		
印　　张	16.75		
字　　数	367 千字		
版　　次	2016 年 4 月第 1 版		
印　　次	2016 年 4 月第 1 次		
印　　数	1—2100		
书　　号	ISBN 978-7-5429-5023-9/C		
定　　价	34.00 元		

如有印订差错,请与本社联系调换

前言 Foreword

统计信息是社会经济信息的主体，人们要从事经济研究和各种社会经济管理活动，都应该学会运用统计工具，掌握基本的统计理论和方法，才能做好工作。因此，统计学是各大专院校经济管理类专业不可或缺的一门专业基础课程。在市场经济活动中，统计方法在金融、证券、保险、投资、理财等方面的应用领域迅速扩大，这不仅提高了统计学的学科地位，促进了统计科学的发展，同时也对统计的科学理论、统计工作实践以及对高等学校的统计课程都提出了新的要求。

本书是作者在多年科研和教学实践的基础上编写而成，参考了近几年来国内外有关专著、教材，总结和吸收了有关学者统计研究的有益成果，注意理论联系实际，全面论述了统计方法及其应用。全书共分10章，比较全面系统地阐述了统计的基本理论、基础知识和基本方法，并在有关章节介绍了统计预测和统计决策的理论、方法及其应用。在写法上，本书力求概念准确、层次分明、重点突出、通俗易懂、深入浅出、文字简练、内容丰富。本书从方便教师讲授和学生自学的角度出发，为各章均配有练习题与拓展实训，以帮助学生对内容的理解、消化和吸收。本书是关于统计学基本理论和方法的教材，适用于经济类和管理类专业学生，也适用于广大经济管理从业人员作为学习统计学的参考书。

本书由宋平平、孙皓、王欢任主编，负责总体框架的设计、全书的总纂与定稿，张琳琳、褚阳任副主编。本编写分工如下：宋平平编写第1、第2、第5、第7章，孙皓编写第4、第9章，王欢编写第6章，张琳琳编写第10章，褚阳编写第3、第8章。在编写过程中，谷宝顺、孙然、肖磊荣、葛红都提出了有价值的建议，在此诚表谢意。本书在编写过程中，参考和借鉴了有关专家、学者的研究成果，在出版过程中，立信会计出版社的有关领导和同志付出了辛勤劳动。在此，向帮助和支持本书编写和出版的同志表示衷心的感谢和敬意。

由于水平有限，缺点和错误在所难免，恳请专家和广大读者批评指教。

目录 Contents

第1章 总论 ... 1

- 1.1 统计的含义 ... 2
- 1.2 统计的产生和发展 ... 3
  - 1.2.1 统计实践活动的产生和发展 ... 3
  - 1.2.2 统计学的产生和发展 ... 3
- 1.3 统计学的研究对象与方法 ... 5
  - 1.3.1 统计学的研究对象与特点 ... 5
  - 1.3.2 统计研究的基本方法 ... 6
- 1.4 统计学的基本概念 ... 8
  - 1.4.1 统计总体和总体单位 ... 8
  - 1.4.2 统计标志和标志表现 ... 9
  - 1.4.3 统计指标和统计指标体系 ... 10
- 1.5 统计的职能、任务和工作过程 ... 13
  - 1.5.1 统计的职能 ... 13
  - 1.5.2 统计的任务 ... 13
  - 1.5.3 统计工作过程 ... 13
- 本章小结 ... 14
- 练习与实践 ... 15
- 拓展实训 ... 24

第2章 统计数据的搜集 ... 25

- 2.1 统计数据搜集的概念 ... 26
  - 2.1.1 统计数据搜集的意义与基本要求 ... 26

2.1.2　统计数据搜集的来源 ……………………………………………… 27
　　2.1.3　统计数据搜集的种类 ……………………………………………… 28
2.2　统计数据的计量尺度与类型 ………………………………………………… 30
　　2.2.1　统计数据的计量尺度 ……………………………………………… 30
　　2.2.2　统计数据的类型 …………………………………………………… 31
2.3　统计资料搜集的方案 ………………………………………………………… 31
　　2.3.1　确定调查目的 ……………………………………………………… 32
　　2.3.2　确定调查对象和调查单位 ………………………………………… 32
　　2.3.3　确定调查项目和调查表 …………………………………………… 33
　　2.3.4　确定调查时间和调查期限 ………………………………………… 33
　　2.3.5　制订调查的组织实施计划 ………………………………………… 34
2.4　统计调查的组织形式 ………………………………………………………… 34
　　2.4.1　统计报表 …………………………………………………………… 34
　　2.4.2　普查 ………………………………………………………………… 36
　　2.4.3　重点调查 …………………………………………………………… 36
　　2.4.4　典型调查 …………………………………………………………… 37
　　2.4.5　抽样调查 …………………………………………………………… 38
2.5　统计调查问卷 ………………………………………………………………… 38
　　2.5.1　问卷的意义及内容 ………………………………………………… 38
　　2.5.2　问卷设计中的询问技术 …………………………………………… 39
　　2.5.3　问卷中的答案设计 ………………………………………………… 41
　　2.5.4　问卷的编排设计与分类 …………………………………………… 42
本章小结 ……………………………………………………………………………… 43
练习与实践 …………………………………………………………………………… 43
拓展实训 ……………………………………………………………………………… 52

第 3 章　统计数据的整理 ……………………………………………………… 53

3.1　统计数据整理概述 …………………………………………………………… 54
　　3.1.1　统计整理的概念和作用 …………………………………………… 54
　　3.1.2　统计整理的步骤 …………………………………………………… 55
3.2　统计分组 ……………………………………………………………………… 56
　　3.2.1　统计分组的概念与作用 …………………………………………… 56
　　3.2.2　选择分组标志 ……………………………………………………… 59
3.3　编制分配数列 ………………………………………………………………… 61
　　3.3.1　分配数列的概念 …………………………………………………… 61
　　3.3.2　分配数列的种类 …………………………………………………… 61

3.3.3 分配数列的编制 …… 63
3.4 统计数据的显示 …… 68
　3.4.1 统计表 …… 68
　3.4.2 统计图 …… 72
　3.4.3 频数分布的主要类型 …… 76
本章小结 …… 77
练习与实践 …… 77
拓展实训 …… 80

第4章 统计数据的描述 …… 81

4.1 总量指标 …… 82
　4.1.1 总量指标的概念 …… 82
　4.1.2 总量指标的种类 …… 82
　4.1.3 总量指标的计量单位 …… 83
　4.1.4 计算总量指标的原则 …… 84
4.2 相对指标 …… 85
　4.2.1 相对指标的概念和作用 …… 85
　4.2.2 相对指标的表现形式 …… 85
　4.2.3 相对指标的计算方法 …… 86
　4.2.4 正确运用相对指标的原则 …… 94
4.3 集中趋势描述 …… 95
　4.3.1 平均指标的概念和作用 …… 95
　4.3.2 平均指标的计算 …… 96
　4.3.3 众数、中位数和算术平均数的比较 …… 107
　4.3.4 计算和运用平均指标应注意的问题 …… 108
4.4 离中趋势描述 …… 108
　4.4.1 标志变异指标的概念和作用 …… 108
　4.4.2 标志变异指标的计算 …… 109
本章小结 …… 115
练习与实践 …… 116
拓展实训 …… 121

第5章 时间数列分析 …… 123

5.1 时间数列分析概述 …… 124

- 5.1.1 时间数列的概念和作用 ... 124
- 5.1.2 时间数列的种类 ... 124
- 5.1.3 时间数列的编制原则 ... 126
- 5.2 时间数列水平指标分析 ... 126
  - 5.2.1 发展水平 ... 127
  - 5.2.2 增长水平 ... 131
- 5.3 时间数列速度指标分析 ... 133
  - 5.3.1 发展速度 ... 133
  - 5.3.2 增长速度 ... 134
  - 5.3.3 平均发展速度和平均增长速度 ... 135
  - 5.3.4 增长1%的绝对值 ... 137
- 5.4 时间数列长期趋势分析 ... 138
  - 5.4.1 时间数列的因素分析 ... 138
  - 5.4.2 时间数列的分解模型 ... 139
  - 5.4.3 长期趋势的测定 ... 140
- 5.5 时间数列季节变动分析 ... 143
- 本章小结 ... 145
- 练习与实践 ... 146
- 拓展实训 ... 148

第6章

抽样与参数估计 ... 149

- 6.1 抽样调查 ... 150
  - 6.1.1 抽样调查的概念 ... 150
  - 6.1.2 抽样调查的特点、应用范围 ... 150
- 6.2 抽样推断的基本概念 ... 152
  - 6.2.1 全及总体和抽样总体 ... 152
  - 6.2.2 全及指标和抽样指标 ... 153
  - 6.2.3 重复抽样与不重复抽样 ... 154
  - 6.2.4 抽样框与样本数 ... 155
  - 6.2.5 关于抽样组织形式 ... 155
  - 6.2.6 抽样推断的理论基础 ... 156
- 6.3 抽样误差 ... 158
  - 6.3.1 抽样误差的概念与种类 ... 158
  - 6.3.2 影响抽样误差的因素 ... 159
  - 6.3.3 抽样平均误差 ... 159
  - 6.3.4 抽样极限误差 ... 162

	6.3.5 抽样估计的概率度、精度和可靠程度	163
6.4	参数估计	165
	6.4.1 总体参数的点估计	165
	6.4.2 总体参数的区间估计	169
6.5	样本容量的确定	173
	6.5.1 影响样本容量的因素	173
	6.5.2 样本容量的确定	174
本章小结		176
练习与实践		176
拓展实训		178

第7章

假设检验 ... 179

7.1	假设检验的初步了解	180
	7.1.1 假设检验的基本概念	180
	7.1.2 假设检验的一般步骤	183
7.2	正态总体的参数检验	184
	7.2.1 一个正态总体的参数检验	184
	7.2.2 两个正态总体的参数检验	186
本章小结		188
练习与实践		188
拓展实训		189

第8章

统计指数 ... 191

8.1	统计指数的概念和分类	192
	8.1.1 统计指数的概念	192
	8.1.2 统计指数的作用	192
	8.1.3 统计指数的分类	193
8.2	综合指数的编制	194
	8.2.1 综合指数的概念与编制原则	194
	8.2.2 综合指数的编制方法	195
8.3	平均数指数编制	198
	8.3.1 加权算术平均数指数	198
	8.3.2 加权调和平均数指数	199
	8.3.3 固定权数加权算术平均数指数	200

8.3.4　综合指数与平均指数的关系 ········· 200
　8.4　指数体系和因素分析 ········· 201
　　8.4.1　指数体系 ········· 201
　　8.4.2　因素分析 ········· 203
　8.5　几种常用的经济指数 ········· 209
　　8.5.1　物价指数 ········· 209
　　8.5.2　工业品产量指数 ········· 210
　　8.5.3　居民消费价格指数 ········· 210
　　8.5.4　农产品收购价格指数 ········· 211
　　8.5.5　股票价格指数 ········· 211
　　8.5.6　货币购买力指数 ········· 211
　本章小结 ········· 212
　练习与实践 ········· 212
　拓展实训 ········· 215

第9章 相关与回归分析 ········· 217

　9.1　相关分析的概念与内容 ········· 218
　　9.1.1　相关关系的概念 ········· 218
　　9.1.2　相关关系的种类 ········· 219
　　9.1.3　相关分析的内容 ········· 220
　　9.1.4　相关分析的任务 ········· 220
　9.2　相关关系的判断与测定 ········· 221
　　9.2.1　相关关系的判断 ········· 221
　　9.2.2　相关关系的测定 ········· 223
　9.3　一元线性回归分析 ········· 225
　　9.3.1　回归分析的概念与特点 ········· 225
　　9.3.2　一元线性回归分析 ········· 227
　9.4　多元线性回归分析 ········· 229
　　9.4.1　二元线性回归分析 ········· 230
　　9.4.2　运用回归分析应注意的问题 ········· 233
　本章小结 ········· 234
　练习与实践 ········· 234
　拓展实训 ········· 238

第 10 章

国民经济核算 ·········· 239

- 10.1 国民经济核算的一般问题·········· 240
  - 10.1.1 国民经济核算体系的概念和作用·········· 240
  - 10.1.2 核算体系的形成和发展·········· 241
  - 10.1.3 建立国民经济核算体系的必要性·········· 242
  - 10.1.4 我国国民经济核算体系的结构·········· 244
- 10.2 国民经济核算体系的主要指标·········· 246
  - 10.2.1 总产出、中间投入和增加值·········· 246
  - 10.2.2 国内生产总值和国民生产总值·········· 247
- 本章小结·········· 252
- 练习与实践·········· 252
- 拓展实训·········· 253

第 1 章 总 论

【学习目标】
1. 掌握统计的基本含义。
2. 正确理解统计学的研究对象、方法和特点。
3. 了解统计研究的基本方法。
4. 掌握统计学的基本概念。
5. 能够运用统计学基本概念去描述客观现象间的数量关系;可通过客观现象的数量变化揭示事物的发展趋势和特点。

【重点掌握】
1. 统计的含义。
2. 统计学中的几个重要的概念。

1.1 统计的含义

"统计"一词在汉语中有"合计、总计"的意思，是指对有关数据进行搜集、整理、计算、分析、解释、表述等的活动。"统计"一词又有"记述国家和社会状况的数量关系的总称"一义。无论何时何地，只要提到统计，人们总是把它与数字联系在一起。

统计是人们认识事物数量特征的重要工具。古往今来，统计作为一种认识工具，在人类社会生活中发挥着十分重要的作用。利用统计揭示事物本质，探寻行动方向的典型事例比比皆是。

"统计"一词有统计工作、统计资料和统计学三种含义。

（1）统计工作即统计实践，它是对社会经济现象客观存在的现实数量方面进行搜集、整理和分析的活动过程。例如，为了解一个地区人口数量和状况的统计；为进行环境治理而进行的监测统计；为制定经济政策而进行的经济数据统计。

（2）统计资料即统计工作成果，是统计实践活动过程中所取得的各项数字资料以及与之相关的其他实际资料的总称。统计资料既包括未经加工的原始资料，也包括经过整理的次级资料。统计资料是统计工作的基础。与其他资料相比，统计资料具有数量性、大量性、具体性三个主要特点。

（3）统计学即统计科学，它是在统计实践活动的基础上形成和发展起来的，是关于统计的原理、原则和方法的一门科学，同时也揭示统计对象本质特征和发展规律。统计学按内容可分为描述统计研究和推断统计研究。描述统计研究是论述统计数据的搜集、整理和描述的一般原理和方法。描述统计是推断统计的基础。推断统计研究是论述根据统计资料作出统计推断（决策）的一般原理和方法。统计推断就是对研究对象的特征、趋势、相互关系、发展趋势和规律性作出推测、预示和判断，是统计学的核心内容。

统计学所研究的是统计认识活动的规律和方法，只是从认识方法角度去指导统计实践活动。统计学本身并不对客观现象作出实质性的结论。探讨客观现象的数量表现及其本质规律性，是统计工作的任务，不是统计学的任务。因此，统计学是一门方法论科学，不是实质性科学。

统计工作、统计资料和统计学三者之间既有区别，又有密切联系。

统计资料是统计工作的成果，统计工作和统计资料是过程与成果的关系。统计学是统计实践活动的经验总结和理论概括，统计工作是在统计理论的指导下进行和完成的，统计学与统计工作是理论与实践的关系。

1.2 统计的产生和发展

1.2.1 统计实践活动的产生和发展

1. 原始社会

统计实践活动萌芽于原始社会。"结绳记事""刻木记数"可以说是最原始的统计,最初的统计实践活动主要表现在剩余劳动成果的清点和计量上。

2. 奴隶社会

随着人类社会的发展,这种技术的方法也随之发展、提高。奴隶主为了对内通知和对外战争的需要,进行了征兵、征税,开始了人口、土地和财产统计,使统计日显重要。

我国夏王朝"平水土,分九州,计民数",进行了最早的人口调查,分中国为九州,人口数达1 355万人。在国外,古代埃及、希腊和罗马的历史中也有许多类似的记载。公元前3050年左右,埃及为了规划金字塔的建筑和建立大型农业灌溉系统,曾先后调查了全国人口状况。

3. 封建社会

在封建社会,统计已略具规模。公元前三百多年,在商鞅的调查研究思想中,已把掌握反映基本国情国力的"十三数"定为富国强兵的重要手段;秦汉时期,有地方田亩和户口资料的记载;唐宋有计口授田、田亩鱼鳞册等土地调查和计算;明清则有经常的人口登记和保甲制度。世界的其他国家,在其历史发展过程中,也有详细的数字记载和统计制度。例如,公元前3050年,埃及为建造金字塔而进行的人口、财产的统计;古希腊在公元前600年进行人口调查登记;古罗马在公元前400年已经建立了人口普查和经常性的出生和死亡登记制度。不过,所有这些统计计数,都是为了当时统治阶级管理国家、统治人民和进行战争的需要而进行的,统计工作也停留在简单的统计计数阶段。

4. 资本主义社会

人类社会发展到资本主义阶段,生产力得到了迅速发展。统计活动逐步发展成为一个独立的部门,在内容和方法上成为完整意义上的统计活动,并逐步形成了工业、农业、商业、海外贸易、交通运输等分支专业统计。20世纪后半期,又先后出现了国民经济统计、社会统计、科技统计等指标体系,使统计的内容趋于系统化。概率论和其他数学方法的引入,使统计方法更加科学与完善。在现代社会,各国的统计标准日益协调,统计的发展日益国际化;统计信息处理手段日益现代化。

1.2.2 统计学的产生和发展

统计作为一门科学出现在17世纪中叶。这时正是资产阶级革命和工厂手工业发展的时期,由于社会经济的发展和各国之间的竞争,要求对社会现象的各个领域进行更为广泛的统计和研究,同时要能从一些现象和资料中探讨其变化的规律性。自此以后,经过一段较长时期的发展,统计逐渐成为一门科学,出现了一些有代表性的统计著作,并开始形成不同的统计学派。下面对主要的学派分别作介绍。

1. 政治算术学派

政治算术学派的创始人和代表人物有威廉·配第(W. Petty，1623—1678)和格朗特(J. Graunt，1620—1670)。威廉·配第的代表著作是《政治算术》。这本书运用了大量数字资料对英、法、荷三国的经济实力进行了比较分析，他在分析时使用了过去从来没有人用过的方法，即用数字、重量和尺度来表达自己想说的问题。马克思曾称威廉·配第为："政治经济学之父，在某种程度上也可以说是统计学的创始人。"尽管在当时尚未采用统计学之名，但已有统计学之实了。

2. 记述学派

记述学派也称为国势学派。这一学派发源于德国，主要代表人物是康令(H. Coring，1606—1681)和稍后的阿痕瓦尔(G. Achemwall，1719—1772)。两人曾分别在德国大学讲授"国势学"，其内容是研究有关国家的显著的事实，主要是用文字叙述而不用数字，故称为记述学派。"国势学"德文为"staatenkunde"，它源于拉丁语"status"一词，后来传入英国，遂成为"statistics"的直接模型，原意指研究政经的学问，统计学之名就此沿用下来。事实上，它虽有统计学之名，但并无统计学之实。至于确认以现象的数量方面为研究内容才是统计，乃是19世纪中叶以后发生的事。

3. 数理统计学派

数理统计学派产生于19世纪中叶，创始人是比利时的凯特勒(L. A. J. Quetelet，1796—1874)。凯特勒最主要的贡献是把概率论正式引进统计学，从而使统计学的理论、内容和方法都发生了很大变化和质的飞跃，奠定了现代统计学的基础。因此他被数理统计学派称为"现代统计学之父"。他认为，无论自然现象和社会现象都是有规律的，尽管在表面上存在着偶然性，但通过大量观察都是可以认识的。但是他又把自然规律和社会规律混同起来，并认为这是经久不变的。凯特勒把统计方法发展为既可以应用于社会现象研究，又可以应用于自然现象研究的通用方法。从此，统计学不再是单纯的社会科学了。马克思对凯特勒的理论曾有过正确的评论。除凯特勒以外，属于数理统计学派的还有高尔顿(F. Golton，1822—1921)、皮尔逊(K. Pearson，1857—1936)、鲍莱(A. L. Bowley，1869—1957)等人。

4. 社会统计学派

社会统计学派最初也是在德国出现，其主要代表人物是恩格尔(C. L. E. Engel，1821—1896)和稍后的梅尔(C. G. V. Mayer，1841—1925)等。这一学派融合了记述学派和政治算术学派的观点，又吸收了凯特勒著作中的若干思想，并把政府统计与社会调查相结合，形成社会统计学。这一学派的著作，既重视统计方法的研究，也强调要以事物的质为前提和认识质的必要性。

5. 马克思统计理论体系

在资本主义社会，统计科学也像其他科学一样有了很大的发展，在统计方法方面，特别是数理统计方法的研究和应用方面取得了很大的成就；但同时，无论是统计工作还是统计理论，都存在很大的局限性，不能对社会的发展作出科学的说明。马克思主义的产生是人类思想发展史上一次伟大的革命，马克思和恩格斯批判地吸收了人类思想发展中一切进步的、宝贵的遗产,并进一步创建了自己的科学理论。这一科学理论对自然界、社会以及思维的发展都给予了科学的解释,同时也是整个统计工作和统计科学发展的指导思想和理论基础。

1.3 统计学的研究对象与方法

1.3.1 统计学的研究对象与特点

1. 统计学的研究对象

统计学是一门独立的统计学科,是对现象总体数量方面进行调查研究的方法论科学。研究如何进行这种调查研究活动,即研究其规律和方法的科学。那么,相应的统计学的研究对象就是大量现象总体的数量方面。通过对现象总体的数量表现、数量界限、数量变化以及数量与数量之间相互关系的研究,总结对现象总体数量方面进行观察、搜集、整理、分析推断的原理、原则和方法。

统计学所具有的研究社会现象和自然现象总体数量方面的方法论学科的性质,决定了其研究适用范围十分广泛。作为一门方法论学科,统计学的研究涉及自然科学领域和社会科学领域中的各种现象,如气象、物理、化学、动物、植物、农业及经济、社会、历史等各个人类涉足的方面,都可以应用相应的统计方法来进行观察和研究。但是,作为一门独立的学科,统计学有其自身学科性质和研究特点。

2. 统计学研究对象的特点

统计学是在质与量的辩证统一中研究现象总体的数量方面,即对客观现象的一种定量认识活动。作为一个认识过程来讲,它有与其他学科不相同的特点,具体可概括为以下几点。

1) 数量性

统计学的研究对象是现象总体的大量数量方面,包括数量的多少、现象之间的数量关系、质量互变的数量界限。统计学的研究目的就是要反映这些数量方面的现状和它们的发展变化过程。

客观现象的质和量是不可分的。但从认识的角度看,质和量是可以分的。可以暂时舍弃事物的一方面,单独研究另一方面。数量方面也可以从认识对象中分出来。统计学属于对现象定量认识的范畴。

对客观现象的认识必须把质和量统一起来,以定性认识为基础。只有对现象的性质、特点、运动过程有一定的认识,才能进行定量认识。统计学虽然是研究现象总体数量方面的,但必须从定性认识开始。

2) 总体性

统计学的研究对象是现象总体的数量方面,而总体由具有某种相同性质的全体事物所组成。例如,人口统计不是要研究个别的人,而是要反映一个国家或地区人口数量,其性别比例、年龄、民族、职业构成、出生率、死亡率的变化规律等。

因此，统计学是对现象总体数量方面调查研究的学科，是对现象总体的定量研究过程。

3）具体性

统计学的研究对象是现象总体的数量方面，不是抽象的量。这是统计和数学的一个重要区别。数学所研究的量是脱离了具体对象的抽象的数量关系，统计所研究的量是具体事物在一定时间、地点条件下的数量表现，它总是和现象的质密切结合在一起。统计学要反映和研究现象量与量的关系，因此，要遵循数学原则，在许多方面使用数学方法：运用数学模型表现事物之间量的关系，应用高等数学方法进行统计分析，以及应用概率论与数理统计方法进行统计推断等。

4）社会性

统计学的研究对象是客观现象总体的数量方面。无论是社会现象还是自然现象，都是人类活动的条件、过程和结果，如社会经济现象中的生产、分配、流通、政治、法律、道德等。它们都是人类有意识的社会活动及其产物，都和人的利益有关。即使表象为人与物的关系，背后也隐藏着人和人的关系。所以，统计的结果往往会涉及各类人的切身利益，以致统计工作及所取得的统计资料常受到社会因素的干扰。正因如此，在统计实践中必须重视统计立法及其实施工作。

另外，就统计学认识的客体，即现象总体的数量方面来讲，还存在着差异性的特点。差异性是总体内每一个体某一数量特征所显现的高低不一的差别表现。差异是统计的前提，没有差异就没有统计。

1.3.2 统计研究的基本方法

在统计学的研究过程中，根据各不同阶段数量信息资料的处理需要，使用着各种专门的方法。概括来说，主要有大量观察法、统计分组法、综合指标法、统计模型法和归纳推断法。

1. 大量观察法

大量观察法是指对统计总体中的全部或足够多数的单位进行调查、计量和分析研究，以综合概括现象总体的数量特征和发展规律性的方法。

统计学研究之所以采用大量观察法，是因为一般客观现象都是在诸多因素综合作用下形成的，个别现象往往受偶然因素的影响，使各单位的特征和数量表现有很大差别，所以要反映总体特征就不能任意抽取个别或少数单位进行观察。必须在对所研究对象的定性分析基础上，确定调查对象和总体范围，并对总体中的所有单位或足够多数单位的变量进行登记和计算，然后经过科学加工，才能揭示总体的数量特征和规律性。大量观察法的数学依据是大数定律。其本质意义在于经过大量观察，使个别的、偶然的差异性相互抵消，而整体的、必然的规律性显示出来。要了解全国城镇居民生活收入与消费的基本情况，要进行大规模的随机抽样，调查得到的数据和结论才具有代表性和说服力，才能借以进一步分析和说明总体的内在规律性。

2. 统计分组法

统计分组法是指根据统计研究任务的要求和研究现象总体的内在特点，把现象总体按某一标志划分为若干性质不同但又有联系的几个部分。总体的变异性是统计分组的客观依据。统计分组是总体内进行的一种定性分类,它把总体划分为一个个性质不同的范围更小的总体。例如,将一个公司的所有成员,根据男性、女性、年龄、专长等标志,进行分类统计,其目的是保持各组内统计资料的一致性和组间资料的差异性,便于运用各种统计方法研究现象的数量表现和数量关系,从而正确地认识事物的本质及其规律。

3. 综合指标法

综合指标法是指运用各种综合统计指标,从具体数量方面对现实社会经济总体的规模及特征进行概括和分析的方法。在大量观察和分组基础上计算的综合指标,基本排除了总体中个别偶然因素的影响,反映出普遍的、决定性条件的作用结果。

综合指标法使用三种指标,即总量指标、相对指标和平均指标。在统计分析中广泛使用各种指标来说明问题,解决问题。例如,动态趋势分析法、因素影响法、回归与相关分析法等都是运用综合指标来研究现象之间的数量关系的。

综合指标法和统计分组法是密切联系、相互依存的。统计分组如果没有相应的统计指标来反映现象的规模水平,就不能揭示现象总体的数量特征;而综合指标如果没有科学的统计分组,就无法划分事物变化的数量界限,掩盖现象的矛盾,成为笼统的指标。所以在研究社会经济现象的数量关系时,必须科学地进行分组,合理地设置指标,指标体系和分组体系应该相适应。综合指标法和统计分组法总是结合起来应用的。

4. 统计模型法

统计模型法是根据一定的经济理论和假定条件,用数学方程去模拟现实经济现象相互关系的一种研究方法。利用这种方法可以对社会现象和过程中存在的数量关系进行比较完整和近似的描述,从而简化了客观存在的复杂的其他关系,以便于利用模型对社会经济现象的变化进行数量上的评估和预测。

由此可见,统计模型法是在前三种研究方法的基础上,进一步系统化和精确化的发展。它把客观存在的总体内部结构以及各因素的相互关系,以一定的形式有机地结合起来,大大提高了统计分析的认识能力。

5. 归纳推断法

归纳推断法在统计研究过程中,观察总体各单位的特征,由此得出关于总体的某种信息,这种从个别到一般,从事实到概括的推理方法,从逻辑上称为归纳法。

归纳法可以使我们从具体的事实得出一般的知识,扩大知识领域,增长新知识,它是统计研究中常用的方法。常常存在这种情况,我们所观察的只是部分或者有限的单位,而所需要判断的总体范围却是大量的,甚至是无限的。这就产生了根据局部的样本资料对整个总体数量特征作判断的置信度问题。以一定的置信标准要求,根据样本数据来判断总体数量特征的归纳推理方法称为统计推断法。统计推断法是逻辑归纳法在统计推理中的应用,所以也称为归纳推断法。它可以用于总体数量特征的估计,也可以用于对总体某些假设的检验。

1.4 统计学的基本概念

研究统计学的认识过程和认识方法,必须对其构成的基本要素有清晰的把握与分析。这些基本要素形成统计学研究的基本概念。统计学的基本概念主要有统计总体、总体单位、统计标志、标志表现、统计指标和统计指标体系等,统计研究就是利用这些基本概念作认识工具,通过描述和推断,反映统计对象的基本状况和特征,揭示统计对象的发展趋势和规律。

1.4.1 统计总体和总体单位

1. 统计总体和总体单位的概念

统计总体:简称总体,它是根据统计研究目的,由客观存在的、在某一共同性质基础上结合起来的许多个别事物的集合。例如,由每个人所集合组成的人口总体,以从业人员组成的从业人员总体,以每件工伤事故组成的工伤事故总体等。统计总体的形成必须具备一定条件,主要包括以下三方面:一为客观性。统计总体和总体单位必须是客观存在的,并且能实际观察的。二为同质性。组成统计总体的所有总体单位必须是在某些性质上是相同的。三为大量性和差异性。统计总体是由许多个体单位所构成,同时各个体单位还应该具有一定差异性;否则,就没有必要进行统计调查研究了。

总体单位:构成统计总体的每一个个别事物,简称单位。例如,人口总体是由每个人所集合组成,从业人员总体是由从业人员组成,工伤事故总体是由每件工伤事故组成等。

统计研究的具体目的不同,作为认识对象的统计总体和总体单位当然也会有所不同。随着研究目的的不同,统计总体与总体单位可以相互转换。

2. 统计总体的分类

统计总体按其范围和单位数是否可以计量,可分为有限总体与无限总体。

(1) 有限总体是指总体范围和总体单位都能明确界定,能够准确计算出总体单位的总数目。例如,对某工厂设备进行普查。

(2) 无限总体是指总体范围和总体单位暂时不能明确界定或因技术手段所限而难以准确计算单位数目总数的总体。例如,对某池塘鱼苗的统计。

统计总体按其包含范围不同和内容不同可分为大总体和小总体。例如,对人口进行普查,则乡人口是县人口的一部分,县人口是市人口的一部分等。

3. 统计总体的基本特征

统计总体具有客观性、同质性、大量性和差异性四个特征。

1) 客观性

客观性是指构成总体的每一个单位都是客观存在的事物。总体是根据统计研究目的要求和调查对象本身特点确定的。例如,调查某城市家庭收支情况,所搜集的任何一个数据,都是客观存在的居民家庭收支的数量反映。统计总体的客观性是统计研究的基础,只有保证总体的客观性,才能保证搜集到真实的资料。

2) 同质性

同质性是指构成总体的每一个单位至少在某一个方面应具有共同性质,这是构成总体的前提条件。

3) 大量性

大量性是指构成总体的个别单位必须是大量的。统计研究的目的在于说明现象总体的数量特征和事物发展变化的规律,由于个别现象往往具有特殊性和偶然性,因而不足以代表和说明总体特征。只有对大量个别现象的数量表现进行综合分析研究,才能反映出总体的本质特征,大量性是构成总体的基本前提。例如,当我们要研究某城市人口性别构成情况时,只有对大量人口进行调查,才能准确得出一个城市人口的性别构成。

4) 差异性

差异性是指总体的各个单位除在某一方面必须具有相同性质之外,在其他许多方面是有差别的。例如,在城市居民家庭调查中,每个家庭的社会成分是相同的,但各家庭之间的人口、家庭总收入、家庭总支出等标志表现是各不相同的。差异性是统计研究的前提和主要内容,统计研究客观现象,就是通过研究总体单位的变异情况来反映总体的综合特征。

总体的四个特征是密切相连的,客观性是统计研究的基础,同质性是组成总体的条件,大量性是统计研究的根本要求,差异性是统计研究的前提和主要内容,四者缺一不可。

4. 总体和总体单位的关系

1) 总体和总体单位是整体与部分的关系

总体是界定总体单位的前提条件,总体单位是构成总体的基本元素。没有总体性质的准确界定,就很难确定总体单位的范围,便没有部分;整体是由部分组成的,没有总体单位,总体也就不存在。

2) 总体与总体单位的划分具有相对性

总体和总体单位的确定不是固定不变的,随着研究目的的不同,总体和总体单位是可以相互转化的。同一事物,在一种条件下可以是总体,而在另一种条件下可以是总体单位。例如,当我们要研究某市工业生产经营情况时,该市所有工业企业构成一个总体,市内每一个工业企业就是一个总体单位。如果我们只是研究某一个工业企业生产经营情况,那么这个工业企业就成为统计总体了。

1.4.2 统计标志和标志表现

1. 统计标志和标志表现的概念

(1) 统计标志:简称标志,是表明总体单位属性或特征的名称。任何一个总体单位都有表现自己的一些特征,例如,以从业人员为总体单位时,性别、年龄、民族、职业、工资收入等都是每个从业人员具有的标志。

(2) 标志表现:也称标志值,表示标志特征在各单位的具体体现。例如,"性别"是标志,"男"或"女"是标志在某一单位上的具体体现。

2. 统计标志的分类

1) 按照标志的性质不同可分为品质标志和数量标志

品质标志：表示总体单位质的特征或属性。例如，工人的性别、民族、文化程度等。品质标志的具体表现只能用文字表示，例如，"性别"这个标志的具体表现为男和女，"文化程度"这个标志的具体表现为小学、中学、专科、本科等。

数量标志：表示总体单位数量特征。例如，工人的年龄、工资、工龄等。数量标志的具体表现只能用数值表示，例如，工人的年龄22岁、25岁、35岁等，数量标志表现也称为标志值。

2) 按照标志的变异程度可分为不变标志和可变标志

不变标志：在总体各单位上的具体表现都相同的标志。

可变标志：在总体各单位上的具体表现不尽相同的标志。

思考并指出表1-1中哪些是可变标志，哪些是不变标志。

表1-1　　　　　　　　　某科室3名科员情况一览表

姓名	性别	年龄	工龄	学历
李玲	女	27	2	研究生
张丽	女	29	2	研究生
王磊	男	31	2	本　科

3. 变异、变量和变量值

(1) 变异：可变标志表现在各个单位上的差别称为变异。例如，工人性别的标志表现为男性或女性，工人的年龄标志表现为不同的岁数，这些质或量的差别都称为变异。标志表现不发生变化的称为不变标志；标志表现发生变化的称为可变标志。标志表现大多存在差别并且不断发展变化，否则就没有统计的必要性。

变异是普遍存在的，这是统计的前提条件。有变异才需要统计，没有变异就用不着统计了。

(2) 变量：可变的数量标志，在统计中称为变量。变量就是可变的数量标志和所有的统计指标。例如，工人的家庭人口数、工资就是变量。变量可分为连续变量和离散变量两种。连续变量是指其变量值可以连续不断地作无限分割，例如，人的身高、体重、年龄，物体的长度、重量，工厂的资金、产值、生产费用和成本等都是连续变量，它们既可以表示为整数，也可以表示为小数。离散变量是指其变量值只能以整数断开而不可能表现为小数，例如，人数、工厂数、商店数、机器台数等只能按整数计算。

(3) 变量值：数量标志表现和所有的统计指标的取值称为变量值。例如，工资3 500元、工资4 000元等，工资是变量，3 500元、4 000元就是变量值。

1.4.3 统计指标和统计指标体系

1. 统计指标的概念

统计指标：简称指标，是指反映一定社会经济现象总体数量特征的科学概念和具体数值。统计指标一般由指标名称和指标数值两个部分组成,但在统计实践中,要完整地表述一个统计指标,则应包含指标名称、指标数值、时间范围、空间范围、计量单位以及计算方法六个要素。

例如,我国2010年国内生产总值397 983亿元。在这里,指标名称:国内生产总值;指标数值:397 983;时间范围:2010年;空间范围:中国;计量单位:亿元;计算方法:计数加总。

统计研究现象的数量方面,主要是通过一整套科学的统计指标来加以反映的,可以说,统计指标是统计研究中最重要的内容,在统计中处于中心地位。

2. 统计指标的分类

统计指标通常可以按照其反映的内容、表现形式、计量单位、管理功能等方面的不同特点进行分类,因而形成了多种不同类型的统计指标。

(1) 统计指标按其反映的内容不同可分为数量指标和质量指标。①数量指标是反映现象总规模、总水平或工作总量的统计指标,用绝对数表示,又称绝对指标或总量指标。其数值的大小,随着总体范围的变化而变化,它是认识总体现象的基础指标,如粮食总产量、人口总数、国内生产总值、耕地总面积、销售总额等。②质量指标是反映现象相对水平和工作质量的统计指标,是数量指标的派生指标。例如,职工平均工资、人口出生率、国民收入积累率、人均住房面积等。质量指标反映现象之间的内在联系和对比关系,一般用相对数或平均数表示,其数值的大小与范围的变化没有直接关系。

(2) 统计指标按其表现形式不同,可分为总量指标、相对指标和平均指标。这些统计指标的含义、内容、计算方法和作用各不相同,将在以后各章中叙述。

(3) 统计指标按计量单位的不同可分为实物指标、价值指标和劳动量指标。这些统计指标在后章综合指标中作详细介绍。

(4) 统计指标按管理功能不同可分为描述指标、评价指标和预警指标。①描述指标是反映社会经济运行的状况、过程和结果的统计指标,它提供对社会经济总体现象的基本认识,是统计信息的主体。例如,反映社会经济条件的土地面积指标、自然资源拥有量指标,反映生产经营过程和结果的国民生产总值指标、国民收入指标、固定资产指标,等等。②评价指标是用于对社会经济运行的结果进行比较、评估和考核的指标,包括国民经济评价指标和企业经济活动评价指标。③预警指标一般用于对宏观经济运行进行监测,对国民经济运行中即将发生的失衡、失控等进行预报、警示。例如,针对经济增长、经济周期波动、失业、通货膨胀等,可以建立国民生产总值与国民收入增长率、社会消费率、积累率、失业率、物价水平、汇率、利率等预警指标。

3. 统计指标的特点

统计指标主要有以下三个特点:

(1) 数量性。数量性是指统计指标反映的是客观现象的数量方面,它反映的事物一定是可以直接用数值表示的,不能用数值表现的事物不能构成统计指标,如"生产关系""性别"等,不能用统计指标表示。

(2) 综合性。综合性是指统计研究的是总体特征,因而统计指标是说明总体而不是个体的,它是由许多个体现象的量综合得到的结果。例如,公司职员构成一个总体,某位职员的年龄、薪金不能称作统计指标,而全体职员的平均年龄、平均薪金才称为统计指标。

(3) 具体性。具体性是指统计研究的量是某一特定现象的量,是客观事物在一定时间、地点、条件下的数量表现,它所说明的是具体现象的数量状况、数量关系,而不是抽象的或臆想的量。

统计标志和指标既有区别又有联系。

两者的主要区别:①说明对象不同。标志是说明总体单位特征的;而指标是说明总体特征的。②具体表现不同。标志有用文字表现的品质标志和用数值表现的数量标志;而指标都是用数值表示的。

两者的主要联系:①统计指标的数值是由数量标志值直接汇总或由品质标志的标志表现所对应的单位数进行总计而得到的。②指标和标志也存在相互转换关系。随着研究目的的改变,总体与总体单位的地位发生变化,使得相应的指标与标志也发生转换。

4. 统计指标体系

由若干个相互联系相互制约的统计指标组成的一个统计指标系统叫做统计指标体系。

统计指标体系可以说明研究现象各个方面相互依存和相互制约的数量关系。

(1) 根据所研究问题的范围大小,可以建立宏观统计指标体系和微观统计指标体系。具体如下:

宏观统计指标体系就是反映整个现象大范围的统计指标体系。如反映整个国民经济和社会发展的统计指标体系。

微观统计指标体系就是反映现象较小范围的统计指标体系。如反映企业或事业单位的统计指标体系。

介于这两者之间的统计指标体系可以称为中观统计指标体系。如反映各地区或各部门的统计指标体系。

(2) 根据所反映现象的范围内容不同,统计指标体系可以分为综合性统计指标体系和专题性统计指标体系。具体如下:

综合性统计指标体系是较全面地反映总系统及其各个子系统的综合情况的统计指标体系。如国民经济和社会发展统计指标体系。

专题性统计指标体系则是反映某一个方面或问题的统计指标体系。如经济效益指标体系就是专题性统计指标体系。

统计指标体系对于统计分析和研究具有重要的意义,设计科学的统计指标体系,可以描述现象的全貌和发展的全过程,分析和研究现象总体存在的矛盾以及各种因素对现象总体变动结果的影响方向和程度,也可以对未来现象发展的指标和变化趋势进行计算和预测。

建立符合研究目的和要求的统计指标体系,是统计活动极为重要的环节之一,所以,科学地建立统计指标体系须遵循如下的原则:①目的明确。建立统计指标体系的目的必须明确,所设的每个指标都必须有含义、总体范围、时间限制、隶属关系及核算方法。②切合实际。统计指标体系要切合实际,所反映内容必须全面、系统,统计指标体系要层次清楚,联系紧密。③可操作性。统计指标体系的设置要充分考虑各项指标处理与计算的可行性,考虑到电算化的要求,使其具有可操作性。

1.5 统计的职能、任务和工作过程

1.5.1 统计的职能

统计在国家经济管理、企业生产经营活动和科学研究事业中,具有信息、咨询和监督三大职能。

(1) 信息职能是指统计机构或工作者根据统计研究对象的特点,采用科学的方法采集、整理、分析、储存、传递大量的反映客观现象数量特征和发展规律性的信息资料,为国家管理、企业经营和科学研究提供基础资料。

(2) 咨询职能是指统计机构或工作者,对其所掌握的丰富信息资源,按照国家管理、企业经营和科学研究等方面的需要,进行深度开发,提供各种可供选择的咨询建议和对策方案。

(3) 监督职能是指统计通过对客观现象的数量采集和分析研究,及时、准确地反映社会经济发展和企业事业单位的经营与管理状态,并对其依据国家、部门及有关单位的政策、规划、管理措施和评价标准,实行全面、系统的定量检查、监测和预警,促进社会经济和企业事业单位的经营与管理按照客观规律的要求快速、持续、健康发展。

统计的三种职能相互作用,相辅相成。其中,信息是最基本的职能。统计咨询职能是统计信息职能的延续和深化,统计监督职能是信息、咨询职能的进一步拓展。而统计监督职能的强化,又必然对信息、咨询职能提出更高要求,从而促进信息、咨询职能的进一步优化。

1.5.2 统计的任务

根据我国统计法的规定,统计的基本任务是对国民经济和社会发展情况进行统计调查、统计分析,提供统计资料、统计咨询意见,实行统计监督。具体来说,统计的任务是对国民经济和社会发展情况的各种信息资料进行采集和整理,并在此基础上进行综合分析,包括进行预测,用统计学特有的方法描述社会经济发展和企业事业单位经营管理情况;向国家、社会和有关部门提供信息产品(统计资料和决策咨询意见);通过统计信息反馈,对国家和企业事业单位的社会经济活动进行检查、监测和评价,如实反映违背法律法规、方针政策的情况以及社会经济发展中的问题,以便引起决策机关和社会的关注,促进社会经济持续、协调、快速发展。

1.5.3 统计工作过程

统计学研究从认识论角度来看,是一个从定性认识开始,经过定量认识,再到定性

认识和定量认识相结合的过程。从统计活动的程序来看，它包括统计设计、统计调查、统计整理和统计分析四个阶段。

1. 统计设计

统计设计就是根据统计研究的目的和任务，结合统计对象的性质和特点，对统计活动的各个环节、各个方面作出的总体规划和全面安排。统计设计的结果，一般表现为各种设计方案或统计报表制度，如调查方案、整理方案、统计指标体系、统计分类标准、统计资料保存和公布制度等。统计设计是统计科学研究的基础性工作，良好的统计设计，是实现统计研究目的的根本保证。

2. 统计调查

统计调查就是根据统计设计方案的要求，运用科学的调查方法对统计调查对象中各单位的相关特征进行计量和登记，以获取系统全面的关于研究对象的信息资料的工作过程。统计调查是统计认识事物的起点，是统计整理和统计分析的基础。为了保证统计研究的真实可靠，统计调查的信息资料必须尽可能丰富翔实。既要搜集数字资料，也要深入了解关于数量变化的情况，以便全面分析、解释事物的发展变化。

3. 统计整理

统计整理就是根据统计研究的目的要求，将统计采集所获得的信息资料进行审核、分类（或分组）、汇总、编制统计图表等的科学加工处理过程。由于统计采集直接获得的信息资料是反映个体事物的、分散的、不系统的，只能说明个别事物或总体的某个侧面或外部联系。只有经过科学的加工整理，才能过渡到反映现象总体本质特征和数量规律性的统计指标（或参数）。由此可见，统计整理既是统计采集活动的继续，又是统计分析的前提，在整个统计工作中起着承前启后的作用。从认识论角度看，统计整理既是统计学从个体认识过渡到总体认识的连接点，又是由感性认识上升为理性认识的过渡阶段。

4. 统计分析

统计分析就是以统计数据为基础，运用各种统计方法，对统计对象进行定性和定量的综合研究，以揭示事物本质和规律性的过程。统计分析是统计工作的最终环节，也是最重要的阶段，统计分析工作能否做好，直接关系到统计工作能否出成果的问题。要做好统计分析，首先必须坚持辩证唯物主义思想，用发展的、全面的、一分为二的观点看问题，坚决反对机械的、静止的、片面的思想方法；其次要做好两个结合，即多种分析方法结合和数字与情况结合。使统计分析能够把静止的数据变成活生生的事物变化规律，从而能够多角度、全方位地揭示统计对象的本质特征和数量关系。统计分析使用许多科学方法，其中主要有统计指数法、动态数列法、相关分析法、统计预测和统计决策等方法。

本章小结

统计是人们认识事物数量特征的重要工具。"统计"一词有统计工作、统计资料和统计学三种含义。统计学形成了不同的学派，包括政治算术学派、记述学派、数理统计学派、社会统计学派和马克思统计理论体系等。

统计学是一门独立的统计学科,是对现象总体数量方面进行调查研究的方法论科学。统计学的研究对象是客观现象的数量方面,包括现象的数量特征和数量关系、质量互变的数量界限、现象发展变化的数量规律。统计研究的基本方法包括大量观察法、统计分组法、综合指标法、统计模型法和归纳推断法。统计学的基本概念主要有统计总体、总体单位、统计标志、标志表现、统计指标和统计指标体系等。

统计具有信息、咨询和监督三大职能,其基本任务是对国民经济和社会发展情况进行统计调查、统计分析,提供统计资料、统计咨询意见,实行统计监督。统计工作包括统计设计、统计调查、统计整理和统计分析四个阶段。

练习与实践

一、单项选择题

1. 在实际应用中,统计的含义是指( )。
   A. 统计理论与统计实践　　　　　　B. 统计设计、统计调查与统计整理
   C. 统计工作、统计资料与统计学　　D. 统计分析报告与统计预测模型
2. 构成总体,集合必须同时具备( )。
   A. 总体性、数量性与同质性　　　　B. 总体性、同质性与差异性
   C. 社会性、同质性与差异性　　　　D. 同质性、大量性与差异性
3. 要了解某工业企业职工的文化水平,则总体单位是( )。
   A. 该工业企业的全部职工　　　　　B. 该工业企业的每一个职工
   C. 该工业企业每一个职工的文化程度　D. 该企业全部职工的平均文化程度
4. 下列各项中,属于品质标志的是( )。
   A. 身高　　　　B. 工资　　　　C. 年龄　　　　D. 文化程度
5. 一个总体( )。
   A. 只能有一个标志　　　　　　　　B. 可以有多个标志
   C. 只能有一个指标　　　　　　　　D. 可以有多个指标
6. 某职工月工资为3 800元,其中"工资"是( )。
   A. 品质标志　　B. 数量标志　　C. 变量值　　　D. 指标
7. 统计工作与统计学的关系是( )。
   A. 统计实践与统计理论　　　　　　B. 统计活动过程与活动成果
   C. 内容与本质　　　　　　　　　　D. 时间先后
8. 对某市工业企业职工的收入情况进行研究,总体是( )。
   A. 每个工业企业　　　　　　　　　B. 该市全部工业企业
   C. 每个工业企业的全部职工　　　　D. 该市全部工业企业的全部职工

二、多项选择题

1. 统计学中常用的基本概念有( )。
   A. 总体　　　　B. 总体单位　　C. 标志　　　　D. 变量

E. 指标
2. 下列标志中,属于数量标志的有(　　)。
　　A. 商品零售额　　B. 工龄　　　　C. 计划完成百分数　　D. 合同履约率
　　E. 企业经济类型
3. 总体的基本特征有(　　)。
　　A. 同质性　　　　B. 大量性　　　C. 差异性　　　　D. 相对性
　　E. 绝对性
4. 当前我国统计的任务有(　　)。
　　A. 对国民经济和社会发展情况进行统计调查
　　B. 对国民经济和社会发展情况进行统计分析
　　C. 提供统计资料
　　D. 提供统计咨询意见
　　E. 实行统计监督
5. 在全国人口普查中,以下说法中正确的有(　　)。
　　A. 全国人口数是总体　　　　　　　　B. 每一个人是总体单位
　　C. 全部男性人口数是统计指标　　　　D. 人口的平均年龄是统计指标
　　E. 人口的性别比是总体的品质标志

三、判断题

1. 统计,是指对某一现象有关的数据的搜集、整理、计算和分析等的活动。（　　）
2. 统计学是先于统计工作而发展起来的。（　　）
3. 指标是说明总体特征的,而标志是说明总体单位特征的。（　　）
4. 品质标志是不能用数值表示的。（　　）
5. 对有限总体只能进行全面调查。（　　）
6. 总体的同质性是指总体中的各个单位在所有标志上都相同。（　　）
7. 有限总体是指总体中的单位数是有限的。（　　）
8. 总体与总体单位,标志与指标的划分都具有相对性。（　　）

四、案例分析

新常态新战略新发展——"十二五"时期我国经济社会发展成就斐然

　　"十二五"时期的五年,是改革开放伟大历史进程中具有鲜明里程碑意义的五年。这五年,世情国情发生深刻变化,我国经济发展步入新常态。从国际看,世界经济处在危机后的深度调整期,呈现低增长、不平衡、多风险的特征,地缘政治等非经济因素影响加剧,我国发展面临的外部环境更趋复杂。从国内看,"三期叠加"的阵痛持续加深,多重困难和挑战相互交织,改革转型任务繁重。面对复杂多变的国际环境和艰巨繁重的改革发展任务,党中央、国务院总揽全局,审时度势,紧紧围绕"四个全面"战略布局,主动适应引领经济发展新常态,扎实推动"大众创业、万众创新",坚持稳中求进工作总基调,不断创新宏观调控政策、思路、方式;坚持实施创新驱动发展战略,大力推进结构调整和转型升级;坚持改革开放不动摇,着力开拓发展新空间、激发新动力,实现了经济平稳较快发展和社会和谐稳定,为全面建成小康社会奠定了坚实基础。

一、国民经济保持中高速增长,综合国力显著增强

进入"十二五"时期,支撑我国经济高速增长的要素条件与市场环境发生明显改变,潜在生产率趋于下行,与此同时,"三期叠加"的影响不断深化,经济面临较大的下行压力。面对困难和挑战,党中央、国务院把握规律,积极作为,向改革要动力,向结构调整要助力,向民生改善要潜力,激活力、补短板、强实体、控风险,确保了经济增长换挡不失势。

经济增长保持中高速。2011—2014年,国内生产总值年均增长8.0%,由高速增长转为中高速增长。分年度看,2011年比2010年增长9.5%,2012年、2013年均增长7.7%,2014年增长7.3%,2015年上半年增长7.0%(如图1-1所示)。"十二五"期间,预计我国经济年均增长近8%,不仅高于同期世界2.5%左右的年均增速,在世界主要经济体中也名列前茅。

图1-1 2011—2014年国内生产总值及其增长速度

经济总量稳居世界第二位。继2009年超过日本成为世界第二大经济体后,我国经济总量稳步攀升,2014年达到636 139亿元,折合10.4万亿美元,占世界经济总量的份额达到13.3%,比2010年提高4.1个百分点。我国经济对世界经济复苏作出了重要贡献,2011—2014年对世界经济增长的贡献率超过1/4。

人均国内生产总值稳步提高。2014年,我国人均国内生产总值46 629元,扣除价格因素,比2010年增长33.6%,年均实际增长7.5%(如图1-2所示)。根据世界银行数据,我国人均国民总收入由2010年的4 300美元提高至2014年的7 380美元,在上中等收入国家中的位次不断提高。

外汇储备位居世界第一位。2011年年末,我国外汇储备突破3万亿美元

图1-2 2011—2014年人均国内生产总值及其增长速度

大关,2014年年末达到38 430亿美元,比2010年增长35.0%,年均增长7.8%,连续九年稳居世界第一位。

二、经济发展迈向中高端,经济结构明显改善

"十二五"时期,面对多年积累的结构性矛盾和转型发展的压力,党中央、国务院把调结构转方式放在更加突出的位置,在发展中促转型,在转型中谋发展,经济结构调整不断迈出新步伐,经济发展的后劲和内生动力明显增强。

服务业成为第一大产业。随着我国经济发展水平的提高,对生产性和生活性服务

的需求不断扩大,服务业在国民经济中的地位上升。2012年,我国第三产业现价增加值占国内生产总值的比重上升到45.5%,首次超过第二产业成为国民经济第一大产业。2014年,第三产业比重上升到48.1%,比2010年提高3.9个百分点,2015年上半年进一步上升到49.5%(如图1-3所示)。

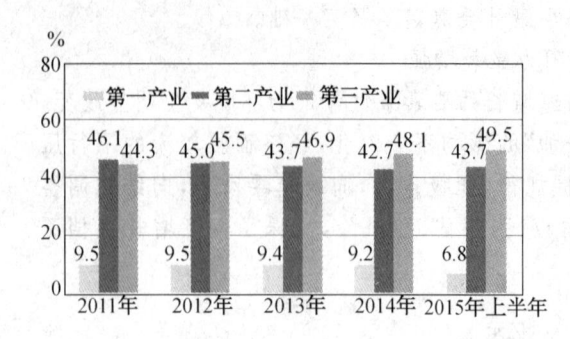

图1-3 2011—2015年上半年三次产业结构

工业转型升级步伐加快。坚持走新型工业化道路,推动工业化和信息化深度融合,工业发展向中高端迈进。2011—2014年,装备制造业和高技术产业增加值年均分别实际增长13.2%和11.7%,快于规模以上工业增加值2.7和1.2个百分点;2014年,装备制造业和高技术产业现价增加值占规模以上工业增加值的比重分别达到30.4%和10.6%,比2010年提高0.8和1.7个百分点。2015年上半年,高技术产业增加值占比提高到11.4%。

内需特别是消费对经济增长贡献明显增强。在扩大内需战略的带动下,消费的基础性作用和投资的关键性作用得到较好发挥,特别是消费结构升级带动居民消费潜力有序释放,消费成为拉动经济增长的主动力。2011—2014年,最终消费对经济增长的年均贡献率为54.8%,高于投资贡献率7.8个百分点。2015年上半年,最终消费对经济增长的贡献率上升为60%(如图1-4所示)。

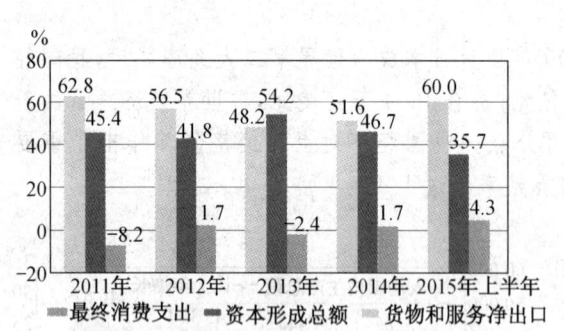

图1-4 2011—2015年上半年三大需求对国内生产总值增长的贡献率

新型城镇化稳步推进。2011年年末,城镇人口首次超过农村人口,城镇化率突破50%,2014年进一步提高到54.77%,2011—2014年城镇人口每年增加近2 000万人,带动了巨大的投资和消费需求(如图1-5所示)。与此同时,我国稳步推进农民工市民化,我国城镇化不仅有量的扩大,更有质的提升。

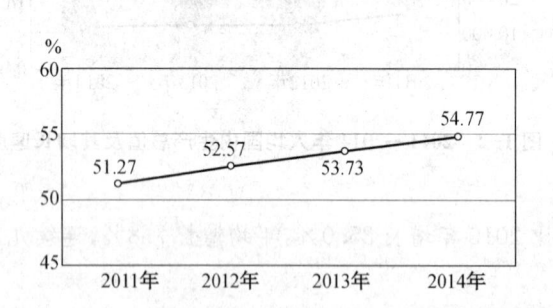

图1-5 2011—2014年城镇人口占总人口比重

三、经济发展质量效益明显提高,可持续发展能力增强

"十二五"时期,党中央、国务院积极推动经济发展方式从规模速度型粗放增长转向质量效率型集约增长,以创新驱动提高劳动生产率和资源利用率,努力建设资源节约

型、环境友好型社会,经济运行质量不断提高,可持续发展能力不断增强。

国家财政实力明显增强。 2011年,我国公共财政收入突破10万亿元大关,2014年超过14万亿元,比2010年增长68.9%,年均增长14.0%(如图1-6所示)。随着国家财政实力增强,财政对经济社会发展的支持不断加大。2014年,我国公共财政支出超过15万亿元,比2010年增长68.7%。重点领域民生支出得到较好保障。2011—2014年,城乡社区事务、医疗卫生、交通运输、教育、社会保障和就业支出年均分别增长21.1%、20.4%、17.2%、16.2%和14.9%。

企业利润、居民收入持续增长。 2014年,规模以上工业企业实现利润总额68 155亿元,比2010年增长28.5%,年均增长6.5%。2011—2014年,扣除价格因素,城镇居民、农村居民人均可支配收入年均实际分别增长7.9%、10.1%。2014年,全国居民人均可支配收入已达到20 167元,比上年增长8.0%,比GDP增速快0.7个百分点;2015年上半年全国居民人均可支配收入增长7.6%,继续快于经济增长。

节能降耗成效显著。 加强工业、交通、建筑等重点领域节能,积极发展绿色低碳产业,能源消费结构发生深刻变化,单位产出能耗水平大幅下降。2014年,水电、风电、核电、天然气等清洁能源消费量占能源消费总量的比重为16.9%,比2010年提高3.5个百分点。2011—2014年,单位国内生产总值能耗累计下降13.4%,2015年上半年同比下降5.9%(如图1-7所示)。

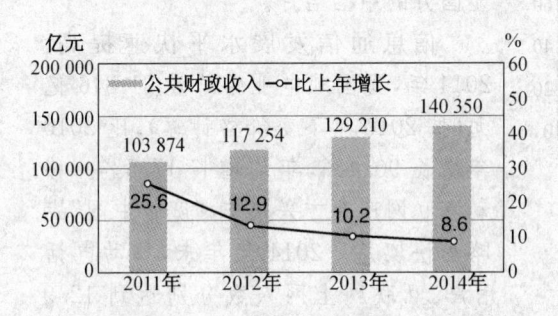

图1-6　2011—2014年公共财政收入及其增长速度

图1-7　2011—2015年上半年单位GDP能耗变化率

环境质量得到改善。 深入实施大气污染防治行动计划,实行区域联防联控,污染物排放总量逐步得到控制。2012—2014年,全国化学需氧量排放量累计下降8.2%,二氧化硫排放量累计下降11.0%。2014年,十大流域的水质监测断面中,Ⅰ～Ⅲ类水质断面比例占71.2%,占比持续提高。

新的增长动力加快孕育。 随着互联网经济的快速发展,新业态、新模式、新产品不断涌现,信息消费、电子商务、物流快递等蓬勃发展。2014年,全社会电子商务交易额达16.39万亿元,同比增长59.4%;快递业务量达到140亿件,超过美国问鼎世界第一,连续4年保持了超过50%的增长速度。

四、基础产业和基础设施明显加强,经济社会发展后劲提高

"十二五"时期,党中央、国务院在完善基础产业、提高基础设施建设水平上进一步加大了力度,通过统筹规划、协调推进、突出重点、优化布局,基础产业和基础设施对经

济社会发展的保障能力继续提高。

农业基础进一步巩固。2014年，粮食总产量取得历史性突破，达到60 703万吨，比2010年增长11.1%，年均增长2.7%，实现"十一连增"（如图1-8所示）。近年来，我国谷物、肉类、籽棉、花生、茶叶、水果等农产品产量稳居世界第一位。

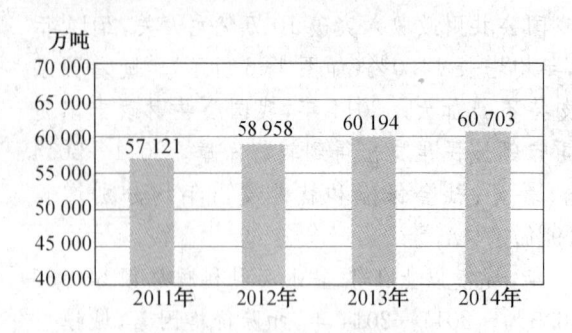

图1-8　2011—2014年粮食产量

交通运输能力持续增强。高效、便捷的铁路网、公路网、航空运输网、城际铁路网、航道网逐渐形成。2014年年末，铁路营业里程、公路里程、高速公路里程、定期航班航线里程分别达到11.2万千米、446.4万千米、11.2万千米、463.7万千米，分别比2010年年末增长22.6%、11.4%、51.0%、67.7%。特别是，高速铁路迎来了史无前例的大发展，2014年高速铁路运营里程突破1.6万千米（如图1-9所示），位居世界第一，我国高铁还驶出国门，参与多国铁路建设，成为独具特色、彰显国力的中国名片。

信息通信发展水平快速提高。2014年，我国邮电业务总量21 846亿元（按2010年不变价格计算），比2010年增长90.4%，年均增长17.5%。移动互联网产业方兴未艾，"宽带中国"战略加快实施。2014年年末，移动电话用户、互联网上网人数分别达到12.9亿户、6.5亿人，分别比2010年增长49.7%、41.9%；移动电话普及率、互联网普及率分别达到94.5部/百人、47.9%，分别比2010年提高30.1部/百人、13.6个百分点（如图1-10所示）。

图1-9　2011—2014年高速铁路营业里程及其增长速度

图1-10　2011—2015年上半年互联网普及率

五、对外开放不断向纵深推进，新一轮高水平对外开放局面初步形成

"十二五"时期，党中央、国务院统筹国内国际两个大局，实施新一轮高水平对外开放，加快构建开放型经济新体制，以开放的主动赢得发展的主动、国际竞争的主动，对外开放的深度和广度得到进一步拓展。

进出口贸易规模稳步扩大。尽管国际金融危机以来世界经济复苏步履蹒跚，但由于党中央国务院积极应对，我国进出口贸易总体上保持了稳定增长，占国际贸易的份额继续上升。2014年，我国货物进出口总额达到26.4万亿元，居世界第一位，比2010年增长31.0%，年均增长7.0%。货物进出口总额占世界贸易总额的比重为11.3%，比2010年提高1.7个百分点(如图1-11所示)。

图1-11 2011—2014年货物进出口总额

进出口结构不断优化。初级产品出口占全部出口的比重由2010年的5.2%下降到2014年的4.8%，工业制成品出口比重则由94.8%上升到95.2%。贸易伙伴更趋多元化，在巩固同美、欧、日三大传统贸易伙伴关系的基础上，与新兴市场国家的贸易往来快速发展。

服务贸易取得长足发展。2014年，服务进出口总额达到6 043亿美元，比2010年增长66.7%，年均增长13.6%(如图1-12所示)。服务贸易结构逐步优化，计算机、保险、金融、咨询等高附加值服务贸易出口增长势头强劲。

利用外资规模跃居世界第一。利用外资从追求量的扩大转向质的提高。2011—2014年，我国累计实际使用外商直接投资4 649亿美元，年均增长3.1%，其中，2014年实际使用外商直接投资1 196亿美元，首次跃居全球第一(如图1-13所示)。外商投资领域也从一般制造业向高技术产业和金融、保险等服务业拓展。

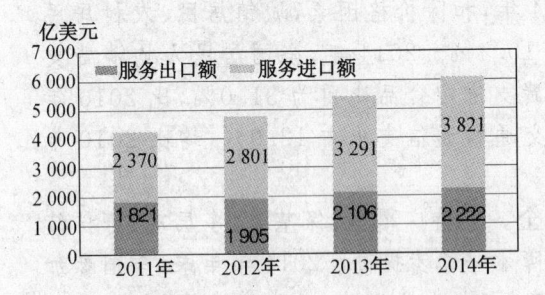

图1-12 2011—2014年服务进出口总额

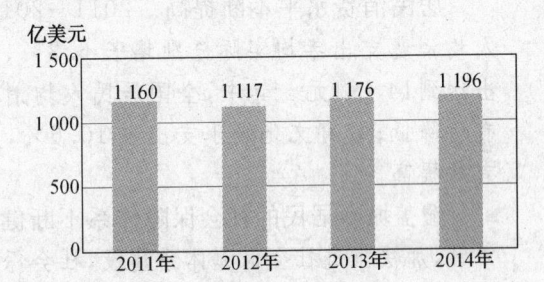

图1-13 2011—2014年实际使用外商直接投资

"走出去"战略加快实施。对外投资进入加速发展阶段，沿海开放、沿边开放展现新格局。2014年，非金融类对外直接投资1 072亿美元，比2010年增长78.1%，年均增长15.5%，2015年上半年非金融类对外直接投资同比增长29.2%(如图1-14所示)。2014年，对外承包工程业务完成营业额1 424亿美元，比2010年增长54.5%，年均增长11.5%。自贸区建设取得重

图1-14 2011—2015年上半年非金融类对外直接投资及其增长速度

要突破,2013年我国在上海设立了首个自由贸易园区,此后又新设广东、天津、福建自由贸易园区;与冰岛、瑞士自贸区启动实施,中韩、中澳自贸区完成实质性谈判。积极推进丝绸之路经济带和21世纪海上丝绸之路合作建设,参与境外基础设施建设和产能合作,在铁路、电力、通信、油气等领域对外合作取得重要成果。

六、民生事业大幅改善,发展成果普惠人民

"十二五"时期,党中央、国务院坚持民生优先,不断加强就业、收入分配、社会保障、住房等保障和改善民生的制度安排,全力推进基本公共服务均等化,人民生活水平有新提高,生活质量有新改善。

就业稳步增加。高度重视就业工作,以改革促进大众创业、万众创新,在经济增速放缓的背景下就业总量不降反升。2014年年末,全国就业人员达到77 253万人,比2010年年末增加1 148万人。其中,城镇就业人员增加到39 310万人,占全部就业人员的比重为50.9%,比2010年年末提高5.3个百分点(如图1-15所示)。2014年农民工总量为27 395万人,比2010年增长13.1%,年均增长3.1%。2015年上半年新增就业718万人,完成全年目标的71.8%。

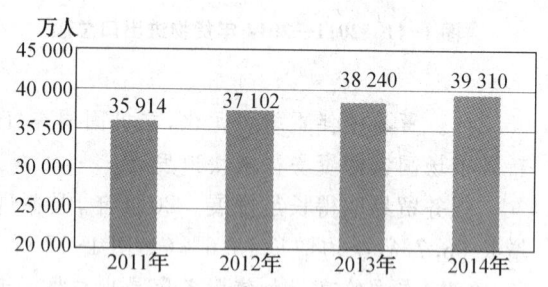

图1-15 2011—2014年城镇就业人员

居民消费水平不断提高。2011—2014年,扣除价格因素,城镇居民、农村居民人均消费支出年均实际分别增长6.3%、10.4%。2014年,全国居民人均消费支出达到14 491元。其中,全国居民人均消费支出中食品比重为31.0%,比2010年有所降低;教育文化娱乐支出占10.6%,交通和通信支出占12.9%,均比2010年有所提高。

覆盖城乡居民的社会保障体系不断健全。坚持广覆盖、保基本、多层次、可持续方针,加快推进社会保障体系建设,社会保障水平稳步提高。2014年年末,全国参加城镇职工基本养老保险、城镇职工基本医疗保险、失业保险、工伤保险、生育保险的人数分别比2010年年末增加8 417万人、4 561万人、3 667万人、4 478万人、4 703万人。新型农村合作医疗覆盖面不断扩大。2014年年末,参加新农合人数达到4 965万人,比2010年年末增加350万人。此外,国家还统一了城乡居民基本养老保险制度,不断提高企业退休人员基本养老金水平,全面启动机关事业单位养老保险制度改革。

七、各项社会事业全面进步,公共服务均等化水平提高

"十二五"时期,党中央、国务院以增进民生福祉为目的,不断加大社会事业投入,推进基本公共服务均等化,科教文卫体等各项社会事业全面进步。

教育事业成绩显著。2014年,小学学龄儿童净入学率达到99.8%;中等职业教育招生629万人,在校生1 803万人,毕业生633万人;全国普通本专科招生721万人,在校生2 548万人,毕业生659万人,分别比2010年增加60万人、316万人、84万人;高

等教育毛入学率达到37.5%，比2010年提高11个百分点(如图1-16所示)。

科技事业成果丰硕。2014年，研究与试验发展(R&D)经费支出13 312亿元，比2010年增长88.5%，占国内生产总值的比重为2.09%，比2010年提高0.36个百分点(如图1-17所示)。专利申请量和授权量大幅增加。2014年，受理境内外专利申请236万件，授予专利权130万件，分别比2010年增长93.2%和59.9%。基础研究和前沿技术研究取得一批重大成果，探月工程、载人深潜、卫星应用、超级计算等重大科研项目取得新突破，为产业转型升级提供了强有力的技术支撑。

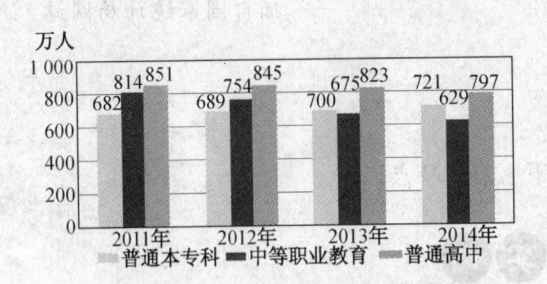

图1-16 2010—2014年普通本专科、中等职业教育及普通高中招生人数

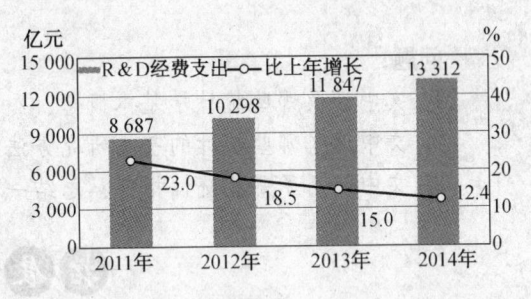

图1-17 2011—2014年研究与试验发展(R&D)经费支出

卫生事业稳步推进。2014年年末，全国共有医疗卫生机构98.1万个，比2010年年末增加4.4万个；共有医疗卫生机构床位660.1万张，增加181.4万张；共有卫生技术人员759万人，增加了171万人。不断完善重大疾病防控，实施国民健康行动计划，全面推行公共场所禁烟，居民健康状况继续改善。婴儿死亡率由2010年的13.1‰下降到2014年的8.9‰，孕产妇死亡率由30/10万人下降到21.7/10万人，均提前实现了联合国千年发展目标。

文化、体育事业蓬勃发展。2014年年末，全国共有公共图书馆3 117个，比2010年末增加233个；博物馆3 660个，增加1 225个；广播节目综合人口覆盖率为98.0%，提高1.2个百分点；电视节目综合人口覆盖率为98.6%，提高1.0个百分点。文化产业异军突起。2014年，全国电影总票房达到296亿元，同比增长36.2%。体育事业创造新辉煌。2011—2014年，我国运动员共获得世界冠军467个，创造了45项世界纪录。

回首过去的五年，我国经济社会发展经受住了各种重大挑战和考验，在高起点上取得了新的伟大成就。经济保持中高速增长，转型升级和改革创新稳步推进，人民生活持续改善，社会事业全面进步，综合国力和国际影响力显著提升，在全面建成小康社会征程中迈出了坚实步伐，谱写了中国特色社会主义事业新篇章。尤为值得强调的是，这些成绩是在困难和挑战大大超出预期的情况下实现的，更显得来之不易。这一切，是党中央、国务院统揽全局、把握大势、科学决策的结果，是全国各族人民共同努力、积极探索、顽强拼搏的结果。五年取得的成绩来之不易，积累的经验弥足珍贵，创造的精神财富影响深远。

展望未来，我们信心百倍，经济社会发展仍有巨大的潜力、韧性和回旋余地，有条件而且完全有能力推动经济社会发展、综合国力、人民生活再上新台阶，同时，我们也清醒地认识到经济社会发展进入新常态,正处在爬坡过坎的关口,体制机制弊端和结构性矛盾还很突出,需要我们保持忧患意识,坚持底线思维。面对大变革大调整的世界格局,面对改革深水区、矛盾凸显期一系列时代课题,我们比以往任何时候都需要唤起改革的勇气、弘扬创新的精神。让我们紧密团结在以习近平同志为总书记的党中央周围,高举中国特色社会主义伟大旗帜,凝神聚力、勇于担当、务实创新、攻坚克难,全面深化改革开放,坚决破除体制机制障碍,为实现"两个一百年"奋斗目标和中华民族伟大复兴的中国梦作出新的更大贡献!

——摘自国家统计局网站

问题:

1. 文中涉及哪些统计学基本概念?
2. 文中用了哪些统计的基本研究方法?
3. 文中使用了哪些统计指标?总结一下它们的特点。

拓展实训

请登录中国统计网 http://www.itongji.cn/,选择感兴趣的统计资料或者最新发布的数据公告,结合本章学习的知识,分组讨论对统计和统计学的认识,指出统计的特点和作用。

第 2 章 统计数据的搜集

【学习目标】
1. 理解统计调查的概念和要求、明确统计调查的分类。
2. 掌握统计调查的主要组织形式及特点。
3. 掌握问卷设计的基本技术,能够设计调查问卷。
4. 掌握常见的几种统计调查方法及特点,并了解它们的应用领域。

【重点掌握】
1. 统计资料调查的几种方法。
2. 统计资料搜集的几种方法。
3. 设计统计调查方案的方法。

2.1 统计数据搜集的概念

2.1.1 统计数据搜集的意义与基本要求

统计数据搜集的主要形式是统计调查,就是根据统计研究的目的和要求,运用科学的方法,对调查对象中各调查单位的有关标志的具体表现,有计划、有组织地进行登记,取得真实、可靠统计资料的活动过程。它是统计工作的基础,也是统计整理和统计分析的前提。如果调查工作做不好,得到的材料残缺不齐或者是虚假的,就必然影响以后的整理、分析工作,更谈不上得出正确的结论。也就是说,统计调查工作的质量如何,会直接影响到整个统计工作的质量,所以,统计调查在整个统计工作过程中占有十分重要的地位。

正确的统计调查必须有正确的理论为指导,因而准确性、及时性、全面性和系统性就成为统计调查的基本要求。

1. 准确性

准确性是指统计调查所搜集的资料必须准确可靠,符合实际情况。统计调查取得的资料的准确性是衡量统计调查工作质量的重要标志。统计调查必须准确反映实际情况,保证各项调查资料真实可靠。统计工作能否顺利完成任务很大程度上取决于所搜集的资料是否准确。因此,可以说统计资料的准确性是统计工作的生命。

2. 及时性

及时性是指对统计工作的时间性所作的限制。要严格按调查方案所要求的呈报资料时间及时调查,及时上报以满足各部门对统计资料的要求。因为一项统计任务的完成,往往是许多单位共同统计努力的结果,任何一个调查资料上报不及时都会影响全面的综合工作,甚至贻误整个统计工作的发展。

统计资料工作中的准确性和及时性是相互结合的。应该把快和准辩证地统一起来,做到准中求快、快中求准。当然,准和快也会有矛盾,在实际调查中,要根据当时具体情况正确地处理好准和快的关系。

3. 全面性

全面性是指按调查计划要求对要调查的单位和项目资料全面地毫无遗漏地进行搜集。如果资料搜集残缺不全,就不能反映被调查事物的全面情况,反而给统计整理和统计分析带来困难,影响统计工作的进度和质量。

4. 系统性

系统性是指搜集到的统计资料要符合事物的逻辑,不能杂乱无序,也就是说所提供的统计资料应既便于整理,又便于汇总。

全面性和系统性是对准确性和及时性的补充。

2.1.2 统计数据搜集的来源

从使用者的角度看,统计数据主要来源于两种渠道:一是直接的调查和科学试验,这是统计资料的直接来源,称为原始资料或是一手资料;二是已经存在的经他人整理分析过的资料,这是统计资料的间接来源,称次级资料或二手资料。

统计数据的直接来源主要有两种渠道:一是专门组织的调查;二是科学试验。专门调查有统计部门进行的统计调查,也有其他部门或机构为特定目的而进行的调查,如新产品投放市场前所作的市场调查,它是取得社会经济数据的重要手段。而科学试验是取得自然科学数据的主要手段。

在统计数据搜集过程中,有时很难通过直接调查或试验取得所需的第一手数据。此时可以通过一定渠道获取别人调查或科学试验所取得的统计数据,这便是第二手资料或称次级资料。以下是对二手资料的概述。

1. 二手资料的分类

次级资料有两个基本来源:内部信息数据和外部信息数据。

内部二手信息数据是从被调查单位内部直接获取的与调查有关的信息数据资料,如资产负债表、现金流量表、各种统计台账、统计报表等。另外,对于今天的企业来说,面对 21 世纪的挑战,尤其是计算机网络的发展,一些企业已经或正在着手建立现在的和潜在的消费者以及内部生产、销售管理的信息数据库。利用已有的企业信息数据库,优秀的调查人员可以调查现有的市场营销活动和预测未来调查销售状况等。

外部的次级信息数据来源非常广泛,有各级政府、非营利机构、贸易组织和行业机构、商业性出版物等。其中政府机构所编辑出版的统计资料是宏观、微观信息数据的主要来源。在我国,国家统计局出版的统计资料汇编刊物主要有:《中国统计年鉴》《国民收入统计资料汇编》《中国物价统计年鉴》《全国城镇居民家庭收支调查》《中国农村统计年鉴》《中国劳动工资统计年鉴》《中国证券期货统计摘要》《世界经济年鉴》《中国金融年鉴》《中国证券期货统计年鉴》《中国经济年鉴》等。除了国内出版的刊物外,也可以利用国际和外国组织机构公开发表的资料汇编,如《联合国统计年鉴》《世界发展报告》《世界经济展望》《美国统计摘要》和《日本统计月报》等。

随着信息技术的飞速发展,可以获得资料的渠道越来越多,各种年鉴、资料汇编也越来越多,内容越来越丰富,不过,任何已有的资料都是为了某种目的而搜集并通过一定的方法整理汇编出来的,不是亲自搜集的信息数据,有时难以满足某些特定研究的需要,特别是在所搜集到的次级信息数据资料不配套、不完整、不合要求时,仍然需要进行调整和估算,所以为了得到高质量的信息数据,亲自搜集信息数据仍然是十分必要的。

搜集传统的二手信息数据往往是一项艰苦的工作。今天,计算机基础上发展而来的在线信息数据库(On-Line Database),就可以解决这个难题。如果具备了一定的设备,任何人都可以及时地获取在线信息数据(On-Line Data)。

2. 二手资料的优点

二手信息数据可以弥补搜集原始信息数据成本高、时间长和不方便的缺点,因此调查人员可以广泛地使用二手信息数据。使用二手信息数据还有如下优点:

(1) 二手信息数据可以提供必要的背景信息和调查报告的创意。二手信息数据可以为调查人员提供丰富的背景资料,如潜在购买者和非潜在购买者的特征、产业资料、新产品受欢迎的特点、现有产品的优点和缺陷等。

(2) 二手信息数据有可能提供原始信息数据搜集的方法。有的项目的原始信息数据调查可以在调查过程中为解决手边的问题而得到应用,如公开发表的同类调查报告和调查方法、问卷设计方法等,就可以征得有关方面许可而采用。

(3) 二手信息数据可以警示调查人员注意潜在的问题和困难。二手信息数据可以帮助调查人员辨明在调查过程中可能遇到的问题,如信息数据搜集方法问题、样本确定问题或被访者的敌意等。

3. 二手资料的缺陷

虽然二手信息数据具有显著的优点,但是它也存在一些缺陷,比如,难以获得、相关性差和不准确等。

(1) 难以获得。对一些调查项目来说,其二手信息数据无法提供。如果调查某组织在各地区的形象,那么它只能通过原始信息数据的调查而完成。同样的例子还有对新产品的概念和性能的测试。

(2) 相关性差。二手信息数据不是为当前的问题所搜集的,因此在现实中,调查人员往往因为信息数据抽样单元或测量方法不符,而无法使用该信息数据。而类似统计年鉴的发表往往在时间上也要滞后许多。一般是1~2年左右,信息数据就会过时。

(3) 不准确。二手信息数据的使用者应该经常质疑信息数据的准确性,在研究者搜集、编码、分析和表现信息数据时往往可能潜藏许多错误。没有提及误差和误差范围的报告是值得怀疑的。

2.1.3 统计数据搜集的种类

社会经济现象错综复杂,由于统计研究经济现象的性质和任务的不同,所要用的调查方式也不同。统计调查有多种方法,组织调查应采取何种方法,应根据调查对象的特点来确定。选择合适的调查方法对于及时完成调查任务关系重大。统计调查可以按不同的标志进行分类,现分别进行阐述。

1. 根据被研究总体的范围,统计调查可分为全面调查和非全面调查

(1) 全面调查是指对被研究总体中的全部单位,都一一进行调查登记的一种调查方式。如普查和全面统计报表。

(2) 非全面调查是指对被研究总体中的部分单位进行登记或观察的一种调查方式。如重点调查、典型调查和抽样调查。进行非全面调查的必要性主要表现在:节省人力、物力、财力和时间;有时不需要全面调查,当只要了解基本情况时,一般用重点调查;当只需了解典型情况时,常常用典型调查;而当需要从部分推断总体时,则通常用抽样调查。

2. 按调查的组织形式不同,统计调查可分为统计报表制度和专门调查

(1) 统计报表制度是指根据统计法律法规的规定,按一定的表式和要求(指标、表格形式、计算方法等),自上而下统一部署,自下而上逐级提供统计资料的一种统计调查方法。

(2) 专门调查是指为了研究某些专门问题而专门组织的调查。如为了解一定时点状态上的资料而组织的人口普查,多属一次性专门调查,如普查、抽样调查;专门调查可以是全面调查,也可以是非全面调查,如重点调查、典型调查、抽样调查。

3. 按调查登记时间是否连续,统计调查可分为经常性调查和一次性调查

(1) 经常性调查是指随着调查对象在时间上的变化而进行连续不断的登记或观察,以了解事物在一定时期内发生、发展的全过程。这种调查在工业等物质生产活动中应用广泛,如工业产品产量调查、主要原材料、动力、燃料消耗等。

当研究的现象在一定时期内数量上变化较大时,或研究的目的是一定时期内客观现象的全部过程,一般用经常性调查。

(2) 一次性调查是指对调查对象在某一时刻的状况进行一次性登记,以反映事物在一定时点上的发展水平(状态)。它是不连续的调查。如人口可隔一段时间进行一次普查。

当研究的现象在一定时期内变动不大时,如固定资产总值、一国人口数等,或研究对象在某一时间上达到什么水平时(库存调查),通常用一次性调查。

4. 按搜集资料的方法不同,统计调查可分为直接观察法、报告法、采访法、问卷调查法以及实验法等

(1) 直接观察法是指调查人员深入现场对调查对象直接进行点数、测定和计量而取得资料的方法。如为了及时了解农作物产量而进行的实割实测、脱粒、晾晒、过秤计量;又如为了解工业企业期末的在制品存量,调查人员进入到生产现场进行观察、计数、测量等。但有些社会经济现象还不能用直接观察法进行调查,如对职工家庭收支情况资料的搜集,就不宜直接计量和观察。

(2) 报告法又称凭证法,是指要求调查对象以原始记录、台账和核算资料为依据,向有关单位提供统计资料的方法,如报表制度等。当前我国企、事业单位向上级填报统计报表,就是报告法。报告法具有统一项目、统一表式、统一要求和统一上报程序的特点。

(3) 采访法又称询问法或通讯法,是指由调查人员向被调查者提问,根据被调查者的答复来搜集资料的方法。这一方法又分为个别访问和开调查会两种。个别访问是由调查人员向被调查者逐一询问来搜集资料的方法。开调查会是指邀请了解情况的人参加座谈会,以此来搜集资料的方法。

(4) 问卷是指为了统计调查所用的、以提问的形式表述问题的表格。问卷调查法就是调查者用问卷对所研究的社会经济现象进行度量,从而搜集到可靠的社会经济资料,深刻认识某一现象的一种方法。

(5) 实验法是一种特殊的观察调查方法,它是在所设定的特殊实验场所、特殊状态下,对被调查对象进行实验以取得所需资料的一种调查方法。

随着社会、经济和科技的发展,政府、企业和个人对各类信息的需求与日俱增,于是出现了大量的信息中心、数据工厂、简报中心、市场调查公司、电话呼叫中心、媒体研究公司等专业调研机构。统计调查的手段也不断更新,如计算机辅助电话调查、计算机辅助面访调查、搭车调查、网络调查和各种检测记录仪器的问世,使今天的统计数据更加准确、及时和完整,进一步提高了统计调查的速度和质量,降低了统计调查的费用支出。

2.2 统计数据的计量尺度与类型

2.2.1 统计数据的计量尺度

统计数据是采用某种计量尺度对客观现象进行计量的结果,采用不同的计量尺度会得到不同类型的统计数据。因而人们在搜集统计资料时要对客观现象进行计量或测量。按照计量学的一般分类方法以及对事物计量的精确程度,可将计量尺度由低级到高级、由粗略到精确分为四个层次:定类尺度、定序尺度、定距尺度和定比尺度。对客观现象进行计量或测量时,采用不同的计量尺度可以得到不同类型的统计数据,而不同类型的统计数据需要用不同的统计分析方法来进行分析。

1. 定类尺度

定类尺度也称类别尺度或列名尺度,是最粗略、最低层次的计量尺度。这种计量尺度只能按照事物的某种属性对其进行平行的分类或分组。例如,企业按组织形式分为独资企业、合伙企业和公司等。这种计量尺度只能反映事物之间的类别差,对事物之间的其他差别不能反映。因而,使用这种尺度对客观现象所作的分类,各类别之间只是并列关系,不能区分彼此的优劣或大小,各类别之间的顺序可以改变。运用定类尺度计量出的统计数据,通常是通过计算出每一类别中各元素或个体出现的频数或频率来进行分析。

2. 定序尺度

定序尺度又称顺序尺度,是对客观现象之间等级差别或顺序差别的一种测度。这种计量尺度不仅可以将客观现象分成不同的类别,而且还可以确定这些类别的优劣或顺序。定序尺度的计量结果也表现为类别,但与定类尺度测度的类别不一样,这些类别之间可以比较顺序。例如,合格产品可以分为优等品、一等品、二等品、三等品等。定序尺度对事物的计量要比定类尺度精确一些,但它也只是测度了事物类别之间的顺序,并未测量出类别之间的准确差值。定序尺度可用于分类,也可以用于统计分析中确定中位数、四分位数、众数等指标的位置。

3. 定距尺度

定距尺度也称间隔尺度,这种计量尺度不仅能将事物分为不同类型并加以排序,还可以准确地指出类别之间差距的大小。定距尺度是对事物类别或次序的间距的测量,因而其结果表现为数值。例如,A 学生的成绩为 95 分,B 学生的成绩为 80 分,C 学生的成绩为 65 分,它们之间的间隔是相等的,故可以准确地指出两个计数之间的差值。由于定距尺度的计量结果表现为数值,还可以计算出差值,所以它不仅具有定类尺度和定序尺度的特性,其结果还可以进行加、减运算,其准确性比定类尺度和定序尺度强。在统计数据中,定距尺度居于主要地位,是定比尺度的基础。

4. 定比尺度

定比尺度也称为比率尺度,它是在定距尺度的基础上先确定比较的基数,再将此相关的数字进行对比,形成相对数,用来反映客观现象的构成、密度、比重、速度等数量关系。它除了具有上述三种计量尺度的全部特征外,还可以计算两个测度值之间的比值。定比尺度与定距尺度之间的差别在于:定距尺度中没有绝对零点,而定比尺度中必须有一个绝对固定的零点。

四种计量尺度对事物的测量层次是由低级到高级、由粗略到精确逐步递进的。

高层次的计量尺度具有低层次计量尺度的全部特性,人们可以很轻易地将高层次计量尺度的结果转化为低层次计量尺度的结果。在统计分析中,一般要求测量的层次越高越好,其原因在于高层次的计量尺度包含更多的数学特性,所运用的统计分析方法越多,分析时也就越方便,故而应尽量使用高层次的计量尺度。

2.2.2 统计数据的类型

从上述四种计量尺度的结果来看,可以将统计数据分为以下四种类型。

1. 定类数据

定类数据也称为分类数据或名义类别数据,说明的是事物的品质特征,不能用数值表示,其结果是由定类尺度计量形成的,故而表现为类别,并且不能区分顺序,没有大小的比较。例如,性别、宗教类型、种族划分、地理区域及出生地等都属于此类数据。

2. 定序数据

定序数据也称为顺序数据或序数类别数据,说明的也是事物的品质特征,可为对象排序,同样不能用数值表示。其结果是由定序尺度计量形成的,故而表现为类别,但能区分顺序,可以进行大小比较。例如,在商业分析中使用定序数据在《财富》杂志中为50位最值得尊敬的公司排序。

3. 定距数据

定距数据也称为区间类别数据,说明的是事物的数量特征,能够用数值表示。其结果是由定距尺度计量形成的,表现为数值,可进行加、减运算。

4. 定比数据

定比数据也称为比率类别数据,说明的也是事物的数量特征,能够用数值表示。其结果也是由定比尺度计量形成的,表现为数值,可进行加、减、乘、除运算。

前两类数据也称为定性数据或品质数据;后两类数据也称为定量数据或数量数据。

2.3 统计资料搜集的方案

在统计调查工作正式开始之前,需要制订出一个完整、周密的数据采集方案,以指导整个调查工作,使调查得以顺利实施和完成。资料搜集方案又称为调查方案,它是指导整个调查过程的纲领性文件。

在实施统计调查之前,应当明确"由何人主持调查及向谁调查？何时开始调查？在何地进行调查？调查的内容是什么？如何进行调查？"五个问题,即统计学家通常所说的"5W"。因此,调查者首要根据需要与可能,制订科学的调查方案,它是调查工作的依据,是保证调查顺利进行的前提。调查方案主要包括下列内容。

2.3.1 确定调查目的

制订调查方案,首先要明确调查目的,即明确为什么要进行调查,调查要解决什么样的问题。调查目的决定被调查者、调查内容和方法。有了明确的目的,才能做到有的放矢,正确地确定调查的内容和方法,才能根据调查目的搜集与之有关的资料,而舍弃与之无关的资料。这样,就可以节约人力、物力,缩短调查时间,提高调查资料的时效性。例如,2010年第六次全国人口普查的目的为"查清十年来我国人口在数量、结构、分布和居住环境等方面的变化情况,为实施可持续发展战略,构建社会主义和谐社会提供科学准确的统计信息支持"。

2.3.2 确定调查对象和调查单位

确定调查对象和调查单位,是为了解决向谁调查、由谁来具体提供资料的问题。

调查对象是指需要调查的那些社会经济现象的总体,即总体单位,它是由许多具有某一共同性质的个体组成的,在整个统计研究中成为统计总体。确定调查对象,首先需要根据调查目的,对研究对象进行认真分析,掌握其主要特征,科学地规定调查对象的含义；其次要明确规定调查对象总体的范围,划清它与其他社会现象的界限。只有调查对象的含义确切、界限清楚,才能避免登记的重复或遗漏,保证统计资料的准确。例如,当调查目的是为了搜集某地区工业企业的生产情况的资料时,调查对象就是该地区所有工业企业；又如,当调查的目的是为了搜集某地区工业企业 200 万元以上设备时,则调查对象就是该地区所有工业企业的 200 万元以上设备；再如,根据 2010 年第六次全国人口普查的目的,这次普查规定："人口普查对象是指普查标准时点在中华人民共和国境内的自然人以及在中华人民共和国境外但未定居的中国公民,不包括在中华人民共和国境内短期停留的港澳台居民和外籍人员。"

调查单位是指调查对象中所要调查的具体单位,即总体单位,需要进行登记的标志（项目）的承担者,说明谁来提供资料的问题。调查单位的确定取决于调查目的和调查对象。如上述三个例子中,调查单位分别是该区的每一家工业企业、该地区工业企业的每一台 200 万元以上的设备、人口普查中上述总体中的每个人。

明确调查单位还需要把它与报告单位相区别。报告单位也称填报单位,它是负责向上汇报调查内容、提交统计资料的单位。填报单位一般是在行政上、经济上具有一定独立性的单位,而调查单位既可以是人、单位,也可以是物。根据调查目的,调查单位与报告单位有时一致、有时不一致。如对工业企业调查,每个工业企业既是调查单位又是填报单位；调查企业设备情况时,调查单位是企业的设备,而填报单位则是企业；人口普查时,调查单位是总体中的每个人,而填报单位则是家庭（户）。

2.3.3 确定调查项目和调查表

调查提纲由调查项目组成。调查项目就是要调查的内容,也就是被调查单位的特征,即标志。确定调查提纲所要解决的问题是:向调查单位调查什么?调查单位有哪些特征?用什么标志反映调查单位的特征?在调查中涉及哪些调查项目?这些都应根据调查目的和调查单位的特点而定,并贯彻"少而精"的原则进行处理。例如,2010年第六次人口普查根据调查项目拟定了性别、年龄、民族、受教育程度、行业、职业、迁移流动、社会保障、婚姻生育、死亡、住房情况等记录调查项目。

调查项目所要解决的问题是向被调查者调查什么,也就是需要被调查者回答什么问题。在确定所要登记的标志,即调查项目时,应注意以下几点:

(1) 各调查项目必须是可行的,是能够取得的确切资料。即必须从实际出发,只列出能够取得资料的项目,不可能取得资料的项目就不应列入提纲。

(2) 要有科学的理论依据和统一的解释,即列入调查提纲的内容含义要明确、具体,不能有两种或两种以上的解释,以免调查人员按照各自不同的理解填写,使调查结果无法汇总。

(3) 调查项目要少而精,即只列出调查目的所必需的项目,登记与问题本质有关的标志,以免内容庞杂,增加工作量,造成调查工作的浪费。

(4) 各调查项目之间尽可能做到相互联系,彼此衔接,以便于相互核对和分析。如,总产值÷在职人数=全员劳动生产率。

调查表是指调查项目按照一定的顺序排列起来形成的一定的表式,这是统计工作搜集资料的基本工具。调查目的、被调查者都可以从调查表中反映出来。调查表主要用于统计调查阶段,是搜集原始资料的基本工具,且便于填写或汇总整理。

调查表一般有单一表和一览表两种。单一表是指一张调查表上只登记一个调查单位的表格,它可以容纳较多的项目(标志),便于整理和分类。一览表是指把许多调查单位填写在一张表上,便于合计和核对差错,但它容纳的调查项目有限。单一表和一览表的应用区别:一是看项目的多少,调查项目多时一般用单一表,反之则用一览表;二是看填报单位与调查单位是否一致,一致时常用单一表,不一致时用一览表。如我国人口普查的调查表采用的是一览表,统计报表的基层表(即调查表)多采用单一表的形式。

2.3.4 确定调查时间和调查期限

统计调查时间包括两个方面的含义,即调查时间和调查期限。调查时间是指调查资料所属的时间,在统计调查中,如果所调查的是时期现象,就要明确规定调查资料所属时期。例如,调查2015年第一季度的工业产量,则调查时间是从2015年1月1日起到2015年3月31日为止,共计3个月。如果所要调查的是时点现象,就要明确规定调查资料所属时点。如我国第六次人口普查时点是2010年11月1日0时。

调查期限是整个调查工作的起止时间,包括搜集资料和报送资料等全部工作所需要的时间,为了确保资料的时效性,调查期限不宜过长。

2.3.5 制订调查的组织实施计划

为了保证整个统计调查工作的顺利进行,在调查方案中还应该有一个周密的组织实施计划。统计调查成功实施必须要有严密细致的组织工作。调查的组织计划主要包括以下内容:①确定调查工作的领导机构和办事机构;②明确调查人员的组织与分工;③明确调查前的准备工作,包括宣传教育、人员培训、文件资料的印发、方案的传达布置、调查经费的预算及开支办法等;④规定调查工作的检查、监督方法;⑤确定公布调查成果的时间等。

2.4 统计调查的组织形式

2.4.1 统计报表

1. 统计报表的定义

统计报表是按照国家或上级部门统一规定的表式、统一的指标、统一的报送程序和报送时间,自下而上逐级提供基本统计资料的一种调查方式。统计报表所包括的范围比较全面,项目比较系统,指标内容相对稳定,因此,这是我国统计调查中取得国民经济和社会发展情况基本统计资料的一种重要手段。与其他统计调查方式相比较,统计报表有统一性、时效性、全面性、资料的相对可靠性(建立在原始记录和核算数字基础之上)、连续性等特点。

此外,统计报表的优点有:①它可以事先布置到基层填报单位,基层单位可根据报表的要求,建立和健全各种原始记录,使统计报表的资料来源有可靠的基础,以保证统计资料的准确、及时、完整。基层单位也可以利用统计报表资料,对生产、经营活动进行科学管理。②由于它采取逐级上报、汇总的形式,各级领导部门都能得到其管辖范围内的统计报表资料,使他们能经常了解本地区、本部门的经济和社会发展情况。③它是经常性调查,内容相对稳定,有利于积累和历史对比。

统计是计划的基础,没有科学的统计,就不可能有真正的计划。我国国民经济和社会发展计划的编制离不开统计报表提供的统计数字。至于检查监督计划的执行情况,更需要通过统计报表,及时了解计划进程及存在的问题和问题发生的原因,以便采取有效措施,保证计划实现。

2. 统计报表的种类

统计报表担负着为计划的制订及其执行情况的检查提供资料的任务,这就决定了统计报表必须以全面调查为主,非全面调查为辅。统计报表可按不同的标志划分为以下几种类型。

(1) 按内容和实施范围不同,统计报表可分为国家报表、部门报表和地方报表。国家报表是根据有关的国家统计调查项目和统计调查计划制定的统计报表,也叫国民经济基本统计报表。这种统计报表从整个国民经济的角度出发制定,并按照国民经济的部门来划分,如农业、工业、建筑业、固定资产投资、国内贸易、对外经济贸易、劳动工资、交通运输、物价、人民生活等。这些报表在全国范围内的各行各业实施,主要用来搜集整个国民经济和社会发展情况的基本统计资料。部门报表是根据有关部门的统计调查项目和统计调查计划制定的统计报表,其实施范围限于各业务主管部门系统内,一般用来搜集各级主管部门所需要的专门统计资料。地方报表是根据有关地方统计调查项目和统计调查计划制定的统计报表,其实施的范围是各省、市、自治区,主要用来满足地方的专门需要。部门和地区报表都是对国家统计报表的补充。

(2) 按调查范围不同,统计报表可分为全面报表与非全面报表。全面统计报表要求调查对象中的每个单位都要填报;非全面统计报表只要求调查对象中的一部分单位填报。非全面调查填报的报表属于非全面统计报表。

(3) 按报送周期不同,统计报表可分为日报、旬报、月报、季报、半年报和年报统计报表,其中以月报和年报统计报表为主。周期短的统计报表,投入的人力、物力、财力就要多,因此,指标项目可以少一些、粗一些;周期长的统计报表,指标项目可以多一些、细一些。月报、年报的周期较长,其内容比较详尽;日报、旬报周期较短,其内容只限于填报少量最主要的指标。统计报表的原则是,凡一年、半年报告一次能满足需要的,就不用季报、月报;月报能满足要求的,就不用日报、旬报。

(4) 按填报单位不同,统计报表可分为基层报表和综合报表。基层报表主要由基层企、事业单位填报,它所提供的原始资料是统计的基础资料。综合报表是由主管部门根据基层报表逐级汇总填报的统计报表。它汇总后得到各级基本统计指标。填报基层报表的单位称为基层填报单位,填报综合报表的单位称为综合单位。

(5) 按报送方式不同,统计报表可分为电讯报表和书面报表。电讯报表又可分为电报、电话报、传真报等。日报和旬报要求迅速上报,通常采用电讯方式报送。月报、季报、半年报和年报,除月报中的少数用电讯报告外,一般都以书面的方式报送,报送手段可采用邮局邮寄或电子信箱传递。

3. 统计报表制度的基本内容

统计报表制度是指基层单位和下级机关按照统一规定的表格、内容和报送程序,定期向上级机关和国家报送统计资料的制度。执行统计报表制度,是各地区、各部门、各单位按照国家的法律规定必须向国家履行的一种义务。我国的统计报表制度的基本内容有:

(1) 报表内容和指标体系的确定。报表内容和指标体系的确定要有充分的科学依据,要以反映国民经济和社会发展情况及生产经营活动的主要情况为出发点,做到精炼适用。要保证与会计核算和业务核算指标体系的一致性。对列入表式的统计指标概念、计算方法、计算范围及其他有关问题要作具体说明,以便填表单位准确地填表。

(2) 报表表式的设计。它是指统计报表的具体格式,包括主栏项目、宾栏项目以及补充资料项目;表名、表号、填报单位、报告期别、报送日期、报送方式、单位负责人及填报人签署等。它分为基本表式和专业表式两种。

(3) 报表的实施范围。其内容包括应由哪些单位填报(编报单位),汇总时包括哪些单位(编报单位)。

(4) 报表的报送程序和报送日期。报表的报送程序,包括填报单位填报报表的份数、方式和受表单位,且要规定其报送日期。

(5) 填表说明。它具体说明填表的方法、指标说明(指标的概念、计算范围、计算方法)以及其他有关问题。

(6) 统计目录。它指统计报表中主栏项目的一览表。其大体可分为两类:一类是主栏中填报的统计分组用的目录,如工业部门分类目录等;另一类是主栏中填报的具体项目的目录,如工业产品目录等。

2.4.2 普查

1. 普查的概念

普查是根据统计的特定目的而专门组织的一次性全面调查,如全国人口普查、工业普查、科技人员普查等。它主要搜集那些不宜用经常调查来搜集的全面、准确的统计资料;调查属于一定时点的社会经济现象总量;也可以用来调查反映一定时期现象的总量,如出生人口总数和死亡人口总数等。

普查是一种重要的调查方法。虽然有些情况可以通过定期统计报表搜集全面的基本统计资料,但它不能代替普查。因为有些社会经济现象,如人口年龄(与性别结合在一起的)构成变化、物资存在、耕地面积、工业设备等情况不可能也不需要组织经常性的全面调查,而在我国经济建设中,又必须掌握比较全面详细的相关资料,这就需要通过普查来解决。为了摸清有关国情、国力的重要数字,需要分期分批地进行专项普查。

2. 普查的形式

(1) 自上而下对调查单位进行登记。这是一种通过专门组织的普查机构,配备一定数量的普查人员,对调查单位直接进行登记的普查形式。如人口普查、工业普查、基本建设停、缓建项目的普查等,都属于这种普查形式。

(2) 颁发调查表,由调查单位填报。如新中国成立以来历次物资库存普查都属于这种普查形式。

3. 普查的组织原则

(1) 规定调查资料所属的标准时点,以避免因自然变动或机械变动而产生搜集资料的重复或遗漏。

(2) 正确选择普查时期,以利于历次普查资料的对比分析。

(3) 同时进行调查,以便在方法上、步调上一致,保证普查资料的真实性和时效性。

(4) 调查项目不能任意改变,以免影响综合汇总,降低普查资料的质量。同一种普查,每次调查项目的规定也应力求一致。

2.4.3 重点调查

1. 重点调查的概念

重点调查是专门组织的非全面调查,它是在被调查者中,只选择一部分重点单位进行的调查。所谓重点单位,是指在总体中具有举足轻重的地位的那些单位,这些单位的数量在总体中虽然不多、所占比重不大,但其标志总量在被研究总体的全部标志总量中占有很大比重。

对这些重点单位的标志进行调查,就可以在数量方面说明总体在该标志总量方面的基本情况。例如,宝钢、马钢、鞍钢、武钢几个大钢铁企业,虽然在全国的钢铁企业中只是少数,但他们的钢铁产量却占了全国钢铁产量的大部分,所以,对这几个重点企业进行调查,就可以了解我国钢铁生产的基本情况。正因为如此,重点调查可以节省大量的人力、物力和财力,并能使调查工作做得更加细致、及时。此外,重点调查的组织也较灵活,既可以组织专门调查,也可以运用统计报表形式进行调查。

2. 重点单位的选择

重点单位选多选少,要根据调查任务来确定。一般来说,选出的单位应尽可能少些,而其标志值在总体标志总量中所占比重应该尽可能大些。另外,选中的单位,其经营管理制度应比较健全,统计力量应比较充实,统计基础也应比较巩固,这样才能准确、及时地取得资料。

重点单位的选择要客观。由于重点单位的选择是着眼于这些单位的标志值在总体标志总量中的比重,而不是这些单位在技术管理或其他方面是否有特定意义,所以,重点单位的选择不应带有主观因素。

重点单位的选择要有相对的观念,即要用发展变化的眼光看问题。一个单位在某一问题上是重点,在另一问题上不一定是重点;在某一调查总体上是重点,在另一调查总体中不一定是重点;在这个时期是重点,在另一个时期不一定是重点。因此,对不同问题的重点调查,或对同一问题不同时期的重点调查,要随着情况的变化而随时调整重点单位。

值得注意的是,虽然重点单位的标志值在总体标志总量中占有绝大比重,掌握了它们的情况,就基本掌握了总体特征,但这些情况毕竟不能完整地反映总体总量,而且重点调查的资料也不具备推断总体总量的条件。因此,重点调查只是为了获得反映总体基本情况的统计资料,但它不宜推断总体。

2.4.4 典型调查

1. 典型调查的概念

典型调查是根据调查的目的和要求,在对被研究总体作全面分析以后,有意识地从中选取若干具有代表性的单位进行深入研究的一种非全面调查。就人类认识运动的顺序来说,总是由认识个别和特殊事物,逐步扩大到认识一般事物。因此,从被研究对象中选择有代表性的典型单位,对其进行深入细致的调查研究,就可以了解事物的本质及其发展过程,也就可以认识同类事物的本质和发展规律。

2. 典型调查的特点

典型调查是一种比较灵活的调查方式,它具有如下特点:①典型单位是根据调查目的有意识地选择出来的,这便于从典型入手,逐步认识事物的一般性和普遍性,其调查方法机动灵活,省时、省力,有利于提高调查效率;②典型调查是一种深入、细致的调查研究,既可以搜集有关数字资料,又可以掌握具体、生动的情况,研究事物发生、发展过程和结果,有利于探索事物发展变化的规律性。

3. 典型单位的选择

在典型调查的整个过程中,准确地选择典型单位是做好典型调查、保证调查质量的关键问题。在选择典型单位时,首先要根据调查目的和任务,进行全面分析,综合比较,了解被研究总体的全面情况和一般水平;然后从各个可供选择的单位中挑选富有代表性的典型单位。

(1)划类选典。在统计调查工作中有时为了近似地估算总体的指标数值,而总体又十分复杂,可以在了解总体概况的基础上,按某种标志把总体划分为若干类型,根据每一类型在总体中所占的比例,选出被调查的若干典型单位。

(2)挑选中等典型。典型调查的目的,通常是了解总体的一般情况,掌握总体的一般数量表现。中等典型可以代表总体的平均水平。"麻雀虽小,五脏俱全",通过解剖"麻雀",可以认识总体的内部构成、一般水平和发展变化规律。

(3)挑选先进、后进或新生事物典型。这是为了总结成功的经验,找出失败的教训,宣传各种榜样,以推进各项事业的发展。

2.4.5 抽样调查

抽样调查是按照随机原则,从调查对象中抽取一部分单位作为样本进行调查,并根据这一部分单位的调查结果,从数量方面推断总体指标的一种非全面调查方法。抽样调查虽然是一种非全面调查,但它的目的却是取得反映全面情况的统计资料,所以,在一定意义上说,它可以起到全面调查的作用。它在我国商品检验中广泛应用。这部分内容将在第六章专门讲述,此处从略。

以上介绍的这几种不同的统计调查方式,各有其特点和作用。在实际的统计工作中,往往需要多种统计调查方式结合运用。这不仅因为国民经济和社会发展情况复杂,门类众多,变化又较快,只有采用多种统计调查方式,才能搜集到丰富的统计资料,还因为任何一种统计调查方法,都有它的优越性与局限性,以及各自不同的实施条件,只用一种统计调查方式,是不能满足多种需要的。

2.5 统计调查问卷

2.5.1 问卷的意义及内容

1. 问卷的意义

问卷又称调查表,是以书面的形式系统地记载调查内容,了解调查对象的反应和看法,以此获取资料和信息的一种工具。问卷不但有利于调查内容的系统化、标准化,便于对所取得的资料进行统计处理和定量分析,而且还可以节省调查时间和提高工作效率。问卷往往通俗易懂,其实施较为方便。由于许多问题都已给出可供选择的备选答案,易于被调查者所接受,因而问卷调查已成为搜集调查资料的重要手段。

2. 问卷的内容

一份完整的调查问卷,主要包括以下内容:

(1)问卷的标题。问卷的标题要概括性地说明调查研究的主题,使被调查者对所要回答的问题有一个大致的了解。确定标题应简明、扼要,既要明确调查对象,又要突出研究主题,并易于引起回答者的兴趣。

(2) 问卷说明。问卷说明可以是一封告知被调查者的信,也可以是导语,说明调查的目的、意义、填写问卷的要求和注意事项,同时署上调查单位的名称和时间。问卷说明的作用,在于使被调查者了解问卷调查的意图,引起他们的重视和兴趣,争取他们的支持和合作。它是调查者与被调查者沟通的中介。问卷说明的长短是由内容决定的,但应尽可能简明扼要,切忌废话和不实之词。

(3) 调查主题。这是调查者所要了解的基本内容,也是调查问卷的核心部分,它由问题和答案两部分组成。

(4) 编码。它是将问卷中的调查项目变成数字的工作过程,以便于分类整理,易于进行计算机处理和统计分析。通常是在每一个调查项目的最左边按一定要求顺序编号。它并不是所有问卷都需要的项目。

(5) 背景资料。例如,在消费者调查中,在问卷的最后附上被调查者的性别、年龄、民族、家庭人数、婚姻状况、文化程度、职业、收入等。在企业调查问卷后附上企业名称、地址、所有制性质、主管部门等。

(6) 结束语。结束语主要包括两部分内容,一是向被调查者表示感谢,例如,"访问到此结束,谢谢您的合作!祝您身体健康!"二是注明调查人员姓名、调查时间、地点、被调查者的联系方式等。

2.5.2 问卷设计中的询问技术

问题是问卷的核心,设计问卷时,必须仔细研究问题的类别和提问方法。

1. 问题的主要类型及询问方式

(1) 根据所提问题的性质,可将问题分为直接性问题、间接性问题和假设性问题。

直接性问题。调查中可以直问直答,对被调查者没有困窘或敏感影响的问题,可采用直接提问方式。例如,被调查者的性别、职业等个人基本情况或一般性意见。

间接性问题。对于涉及被调查者的个人秘密或隐私等不愿直接回答的问题,询问时可采用间接提问方式。例如,某些药品的使用情况、经济收入等问题,可采用分组形式取得答案。

假设性问题。对于涉及被调查者对某些问题的看法或未来想法的问题,询问时可采用假设性提问方式。例如,"如果您打算在未来一年投资,您会选择哪种投资方式?"

(2) 根据对问题的作答方式,可将问题分为开放性问题和封闭性问题。

开放性问题。开放性问题是指所提问题不列出备选答案,答题类型也不作任何具体规定,而由被调查者根据自己的想法用文字表达出来。例如,"您认为本产品还有哪些需要改进的地方?"开放性问题的主要优点是可以使被调查者充分自由地按自己的想法与方式回答问题,不受限制,有利于发挥被调查者的主动性和想象力,特别适合于询问那些潜在答案很多或者答案比较复杂或者尚未弄清各种可能答案的问题。开放式问题的主要缺点是被调查者答题的随意性大,调查者难以排除无用信息和不确切信息。由于答案不规范,数据的处理和分析比较困难。

封闭性问题。封闭性问题是指问题和各种可能的答案都事先设计好,让被调查者通过选择答案来回答问题的一种问题形式。

例如,您的职业:(请在下列选项后的括号内划√)

工人（　　）　　教师（　　）　　军人（　　）　　干部（　　）

农民（　　）　　科学工作者（　　）　　其他（　　）

封闭性问题由于有标准答案,因此回答方便,易于进行各种统一处理和分析,有利于提高问卷的回收率和有效率。其主要缺点是:回答者只能在规定的范围内被动回答,无法充分反映应答者的想法。

(3) 根据所提问题内容不同,可将问题分为事实性问题、断定性问题、假设性问题和敏感性问题。

事实性问题。事实性问题要求被调查者回答有关事实情况,其主要目的是为了获取反映客观实际的资料。因此,问题的含义必须清楚,使被调查者容易理解并易于回答。如职业、出生年月、经济收入、家庭状况、教育程度、居住条件等。

断定性问题。断定性问题是假定某个被调查者在某个问题上确有其行为或态度,继续进一步了解另外一些行为或态度。这种问题由两个或两个以上的问题相互衔接构成。前面一个问题是后面一个问题的前提。例如,"您一直订阅《读者》吗?"如果回答"是",就需要回答下一个问题:"您喜欢本杂志的哪一栏目?"如果回答否,就不必回答下一个问题。

假设性问题。假设性问题是假定某种情况已经发生,以此了解调查对象将采取什么行为或态度的一类问题。例如,"某品牌洗衣粉涨价2元,您是否将购买另一种未涨价的洗衣粉?""你是否赞成公共汽车公司改善服务?"等,以上皆属于假设性问题。

敏感性问题。敏感性问题是指涉及个人社会地位、隐私等,不为一般社会道德和法纪所允许的行为以及私生活等方面的问题。调查者总是企图回避这类问题,不愿意合作。因此,要了解这些敏感性问题,必须变换提问方式或采取一些特殊的调查技术。

以上是从不同角度对各种问题所作的分类,在实际调查中,几种类型的问题往往结合使用。

2. 设计问卷时应注意的问题

为了做到概念的准确、简明、生动,设计问卷时应注意以下问题:

(1) 避免提笼统、抽象或过于专业化的问题。这样的问题容易造成理解困难,不易回答,并且对实际调查工作无指导意义。例如,"您对本酒店满意吗?"这样的问题过于笼统,很难达到预期效果,可具体提问:"您认为本酒店价格合适吗？您认为本酒店服务质量如何？"

(2) 避免多重性提问。即一个问题只要求应答者说清楚一件事。例如,"您父母购买养老保险了吗？"该提问询问了两个问题,若被调查者的双亲中只有一方购买了养老保险,问题就没办法回答。

(3) 避免诱导性和倾向性提问。即所提问题对被调查者不能有诱导作用或倾向性表达,一定要恪守中立的态度。例如,"您喜欢老师这一受人尊敬的职业吗？"该提问中"受人尊敬"一词就带有倾向性。诱导性提问会导致两种不良后果:一是被调查者不加思考就同意所引导问题中暗示的结论;二是由于诱导性提问大多是引用权威或大多数人的态度,被调查者考虑到这个结论既然已经是普遍的结论,就会产生心理的顺向反应。此外,对于一些敏感性问题,在诱导性提问下,被调查者不敢表达其他想法等,常常会引出和事实相反的结论,因此,这种提问是调查的大忌。

(4) 避免使用冗长复杂的语句和不易理解的词语。在语义能表达清楚的前提下,句子要尽量简洁。在大规模调查中,被调查者的文化背景、受教育程度等都会有很大差别。在考虑词语时,要注意被调查者的地区差别、文化差别等因素。

(5) 避免提令被调查者难堪、禁忌和敏感的问题。涉及各地风俗和民族习惯中的忌讳,关系个人利害关系和个人隐私等的问题都是属于令被调查者难堪、禁忌、敏感的问题。例如,"您是否离过婚?"对于这类问题,被调查者往往出于本能的自卫心理,容易产生种种顾虑,不愿意回答或不予真实回答,而且还会引起被调查者的反感,因此,问卷中应尽量避免。如果有些问题非问不可,则应考虑回答者的自尊心,尽量注意提问的方式、方法和措词。

(6) 注意时间范围的表达。调查题目中常常涉及时间的问题,而设计问卷时如果忽略了时间范围的准确表达,会造成调查结果不可靠。例如,"您过去的花销是多大?""过去"一词表述的时间范围不明确,被调查者遇到这种问题往往会因时间范围不明确而无从回答。

2.5.3　问卷中的答案设计

设计问卷答案应把握以下基本方法且注意如下问题。

1. 答案设计的基本方法

(1) 二项选择法。这种方法也称为真伪法或二分法。它是指提出的问题仅有两种答案可以选择:"是"或"否","有"或"无"等。这两种答案是对立的、排斥的,被调查者的回答非此即彼,不能有更多的选择。

例如,"您购买过该产品吗?"的答案只能是"有"或"无"。

这种方法的优点是:回答者易于理解,调查者可迅速得到明确的答案,便于统计处理,分析也比较容易。其缺点是:回答者没有进一步阐明理由的机会,因此难以反映被调查者意见与程度的差别,了解的情况也不够深入,这种方法适用于互相排斥的两项择一式问题及询问较为简单的事实性问题。

(2) 多项选择法。这是指所提出的问题事先预备好两个以上的答案,回答者可选其中的一项或几项作答。

例如,您喜欢下列哪种品牌的洗发水?(在您认为合适的括号内划"√")

采乐(　)　　潘婷(　)　　飘柔(　)　　沙宣(　)
舒蕾(　)　　海飞丝(　)　　名人(　)　　蜂花(　)　　其他(　)

这种方法的优点是比二项选择法的强制选择有所缓和,答案有一定的范围,也便于统一处理。但采用这种方法时,设计者要考虑以下两种情况:一要考虑到全部可能出现的结果及答案可能出现的重复和遗漏;二要注意备选答案的排列顺序。有些回答者常常喜欢选择第一个答案,从而使调查结果发生偏差。此外,答案不宜过多,否则,使回答者无从选择或产生厌烦。一般这种多项选择答案应控制在八个以内。当样本量有限时,多项选择易使结果分散,缺乏说服力。

(3) 顺位法。它是指列出若干种答案,由回答者按重要性决定先后顺序的方法。顺位法主要有两种:一种是对全部答案排序;另一种是只对其中的某些答案排序。究竟采用何种方法,应由调查者来决定。具体排列顺序由回答者根据自己所喜欢的事物和认识事物的程度等进行排序。

例如,您从哪儿了解本公司及本公司产品情况的?(请按顺序排出前三位)
①电视　②报纸　③互联网　④广播　⑤朋友介绍
⑥促销人员的宣传　⑦公司宣传资料　⑧其他(请注明)

顺位法便于被调查者对其意见、动机、感觉等作衡量和比较性的表达,也便于对调查结果加以统计。但调查项目不宜过多,过多则容易分散,很难排位,同时所询问的排列顺序也可能对被调查者产生某种暗示影响。

(4) 回忆法。这是指通过回忆,了解被调查者对不同事物印象强弱的方法。

例如,"请您列出最近在电视广告中出现的快餐面品牌。"调查时可根据被调查者所回忆的品牌的先后和快慢,以及各种品牌被回忆出的频率进行分析研究。

2. 设计答案时应注意的问题

(1) 答案要穷尽。答案要穷尽是指每个问题中所列出的备选答案应包括所有可能的回答。

(2) 答案须互斥。从逻辑上讲,互斥是指两个概念之间不能出现交叉和包容的现象。在设计答案时,一项问题所列出的不同答案必须互不相容,以避免被调查者重复选择。

(3) 标记要清楚。对于封闭式问题,每项答案都应有明显的填答标记或注释,且要留出足够填答标记的空格。

(4) 要使用定距、定比尺度。对于敏感性问题,为了尽可能消除被调查者的顾虑,应采用定距或定比答案设计。

2.5.4　问卷的编排设计与分类

对问卷中所设计的问题进行编排,一般有以下几个方面。

1. 问卷的顺序

在设计问卷时,要注意问题的排列顺序,使问卷条理清楚,顺理成章。

(1) 题目的编排应有逻辑性。

(2) 题目的顺序应先易后难。将容易回答的问题放在前面,较难回答的问题放在后面;将被调查者比较熟悉的问题放在前面,将被调查者比较生疏的问题放在后面;将一般性问题放在前面,敏感性问题或特殊性问题放在后面。

(3) 封闭性问题放在前面,开放性问题放在后面。

(4) 能引起被调查者兴趣的问题放在前面,易引起被调查者紧张的问题放在后面。

2. 问题的衔接

问卷中的各种问题应很好地衔接起来,使调查者能快捷方便地找到符合某种回答条件和不符合某种回答条件的答案。

有时,连续几个问题都只适合于具有某种条件的被调查者,设计可采用跳答指示的方法来解决。通过跳答指示,使被调查者很快找到自己应该回答的问题。但应注意,这类跳答衔接法不宜过多使用,否则会给人以版面混乱的感觉,同时容易漏答和错答。

本章小结

统计数据搜集的主要形式是统计调查,就是根据统计研究的目的和要求,运用科学的方法,对调查对象中各调查单位的有关标志的具体表现,有计划、有组织地进行登记,取得真实、可靠统计资料的活动过程。

统计数据主要来源于两种渠道:一是直接的调查和科学试验,这是统计资料的直接来源,称为原始资料或是一手资料;二是已经存在的经他人整理分析过的资料,这是统计资料的间接来源,称为次级资料或二手资料。

统计调查可以按不同的标志进行分类:根据被研究总体的范围,统计调查可分为全面调查和非全面调查;按调查的组织形式不同,统计调查可分为统计报表制度和专门调查;按调查登记时间是否连续,统计调查可分为经常性调查和一次性调查;按搜集资料的方法不同,统计调查可分为直接观察法、报告法、采访法、问卷调查法以及实验法等。

统计数据的计量尺度由低级到高级、由粗略到精确分为四个层次:定类尺度、定序尺度、定距尺度和定比尺度。

统计数据分为以下四种类型:定类数据、定序数据、定距数据和定比数据。

统计调查方案主要包括:确定调查目的、确定调查对象和调查单位、确定调查项目和调查表、确定调查时间和调查期限及制订调查的组织实施计划。

统计调查的组织形式包括:统计报表、普查、重点调查、典型调查和抽样调查。

统计调查问卷又称调查表,是以书面的形式系统地记载调查内容,了解调查对象的反应和看法,以此获取资料和信息的一种工具。

练习与实践

一、单项选择题

1. 统计调查搜集的主要是原始资料,所谓原始资料是指(　　)。
   A. 统计部门掌握的统计资料
   B. 向调查单位搜集的尚待汇总整理的个体资料
   C. 对历史资料进行分析后取得的预测数据
   D. 统计年鉴或统计公报上发布的资料

2. 统计调查有全面调查和非全面调查之分,它们划分的标志是(　　)。
   A. 是否进行登记、计量
   B. 是否按期填写调查表
   C. 是否制订调查方案

D. 是否对所有组成总体的单位进行逐一调查

3. 全面调查是对构成调查对象的所有单位进行逐一的调查,因此,下述调查中属于全面调查的是( )。
   A. 就全国钢铁生产中的重点单位进行调查
   B. 对全国的人口进行普查
   C. 到某棉花生产地了解棉花收购情况
   D. 抽选一部分单位对已有的资料进行复查

4. 调查单位与报告单位的关系是( )。
   A. 两者是一致的   B. 两者有时是一致的
   C. 两者没有关系   D. 调查单位大于报告单位

5. 对某省饮食业从业人员的健康状况进行调查,调查对象是该省饮食业的( )。
   A. 全部网点   B. 每个网点
   C. 所有从业人员   D. 每个从业人员

6. 对某省饮食业从业人员的健康状况进行调查,调查单位是该省饮食业的( )。
   A. 全部网点   B. 每个网点
   C. 所有从业人员   D. 每个从业人员

7. 我国的统计报表( )。
   A. 都是全面统计报表   B. 目前大多是全面统计报表
   C. 目前大多是非全面统计报表 D. 只有个别单位填报

8. 通过调查鞍钢、武钢等几个大钢铁基地,了解我国钢铁生产的基本状况。这种调查方式是( )。
   A. 典型调查   B. 重点调查   C. 抽样调查   D. 普查

9. 如果调查对象是全部工业企业,则调查单位是( )。
   A. 每一工业企业中的每个职工
   B. 每一工业企业中的厂长
   C. 每一工业企业中的每个车间   D. 每一工业企业

10. 全面统计报表是一种( )。
    A. 专门组织的调查方法
    B. 就重点单位进行的调查方法
    C. 报告法的调查方法
    D. 主观选择调查单位的调查方法

11. 下列各项中,属于专门调查的是( )。
    A. 普查   B. 非全面调查
    C. 全面调查   D. 专业统计报表

12. 调查期限是指( )。
    A. 调查资料所属的时间
    B. 进行调查登记工作开始到结束的时间
    C. 调查工作登记的时间

D. 调查资料的报送时间

二、多项选择题

1. 非全面调查是仅对一部分调查单位进行调查的调查种类，下列各项中属于非全面调查的有（   ）。
   A. 重点调查   B. 抽样调查
   C. 典型调查   D. 全面统计报表
   E. 定期调查

2. 制订一个周密的统计调查方案，应包括的内容有（   ）。
   A. 确定调查目的   B. 确定调查对象
   C. 确定标志性质   D. 确定资料的使用范围
   E. 确定调查项目

3. 全面统计报表是一种（   ）。
   A. 全面调查方法   B. 报告法调查
   C. 经常性调查方法   D. 一次性调查方法
   E. 快速调查方法

4. 抽样调查的特点包括（   ）。
   A. 是一种非全面调查
   B. 按照随机原则抽选调查单位
   C. 根据样本的资料推断总体的数值
   D. 是一种定期进行的调查
   E. 与典型调查相似

5. 统计调查按组织方式的不同可分为（   ）。
   A. 全面调查   B. 专门调查
   C. 非全面调查   D. 经常性调查
   E. 统计报表

6. 统计调查方案的主要内容有（   ）。
   A. 确定调查目的
   B. 确定调查时间和期限
   C. 确定调查单位、调查对象和报告单位
   D. 确定调查项目和调查表
   E. 确定调查的组织计划

三、判断题

1. 全面调查是对调查对象的各方面都进行调查。（   ）
2. 在统计调查中，调查单位和报告单位有时是一致的。（   ）
3. 调查时间是指开始调查工作的时间。（   ）
4. 统计报表是按国家有关法规颁布的，是必须履行的义务。故各级领导部门需要统计资料时，都可以通过颁布统计报表来搜集。（   ）
5. 抽样调查是非全面调查中最有科学根据的方式方法，因此，它适用于完成任何调查

任务。 ( )

四、案例分析

美国的人口普查是如何进行的

在美国这样的国家,如何才能统计居住在其境内的每个居民?每10年,隶属于美国商务部的人口普查局都会尝试完成这项"不可能的任务"。美国人口普查局将2000年人口普查称为"美国有史以来在和平时期采取的最大规模的行动"。美国国民可以回忆1999年年底和2000年年初围绕本次人口普查活动的某些宣传,那时整个美国都在为全美人口普查日(4月1日)做准备。

数字统计似乎是2000年美国的中心主题,人们对"酒窝问卷"和"怀孕问卷"(是指那些选项没有被扎穿的调查表)的争论毫无休止,从缅因州的最东边到阿留申群岛再到阿拉斯加最西部,每一位美国公民都参与其中。如果您生活在美国,那么您很有可能会收到由美国人口普查局邮寄的9 800万份人口普查表中的一份。在4月1日前,每个美国家庭都必须填写好人口普查表并将其寄回。8个多月以后,官方统计数字公布。2000年美国人口普查显示,截至2000年4月1日美国的居民人口为281 421 906,比1990年(当年统计结果为248 709 873人)增加了13.2%。有关详细信息,请参见美国人口普查局网站。

美国宪法第2章第1款对人口普查进行了规定。美国人口普查每10年举行一次,其目的不仅仅局限于满足美国国民对美国境内人口总数的好奇。在本篇文章中,您将会了解到美国人口普查是如何进行的,其结果如何用于划拨联邦资金,人口普查会对美国众议院产生怎样的影响。

人口普查或者统计居民数量的概念历史悠久,最早可以追溯到圣经时代。据历史学家称,有史以来的第一次人口普查发生在1576年的北美,距美国脱离英国独立有200年之久。当时,西班牙国王菲利浦二世统治着这片广阔的地区。他派遣美洲印第安人携带包含100个问题的清单穿越现在的墨西哥。印第安人不会说西班牙语,因此他们用图形来记录答案和绘制地图(这些印第安人甚至用脚印指出了一条单行道)。

自1790年以来,美国每10年都会搜集一次人口普查信息,每次人口普查均在尾数为0的年份进行。这来源于美国宪法的强制规定,同时也需要通过人口普查来确定每个地区在美国众议院中的席位。1790年,该法案经乔治·华盛顿签署成为法律(有趣的是,此前美国的几个州就已经开展过人口普查,此后也继续在尾数不为0的年份进行人口普查)。虽然美国宪法简单地将人口普查描述为"居民人数调查",但是随着时间的推移,人口普查已经成为一个更加复杂、用途更大的过程。现在,我们可以了解到更多有关美国人口的信息,而不仅仅局限于美国的居民数量。

1790年,Judy Hanna Green 在其著作 *Finding Treasures in the U.S. Federal Census* 中写到,美国人口接近400万人,其中不包括奴隶或未被征税的印第安人(美国第一次人口普查的主要目标是提供符合参军条件的男性的信息。美国独立战争结束后,新的美国公民深刻意识到强大军事的重要性。随后,在1812年的战争中,很多1790年的人口普查结果遭到焚毁)。

在第一次全美人口调查中,17位美国联邦司法区执政官任命了200名助手。他们骑马遍历整个美国以统计居民人数,并用鹅毛笔在他们能找到的所有纸片上记录统计结果。此次人口普查项目总耗资45 000美元!

1890年,人口普查开始采用各种科学技术。当时,美国人口普查局研制了一种新的电器设备。人口普查工作者在合适的位置为每种答案打孔后,该设备可以累计问题的答案。答案卡片随后被送入这种用于统计结果的设备中。这种设备的体积庞大,但在那个时候却非常先进。任何能够加速人口普查进度的工具都是意义重大的,因为部分普查结果必须在人口普查日后的9个月内准备好。

1946年,第一台现代计算机诞生于宾夕法尼亚大学。事实上,这台计算机是由许多协同工作的机器构成的。它占据了整整一个房间。这个系统及时准备就绪,从而在1950年的人口普查中得到使用。美国人口普查局订购了自己的计算机,其名为UNIVAC。经过多年的发展,计算机技术已经取得了长足进步。目前,人们可以利用高速超级计算机来辅助完成人口普查工作。

目前,计算机技术在处理人口普查数据方面发挥着重要的作用。2000年美国人口普查采用的主要自动化技术包括数据搜集系统,该系统设计用于控制"易于参与者回答"的人口普查表的使用。人口普查局使用了美国国家处理中心,并与运营三家处理中心的多家承包商进行合作,这三家数据中心负责提供数据搜集功能:

功能全面的电子数据搜集和处理系统会记录每份人口普查表的图像。

邮寄返回的人口普查表将被自动存储,确保在采取不应答跟进措施前及时获取所需的重要信息。

对所有复选框数据项应用光学标记识别技术。

利用智能字符识别(ICR)技术搜集手写字符数据项。

书记员键入操作将发现并解决难度较大的ICR情况。

有关人员将对数据键入和扫描活动实施质量保证审查。

美国人口普查局官员表示,在2000年人口普查中,电子成像和数据搜集技术降低了处理海量纸张问卷时需要的物流和人员配备。

在1960年之前,大部分美国人口普查都是以入户访问的形式完成的。随着人口的快速增长、逐渐多元化和流动性的不断提高,人口普查官员认识到了这种方法的低效性。因此,在1960年他们决定通过邮寄方式派发调查表。在1970年的人口普查中,大约60%的调查表是通过邮寄方式派发的;在1980年的人口普查中,这一比率增加到了90%。但在1990年,人口普查局试图通过邮递方式派发94%的调查表,却有$\frac{1}{3}$的家庭没有寄回调查表。有关官员表示,这是最近的一次人口普查成为全美最为敏感、最受关注的大型活动的原因。

但是,技术和邮寄都没能取代最重要的人口普查团队成员。当时,数以千计的人口普查工作者中包括:

管理人员——他们决定人口普查局中的各个部门如何完成各自在人口普查中的工作任务。

人口普查员——他们负责开展入户访问工作,从没有寄回人口普查表的居民那里搜集信息。

统计员——他们负责确保人口普查局的数学统计的正确性。

人口统计学家——他们精通统计学,并研究统计数字如何反映美国人的生活。他们负责分析人口普查数字,把其与之前的人口普查数字进行比较,并告诉人们一些重要的未来预测。

参与人口普查对所有美国公民都极为有利。因为决策者将利用人口普查表上的信息来确定哪些社区、学校、医院和公路需要联邦拨款。完整填写人口普查表是确保类似公民在人口普查中获得代表性的最好方法。

以下是一些实例,它们例证了人口普查数字的重要用途:

每年,联邦政府都会根据人口普查数字为各种社区计划和服务划拨一千多亿美元的联邦资金,其中包括教育计划、住宅和社区发展、面向老年人的医疗保健服务、职业培训等其他许多计划和服务。

州政府、地方政府和部落政府则根据人口普查信息为众多项目规划并划拨资金,用于新修学校、图书馆和其他公共建筑,提高高速公路安全,建立公共交通系统,修建新公路和桥梁,确定警察和消防部门的地点。

社区机构则依据人口普查信息来制订社会服务计划、社区活动项目、老年人午餐计划以及建立托儿所等。

企业则利用这些数字来决定在哪里建造工厂、购物中心、电影院、银行和办公室,这些决策常常都能创造就业机会。

美国国会利用人口普查得来的人口总数决定各州在美国众议院中的席位。此外,各州还根据这些数字来分配其立法机构中的席位。克林顿总统将于2000年1月美国第107届国会第一周例会期间向国会递交议员名额分配数。名额变动后的国会将是美国第108届国会,并将于2003年1月正式就职。重新分配众议院的435个席位具有非常重要的政治意义。

通过人口普查获得的所有国民信息可以帮助美国在新千年里继续保持全球领先地位。此外,人口普查也能让美国的领导者了解到国民的概况和需求。如果您想了解完整填写人口普查表能为各个家庭带来怎样的利益,请浏览美国人口普查局网站,其中给出了以下几点信息:

可以促进所在社区的发展。人口普查参与者所在地区的交通是否非常拥堵,是否有很多孤寡老人无人照料,社区学校是否过于拥挤?人口普查数字将帮助参与者的社区找到改进的公共策略。非营利性组织利用人口普查数字评估全美各个社区中潜在的志愿者数目。

可以让政府部门为居民提供服务。每年,美国联邦和各州都会划拨数千亿美元的资金,用于支持学校午餐计划、修建医院和高速公路,这对于每个美国国民而言都非常重要(在美国新英格兰地区内的一个社区中,人们利用人口普查数字来支持其修建新社区中心和解决老年人相关问题的请求,并成功获得了美国政府官员的认可)!

在国民需要时获得帮助。很多911急救系统均根据上次人口普查的结果确定自己的位置分布。人口普查信息可以帮助医疗机构预测疾病在有儿童或老年人的社区中的传播速度。当洪水、龙卷风或地震来临时，人口普查信息可以帮助救援人员确定需要救助的人员数量。

可以为美国的企业提供帮助。人口普查数字可帮助工商业降低金融风险、定位潜在市场。由此，企业将能确定潜在产品的适销性并推出人们需要的产品。

人们可以获得自己及家庭需要的信息。虽然个人记录会保密72年（下文详述），但是人们可以申请以过去的人口普查表为基础开具的证明，该证明可用于确定年龄、住宅或家庭关系等其他重要信息，这些信息则可以证明是否有资格领取退休金、具有公民身份或有权继承遗产等（2072年，某人的曾孙可能需要使用人口普查信息来研究家族历史。现在，一些美国孩子可能正在使用人口普查信息来完成他们的家庭作业）。

按照美国法律，人口普查局不能将参与者的回答透露给其他机构，其中包括福利机构、美国移民局、美国国税局、法庭、警察和军队。根据《美国法典》第13章的规定，人口普查局中违反该法律的工作人员最高将被判处5年监禁和5 000美元的罚款。这条法律得到了严格的遵守，在20世纪90年代期间虽然处理了数以百万计的调查表，但没有发生任何违法行为。

此外，还有其他法律规定在全力保护人口参与者的隐私：您是否知道法律规定每批人口普查表都有72年的保密期限？这一规定是为了鼓励人们提供真实、准确的信息。这条法律的依据是调查表在72年后所产生的负面影响会非常小，因为到那时接受人口普查的大部分人都已去世。因此，最近公开的人口普查是1920年的那次人口普查。

由于相关信息要保存72年才能解密并且涉及大量的文件，因此人口普查中的缩微拍摄和打印过程也会耗费很长的时间（据人口普查局的官员称，完成这个过程并准备好公开相关信息需要大约两年的时间）。

2000年人口普查的首个结果是各州的人口总数。这些数字可以用来重新分配美国众议院的席位。该结果必须在9个月内（即2000年12月31日前）呈交给美国总统。此外，在2001年4月1日之前，还须向各州州长以及各州多数党和少数党领袖呈交更详细的数据，用于重新划分美国及州立法区。

2000年3月初，人口普查局通过邮件向美国83%的居民寄去了9 800万份人口普查表，其中既有简要调查表也包括详尽调查表。同时，人口普查员还亲自递送了约2 200万份调查表，这些调查表主要提供给偏远和农村地区中没有街道名和门牌号的家庭。这些家庭的数量占全美住宅总数的17%。成百上千的人口普查员和支持人员受雇对全美预计1.18亿所住宅及2.75亿人进行人口普查。

在递送调查表之前的一个礼拜或更早时候，人口普查局会向居民寄送一封信函。居民可以通过这封信函选择除英文版本外其他语言版本的调查表，可供选择的语种包括：西班牙语、塔加拉语、韩语、中文、越南语。3月末，人口普查局会向居民寄送一张提醒卡片，要求他们尽快寄回人口普查表。

在人口普查年的3月，人口普查局会采取特殊措施来统计没有固定地址或居住在郊外住宅区、疗养院、监狱、收容所、拖车场、临时房屋以及其他聚居地或非标准住宅内的人员。

4月1日后,人口普查工作者首先需要花费几个月的时间来尝试找到那些没有回信的住户或家庭,并从他们那里了解信息。如果人口普查参与者的调查表没有填写完整,人口普查员必须与其取得联系,了解那些缺失的信息。然后,这些信息将与调查表上的回答汇总到一起。随后,有关部门将公布最后的人口总数,而不会公布参与者个人的回答。

人口普查的方法正在变得越来越复杂,研究人员已经开始着手更深入地了解谁会对人口普查作出应答,而谁不会。例如,1990年的整体不应答率为25.3%。研究人员表示,对1990年邮寄的人口普查表的应答(或不应答)与种族和在一个住所内的居住时间有着密切的联系。此外,研究人员还表示,对1990年人口普查的邮件应答也与家庭构成有着莫大的关联,如家庭当中的父母数量、单亲的年龄等。

美国人口普查局表示,他们积极寻求当地专家的帮助,以确定无家可归者接受公益援助的场所,如紧急和过渡性收容所、免费食品派发处、定期的移动食品车和固定的室外场所等。人口普查工作者会前往这些地点开展人口普查工作。

要将流动人口和季节性的农场工人纳入到人口普查中,就必须与各个社区组织进行合作。人口普查局认真地听取当地专家的建议,确定流动性和季节性工人生活和工作的地区,其中包括未经注册的劳工营地、停靠在工作场所旁的车辆以及无名公路旁的生活区等。

人口普查员会拜访居留在露营场所、市集和码头的人员。每个受访者都有机会上报他或她的永久地址。

在人口普查过程中,还需要为其他众多特殊群体制定特殊的规划。为确保偏远地区居民的人口普查信息准确无误,人口普查局还特别制定了一些调查程序。例如,在遥远的阿拉斯加,人口普查必须在春天冰雪消融之前完成。冰雪消融之后,很多居民都会离家狩猎或开展其他春日活动。到那时,统计人员也就无法与其取得联系了。

此外,人口普查局还与美国国防部及美国海岸警卫队进行合作,对军事基地和舰艇上的生活区进行调查。所有的远洋船只、近海船只和五大湖船只都要参与被称为"人口普查海员点查"的活动。此外,人口普查局的计划还涵盖了驻扎在海外的军事人员、联邦政府雇员及其随从人员。

必要时,人口普查人员还会帮助居民填写调查表。在监狱等一些机构中,其中的工作人员负责分发调查表。与所有人口普查工作者一样,这些工作人员也要宣誓保护个人机密。

美国人口普查局网站提供了一整套居住规则,其中解释了学生、疗养院居住者、军事人员以及其他人员在人口普查中应计入哪些地区。

有关方面对美国总人口数统计不完全问题以及贫民窟中的年轻黑人等特定人群予以了高度重视,而儿童数量统计不完全问题却没有得到同等的重视。

为了解决这个问题,美国人口普查局在全美范围内提供了30多万份学校人口普查配套材料。提供这些配套材料是为了促进儿童和家长参与人口普查。美国人口普查局局长 Kenneth Prewitt 表示:"在1990年,很多家长没有在人口普查表中登记他们的孩子。我们希望通过学校人口普查计划确保将每个孩子都纳入到统计当中。我们希望家长能够督促学校参与该计划,老师能够督促校长参与该计划。"

学校人口普查计划为学生提供了一封致家长的信,其中向家长解释了确保人口普查准确的重要性。这封信分别用英语、西班牙语、中文、越南语、塔加拉语和韩语撰写。该计划还提供了一些其他材料,学生将这些材料带回家后,与父母一起完成其中介绍的极具娱乐性的人口普查活动。学校人口普查计划的培训指南于2月份发往学校,每份指南中均包含多套课程规划,用于培养地图阅读能力、社区参与能力和信息管理能力。配套材料分别针对幼儿园至4年级(K-4)、5至8年级和9至12年级的学生。自行设计的配套培训材料被发往波多黎各、美属维尔京群岛、关岛、美属萨摩亚和北马里亚纳群岛自由联邦(ScholasticInc. 协助制订了学校人口普查计划的培训材料,其中大部分培训材料均可从美国人口普查局的网站上下载)。

2000年,美国人口普查局寄出了8 300万份简要调查表(其中包括7个问题)以及1 500万份详尽调查表(其中包括52个问题)。Prewitt 表示,简要调查表所询问的信息都可以在驾照上找到,只需10分钟即可填写完毕。据他估计,填写详尽调查表需要大约38分钟。虽然两种调查表的比例会因人口密度而有所不同,但在大部分地区大约有5/6的家庭会收到简要调查表,而剩下的1/6家庭将收到详尽调查表(在某些偏远地区,一半的家庭都会收到这种详尽调查表,因为必须进行更多的抽样,才能确保这些城镇与人口密度较大地区获得同样详尽的信息)。

调查表上的空间足够填写6个家庭成员的信息。如果您的家庭成员超过6人,还应该在调查表上填写其余家庭成员的姓名,人口普查局的代表会联系你以了解更多信息。

简要调查表中包含6个人口问题和1个住房问题,它是180年来最简短的人口普查表。详尽调查表中包含31个人口问题(其中包括简要调查表中列出的6个人口问题)和21个住房问题(其中包括简要调查表中列出的住房问题)。据人口普查官员称,人口普查表中只包含用来满足法定需求或计划性需求的问题(有关其中的原因,请浏览美国人口普查局的网站)。

2000年人口普查首次允许参与者将自己划归到一个以上的种族中。参与者可以根据个人意愿选择多个种族类别。美籍西班牙人可能属于任何种族,因此调查表中设置了一个关于西班牙血统的问题以及一个关于种族的问题。

参与者只需几份额外的单据资料即可完成调查表,即所得税报表、财产税纳税记录和房主的纳税记录(只需提供一些数字)。

美国人口普查局为向人口普查参与者提供帮助。除美国人口普查局的综合型网站外,参与者所在的社区中还设有其他调查表帮助中心。此外,在邮寄来的人口普查调查表上还印有一个免费的电话号码,参与者可以拨打这个号码寻求帮助。如果不慎遗失或者未收到调查表,可以致电当地或地区中心了解如何获取人口普查表。

仔细思考后您会发现,参加2000年美国人口普查其实就是在参与创造美国历史。2000年美国人口普查的口号是"这是您的未来,不要让它成为空白"(It's your future—

don't leave it blank)。 （自博文网）

问题：

1. 美国在进行人口普查时采用了哪些调查方法？
2. 美国进行的人口普查有哪些特点？

拓展实训

围绕校园学习、生活自行选题，设计问卷并进行问卷调查。具体方法：请登录问卷星网站 http://www.sojump.com/，利用网络设计一份问卷，并回收答卷。

第 3 章

统计数据的整理

【学习目标】

1. 明确统计整理的概念、意义和内容。
2. 掌握统计分组的概念和方法,了解分组的类型。
3. 熟悉频数分布的概念、种类。
4. 熟悉统计表的构成和制表、填表规则。

【重点掌握】

1. 统计数据分组的类型原则和方法。
2. 统计表设计的原则和方法。

3.1 统计数据整理概述

统计资料整理在整个统计工作过程中起着承前启后的作用,它既是统计调查的继续和深化,又是统计分析的基础和前提,是统计调查和统计分析的连接点。

3.1.1 统计整理的概念和作用

1. 统计整理的概念

统计资料整理,简称统计整理,是指根据统计研究的目的和任务,对统计调查所搜集到的原始资料进行科学的分类和汇总,或对已初步加工的次级资料进行再加工,使其系统化、条理化、科学化,以反映所研究现象的总体特征的工作过程。

统计调查所搜集到的原始资料仅仅说明总体各单位的情况,它们是分散的、零碎的,而不是集中的、系统的。根据这样的资料,难以从总体上分析和认识现象的数量表现,而要运用科学的理论和方法对调查资料进行分类和综合。统计整理是实现对个别现象到总体现象的认识过程,统计整理的正确与否、质量好坏,将直接影响统计对社会经济现象数量描述的准确性和数量分析的真实性。采用科学的方法进行统计整理是顺利完成统计分析任务的前提。

2. 统计整理的作用

统计分组的主要作用,有以下几个方面:

(1) 区分事物的类型。统计分组是确定社会经济现象同质总体,研究现象各种类型的基础。在复杂的社会经济现象总体中,客观上存在着许多类型,各种不同的类型有着不同的特点以及不同的发展规律,而且同类事物聚集在一起,结合为同一类别或群体。按照不同的类别分辨事物,就不会混淆事物的性质,就可以认识事物的本质特征。广义上说,任何统计分组都是把现象总体划分为不同的类型;狭义上说,划分现象类型是指对某一复杂总体按重要的本质标志来分组。这种分组方法亦称类型分组。

(2) 揭示现象的内部结构。总体现象在科学分组基础上,计算各组单位数或分组指标量在总体总量中所占比重,形成了总体的结构分布状况。这种分组方法亦称结构分组。各组所占比重数大小不同,说明它们在总体中所处地位不同,对总体分布特征的影响也不同,其中比重数相对大的部分,决定着总体的性质或结构类型。借助于总体各部分的比重在量上的差别和联系,用以研究总体内部各部分之间存在的差别和相互联系。

将总体的结构分组资料按时间的移动联系起来进行分析,可以反映由于各组比重变化及速度不同而引起各组地位改变的状况,分析各组变动的内在原因,从而认识总体由量变到质变的转化过程及其发展变化的规律性。

(3) 反映现象之间的数量依存关系。社会现象之间存在着广泛的联系和制约关系,其中关系比较紧密的一种联系就是现象之间的依存关系。例如,商品流转额中,商品流转速度与流通费用率之间存在依存关系;工业产品的单位成本、销售总额与其利润也呈现依存关系。分析研究现象之间依存关系的统计方法很多,如相关与回归分析法、指数因素分析法、分组分析法等。其中,统计分组分析法是最基本的分析方法,是运用其他分析方法的基础。

用统计分组法确定现象之间的依存关系,是将现象之间属于影响因素的原因标志作为自变量,而把属于被影响因素的结果指标作为因变量。首先,对总体按原因标志分组。其次,按组计算出被影响因素的平均指标或相对指标。然后,根据指标值在各组间的变动规律来确定自变量与因变量之间的依存关系,认识现象之间在数量上的影响作用和程度。

统计分组的上述三个方面的作用是分别从类型分组、结构分组和依存关系分组角度来说明的,它们不是彼此孤立的,而是互相补充、结合运用的。

3.1.2 统计整理的步骤

统计整理是一项细致的工作,需要有计划、有组织地进行。统计整理的基本步骤如下。

1. 设计统计整理方案

为了保证统计资料整理工作的顺利进行,事先必须根据统计研究的目的与要求制订整理方案,对资料整理工作的各个环节要作出具体的安排与规定。

一般地,统计整理方案的主要内容包括:确定汇总的指标与综合统计表,确定分组方案,选择资料汇总形式,确定资料审查的内容与方法,确定其与历史资料的衔接方法,对整理各工作环节作出时间安排和先后顺序安排等。因此,正确制订统计整理方案是保证统计整理有计划、有组织地进行的首要步骤。

2. 对调查资料进行审核

对统计调查中所搜集的资料,在进行整理以前,还必须进行严格的审核。审核的内容主要包括资料的准确性、及时性和完整性等几个方面。

检查资料的完整性主要是检查应调查的单位有无遗漏,调查的内容是否齐全;检查资料的及时性主要是检查资料是否按规定时间报送,如未按规定时间报送,就需要检查未按时报送的原因;检查资料的准确性主要是检查调查过程中发生的登记性误差以及调查资料的口径范围、所需时间、计算方法和结果等。

统计资料的准确性检查是统计审核的重点,其方法有逻辑检查和技术性检查两种。

逻辑检查是检查调查表或报表中的内容是否合理,有关项目之间有无矛盾的地方,与有关资料进行对照,或者检查数字的平衡关系,以及暴露出逻辑上的矛盾。例如,人口普查中,出现某人的记录年龄为"5岁"、职业为"工程师"的逻辑错误。这种方法要求检查人员熟悉实际情况,有一定的实际工作经验和周密的逻辑推理能力,更重要的是坚持实事求是的科学态度。

技术性检查的内容主要包括:

(1) 填报单位有无遗漏和重复。

(2) 调查表有关项目是否填齐,所填内容和表格规定是否一致,有无错行或错栏情况。

(3) 计量单位是否和法定计量单位一致。

(4) 各行和各栏间数字(如合计、乘积项等)与分项数字是否相符。

3. 对调查资料进行分组汇总和计算

这是统计整理的中心环节,应选择最基本的最能说明问题本质特征的标志对调查资料进行科学的分类分组,根据汇总的组织形式和具体方法,将经过审核的原始资料进行分组汇总,计算各组的单位数和总体单位总量,计算各组的指标数值和总体的指标数值。总之,在统计整理阶段的主要工作就是对原始资料进行分组汇总和计算。

4. 编制统计表、绘制统计图

统计表是统计资料的有效表现形式。它用简明扼要的表格形式表达统计汇总的结果,从而反映社会经济现象在数量方面的具体表现和相互联系。把整理好的统计资料用统计表或统计图的形式表现出来,以简明扼要地表现社会经济现象在数量方面的具体特征和相互关系,在后几节中详细介绍。

3.2 统 计 分 组

统计整理的主要工作内容是对调查得到的资料进行分组、汇总和计算,其中统计分组是最基本的,是保证分类、汇总科学合理的基础。

3.2.1 统计分组的概念与作用

1. 统计分组的概念

统计分组是根据社会经济现象总体内在的特点和统计研究的目的要求,按照某个标志(或几个标志)把总体划分为若干不同性质的组或类型的一种统计方法。

统计分组是在统计总体内部进行的一种特定分类,它同时具有两方面的含义:对总体而言是"分",即将总体分为性质相异的若干部分;对个体而言是"合",即将在某些方面性质相同的个体组合起来。

能够对统计总体进行分组,是由统计总体中各单位所具有的差异性的特点决定的。统计总体中各单位,一方面在某一个或几个标志上具有相同的性质,可以被结合在同一性质的总体中,体现了组内各单位的同质性;另一方面,其又在其他标志上具有彼此相异的性质,从而又可以被区分为性质不同的若干个组成部分,体现了组间的差异性。

2. 统计分组的作用

统计分组在统计认识过程中的作用主要表现在以下几个方面。

1) 便于识别统计资料的基本特点与规律

统计调查取得的资料,往往是大量的、零散的、摸不清头绪的资料,直接观察调查资料,很难直接了解到社会经济现象的基本情况和特点。

例如:

某车间工人分10个小组共有100人,生产定额每人每天应生产产品250件,4月1

日，每个工人的实际生产完成情况如下（单位：件）：

一组：210　210　210　210　225　225　240　240　240　240
二组：270　270　270　270　270　270　270　270　270　270
三组：270　270　270　270　270　270　270　270　290　290
四组：260　260　260　260　265　250　250　250　250　250
五组：360　360　315　315　315　315　310　310　310　310
六组：265　265　265　270　310　310　310　310　360　360
七组：255　255　260　260　260　250　255　255　250　250
八组：325　325　325　325　325　325　325　325　325　325
九组：290　290　290　290　290　290　290　290　290　290
十组：290　290　290　290　290　325　325　310　315　315

从上面资料中，我们只能大体看出，第一组工人完成生产情况不好，10人均未达到生产定额；第五组、第八组工人完成生产情况最好，都超过310件以上；其他各组有高有低，很不平衡。如果车间主管想要了解超额完成任务的工人数有多少，占全部工人的比重等，这些问题就不容易看清，如果将上面的资料进行分组并汇总起来观察，就可以较清楚地观察这100名工人生产定额的完成情况，如表3-1所示。

表3-1　　　　　　　　　　某车间生产工人完成定额情况

按完成件数分组（件）	工人人数（人）	工人所占比重
250以下	10	10%
250～300	59	59%
300～350	27	27%
350以上	4	4%
合　　计	100	—

从表3-1中我们就可以了解该车间的生产情况和特点：首先，在100名工人中，90%的工人完成了生产定额，未完成定额的只占10%；其次，在完成生产定额的工人中，生产量略超过生产定额的工人（完成250～300件）占59%，超过生产定额较多的工人占31%。

结论是：该车间工人生产定额完成得比较好，绝大部分能完成或超额完成生产定额，生产情况比较稳定，隐患较少。如果不经过上述分组，就难以观察出这些特点。

2）可以划分现象的类型

运用统计分组法把现象总体划分为不同类型组之后进行研究，我们才能知道该现象总体由哪些类型构成，各类型的状态、关系及变化等问题，才能真正地认识了解这一社会现象，研究才得以深入。如表3-2是对我国人口数按地域、性别和年龄分别进行的划分，尽管同属于我国人口，但在类别划分上却有差别。通过这种分类，可以看出我国人口的基本构成情况。

表 3-2　　　　　　　　　　　2014 年年末人口数及其构成

指　标	年末数（万人）	比重
全国总人口	136 782	100.00%
其中：城镇	74 916	54.77%
乡村	61 866	45.23%
其中：男性	70 079	51.20%
女性	66 703	48.80%
其中：0～15 岁（含不满 16 周岁）	23 957	17.50%
16～59 岁（含不满 60 周岁）	91 583	67.00%
60 周岁及以上	21 242	15.50%
其中：65 周岁及以上	13 755	10.10%

3）深入分析总体内部结构

通过统计分组，可以计算各组数值在总体中所占的比重或各组之间的比例关系，从而反映总体结构中的变化情况，说明现象总体的性质和特点。根据不同时期中结构的变动情况，可以说明现象总体发展变化的过程。这种分组称为结构分组。任何分组都可以说把总体划分为各种类型，也可以对总体进行结构上的分析。因此，类型分组与结构分组的界限难以确定。通常认为，现象总体按主要的品质标志分组多属于类型分组；按数量标志进行分组多是结构分组，进行结构分组的现象总体相对来说同类性较强。例如，表 3-3 描述 2007—2011 年我国按三次产业分类的就业人员构成情况。

表 3-3　　　　　2007—2011 年我国按三次产业分类的就业人员构成情况

年　份	2007	2008	2009	2010	2011
第一产业	50.0%	49.1%	46.9%	44.8%	42.6%
第二产业	21.4%	21.6%	22.5%	23.8%	25.2%
第三产业	28.6%	29.3%	30.6%	31.4%	32.2%

以上资料表明，2007—2011 年我国第二、第三产业就业人员的比重不断上升，而第一产业就业人员数在不断下降，这是我国大力发展第二、第三产业的结果，也是建设和谐型社会，不断提高人民生活水平的需要。

4）表示现象之间的依存关系

一切社会经济现象都不是孤立存在的，而是相互联系、相互依存、相互制约的整体。社会经济现象的数量变化会受到自然技术因素的影响，利用统计分组，就是要反映社会经济现象之间的这种联系和依存关系。我们把表现为事物发展变化原因的事项称为因素标志，而把表现事物发展结果的标志称为结果标志。一般分析现象间的依存关系，就是通过大量观察，用因素标志对总体单位进行分组，再计算结果标志的数量，借以说明两个标志的联系程度和方向，具体表明现象之间相互依存关系的程度和方向。例如，家庭工资收入与生活费支出之间、技术级别与产品质量之间、资源投入与经济产出之间的依存关系等,都在一定程度上存在相互依存的关系。所有这些依存关系,都可通过统计分组分析出其影响因素与结果因素之间的变动规律。例如,从表3-4中可以看出企业的商品销售额与存货资金占用间的正向依存关系。

表3-4　　　　　　　　　某企业商品销售额与存货资金占用关系表

年份	商品销售额(万元)	存货资金占用(万元)
2003	2 500	1 300
2004	3 150	1 400
2005	4 200	2 200
2006	5 200	2 500
2007	6 400	2 900

3.2.2 选择分组标志

1. 统计分组中关键的问题在于选择分组标志

分组标志就是将统计总体区分为若干组成部分的根据。社会经济现象一般都有许多不同的标志。对同一总体进行分组,会有多种选择,为确保分组后的各组能够正确反映事物内部的规律性,选择分组标志时,应遵循以下原则。

1) 符合统计研究的目的与要求

在对社会经济现象进行研究时,不同的研究任务要选择不同的分组标志进行分组。例如,以全国工业企业为总体进行研究时,这个研究对象就有很多标志,如经济类型、固定资产原值、职工人数、所属行业等。在具体研究过程中到底应该采用哪种标志进行分组,就要看研究的目的。如果研究的目的是要分析不同经济类型的企业在总体中的构成,那么就要选择经济类型作为分组标志;如果要研究工业企业规模构成状况,则可以选择产值、固定资产原值等作为分组标志。

2) 选择最能反映现象本质特征的标志作为分组依据

由于社会经济现象复杂多样,因此在选择分组标志时,有多种选择。这就需要根据被研究对象的特征,选择最主要的、最能反映事物本质特征的标志进行分组。

例如,在研究人民生活水平时,对居民可按城乡、地区、职业进行分组,也可按商品消费量、货币收入等进行分组。相比之下,前一类分组标志属于最能反映本质特征的主要标志,按其分组最能体现出城乡人民生活水平的差异,而后一类分组标志属于次要的标志。

3) 根据现象所处的具体历史条件来选择标志

社会经济现象是随着时间、地点的变化而变化的。同一个标志在过去某个时期是适用的,现在就不一定适用;在这个场合适用,在另一场合就不一定适用。因此,即使是研究同类现象,也要视具体时间、地点、条件的不同而选择不同的分组标志。

在研究企业规模构成状况时,需要对企业按其规模进行分组。一般来说,反映企业规模的标志主要有职工人数、年产值、年产量、固定资产净值和年利润额等。在生产力水平较低的情况下,用职工人数的多少来表示企业规模的大小比较适当;而在技术进步的历史时期或技术装备比较先进的情况下,有的企业由于采用了机械化生产,虽然职工数不多,但生产能力却很大。因此,职工人数已不能准确地说明企业规模的大小,这时一般使用产值、固定资产原值或净值等作为反映企业规模的分组标志更为恰当。

在选择分组标志时,还要遵循穷尽性和互斥性两个原则。穷尽性原则是指统计分组必须保证总体的每一个单位都能归入其中的一个组,各个组的单位数之和等于总体单位总数,总体的指标必须是各个单位相应标志的综合;互斥性原则是指统计分组必须保证总体的每一个单位只能属于其中的一个组,不能出现重复统计的现象,否则,就必然会影响统计资料的真实性。

2. 统计分组的方法

统计分组要求将总体内标志表现不同的总体单位分开,使标志表现相同或相近的总体单位归属在同一组。因此,分组标志一经选定,就要突出总体在这一标志下的性质差异或数量差异,即在分组标志范围内,划分各相邻组间的性质界限和数量界限。根据分组标志的不同特征,统计总体可以按品质标志分组,也可以按数量标志分组。

1) 按分组标志性质不同,分为品质标志分组和数量标志分组

（1）按品质标志分组就是选择反映事物属性差异的品质标志为分组标志,并在品质标志的变异范围内划定各组界限,将总体划分成为若干个性质不同的组成部分。

工业企业按所属的经济类型可以分为国有经济、集体经济、个体经济、联营经济、股份制经济、外商投资经济、港澳台投资经济和其他经济。

我国客运量按载运方式不同可分为铁路、公路、水路、民航几种,如表3-5所示。

表3-5　　　　　　　　　　2011年我国客运量

按载运分类	客运量(亿人)	比例
铁路	2.85	0.848%
公路、水路	330.3	98.23%
民航	2.9	0.922%
合计	336.05	100%

（2）按数量标志分组就是根据统计研究的目的,选择反映事物数量差异的数量标志作为分组标志,在数量标志值的变异范围内划定各组的数量界限,将总体划分为性质不同的若干个部分或组别,结果形成变量数列。例如,人口按年龄分组,企业按职工人数分组,职工按工资水平分组等。

2) 按分组标志的多少,分为简单分组和复合分组

（1）简单分组是指按照一个标志进行分组,如表3-6所示。

表 3-6　　　　　　　　　　某班按成绩分组

成绩(分)	人数(人)
60 以下	0
60～70	12
70～80	24
80～90	8
90 以上	5
合　计	49

（2）复合分组是指对同一个总体,把两个或两个以上标志层叠起来进行分组,如表3-7所示。

表 3-7　　　　　　　　　某公司员工的复合分组

职称(第一标志)	年龄(第二标志)	性别(第三标志)
高级职称	45 岁以下	男
		女
	45 岁以上	男
		女
非高级职称	45 岁以下	男
		女
	45 岁以上	男
		女

3.3　编制分配数列

分配数列是统计分组必然产物,是统计整理结果的一种重要表现形式,也是统计描述和统计分析的重要内容。它可以表明总体的分布特征和内部结构,并为研究总体中某种标志的平均水平及其变动规律提供依据。

3.3.1　分配数列的概念

分配数列是在统计分组的基础上,将总体的所有单位按组归类整理,并按一定顺序排列而形成的总体中各个单位在各组间的分布,又称分布数列或次数分配。

3.3.2　分配数列的种类

根据分组标志的不同,分配数列分为品质分配数列和变量分配数列两种。

1. 品质分配数列

按品质标志分组形成的分配数列叫做品质分配数列,简称品质数列,也叫属性分布数列。

2. 变量分配数列

按数量标志分组所编制的分配数列叫变量分配数列,简称变量数列。

在分组过程中,根据变量值取值范围不同,分组的形式可以分为单项式分组和组距式分组。变量数列按变量的表示方法和分组方法不同,可以分为单项式分配数列和组距式分配数列两种。

(1) 单项式分配数列:即每一组只包含一个变量值,按单项式分组所编制的变量数列。这种分组形式只适用于离散变量。而且要求在离散变量的变动范围较小,变量值个数较少时使用。例如,表3-8 某小区家庭按照儿童数分组;表3-9 某班同学年龄分布。

表3-8　　　　　　　　　某小区家庭按照儿童数分组

家庭按照儿童数分组(户)	家庭数(户)
0	20
1	60
2	150
3	90
4	40
合计	360

表3-9　　　　　　　　　某班同学年龄分布

年龄	人数(人)	比例
15	3	3.75%
16	23	28.75%
17	45	56.25%
18	9	11.25%
合计	80	100.00%

(2) 组距式分配数列:是以标志值变动的范围作为一组的分组,即组距式分组所形成的变量数列。这种分组形式适用于所有的连续变量和取值范围较大的离散型变量。例如,表3-10 某地区销售额与流通费用。

表3-10　　　　　　　　　某地区销售额与流通费用

按销售额分组(万元)	商店数(个)	每百元商品销售额中支付的流通费用(元)
50以下	10	21.2
50~100	20	20.1

(续表)

按销售额分组(万元)	商店数(个)	每百元商品销售额中支付的流通费用(元)
100～200	30	19.2
200～300	25	18.5
300 以上	15	16.0

3.3.3 分配数列的编制

对于品质数列来讲,如果分组标志选择得好,分组标准定得恰当,则事物性质的差异表现得就比较明确,总体中各组也容易划分。在编制品质数列时,只要按规定的分组标准将总体单位按组归类整理即可。品质数列一般来说比较稳定,通常能准确反映总体的分布特征。在这里我们只对变量分配数列的编制作以重点介绍。

1. 单项式数列的编制

在编制单项式数列时,一般首先将调查所得资料按照数值由小到大排列;然后确定各组的变量值和组数,一般有多少个变量值就有多少组;最后汇总出各变量值出现的次数,编制单项式数列。例如,表 3-11 某高校在校学生年龄分布。

由于单项式数列中每组只有一个变量值,各组之间界限划分也非常明确,因此编制出的数列也很稳定。

表 3-11　　　　　　　　某高校在校学生年龄分布

按年龄分组	学生人数(人)f	比重(%)$f/\sum f$
17	54	5.4
18	189	18.8
19	228	22.7
20	283	28.1
21	131	13.0
22	97	9.6
23	24	2.4
合　计	1 006	100.0

2. 组距式数列的编制

由于组距式变量数列是将变量值划分为若干区间,所以其编制方法有了一定的难度。在编制过程中遵循如下步骤,一般首先把变量值按由小到大的顺序排列,并确定全距;其次确定组数和组距,在此基础上确定组限;最后汇总出各组的次数及比重,编制组距式数列。

1) 将变量值按由小到大的顺序排列,并确定全距

例如:

对某公司零售店产品销量情况进行抽样调查,得到 40 家零售店每月销量情况(单

位:个)的资料如下:

400	485	442	490	416	482	535	393	566	400
304	406	409	413	414	414	376	417	422	593
432	435	441	355	504	456	464	470	472	478
385	349	488	361	450	524	388	544	397	429

以上数据零散,看不出消费范围和结构,所以对以上数据进行大小顺序排列,得到下面的数据:

304	349	355	361	376	385	388	393	397	400
400	406	409	413	414	414	416	417	422	429
432	435	441	442	450	456	464	470	472	478
482	485	488	490	504	524	535	544	566	593

数据整理好以后,可以确定全距。

全距也称为极差,是指总体各单位的两个极端标志值之差。即:

$$R = 最大标志值 - 最小标志值$$

因此,全距(R)可反映总体标志值的差异范围。上述统计实例中共有40个变量值,最小值是304个,最大值是593个。故:

全距=最大值593个-最小值304个=289个

2) 确定组数与组距

我们把分成组的个数称为组数;在组距式数列中每一个组中,每个组的最大值为组的上限,最小值为组的下限,每个组上限和下限之间的距离称为组距。

采用组距分组需要经过以下几个步骤:

第一步:确定组数。一组数据分多少个组合适呢?这一般与数据本身的特点及数据的多少有关。由于分组的目的之一是为了观察数据分布的特征,因此组数的多少应适中。若组数太少,数据的分布就会过于集中,而组数太多,数据的分布就会过于分散,这都不便于观察数据分布的特征和规律。组数的确定应以能够显示数据的分布特征和规律为目的。在实际分组时,可以按 Sturges 提出的经验公式来确定组数 K:

$$K = 1 + \frac{\lg n}{\lg 2}$$

式中:n 为数据的个数,对结果用四舍五入的办法取整数即为组数。

第二步:确定各组的组距。组距是一个组的上限与下限之差,可根据全部数据的最大值和最小值及所分的组数来确定,即:组距=(最大值-最小值)÷组数。

第三步:根据分组整理成频数分布表。比如,对上面的数据进行分组,可得到下面的分配数列表。

如果将上述实例分为两个组距相等的组,可以编制出如表3-12的组距式变量数列。

表 3-12　　　　　某公司零售店产品销量情况分配数列

产品销量情况(个)	个 数	
	绝对数(个)	相对数
300~450	24	60%
450~600	16	40%
合计	40	100%

如果将上述实例分成15个相等的组,则可以编制出如表3-13的组距式变量数列。

表 3-13　　　　　某公司零售店产品销量情况分配数列

产品销量情况(个)	个 数	
	绝对数(个)	相对数
300~320	1	2.5%
320~340	0	0.0%
340~360	2	5.0%
360~380	2	5.0%
380~400	4	10.0%
400~420	9	22.5%
420~440	4	10.0%
440~460	4	10.0%
460~480	4	10.0%
480~500	4	10.0%
500~520	1	2.5%
520~540	2	5.0%
540~560	1	2.5%
560~580	1	2.5%
580~600	1	2.5%
合　计	40	100.0%

我们还可以将其分成6个组距相等的组,则可以编制出如表3-14的分配数列。

表 3-14　　　　　某公司零售店产品销量情况分配数列

产品销量情况(个)	户数	
	绝对数(户)	相对数
300~350	2	5.0%
350~400	7	17.5%

(续表)

产品销量情况(个)	户数	
	绝对数(户)	相对数
400~450	15	37.5%
450~500	10	25.0%
500~550	4	10.0%
550~600	2	5.0%
合　　计	40	100.0%

以上我们对同一种资料进行了三种不同分组,可以看出组距太大,分组过粗;分组过细,组距太小,都不利于显示总体内部各组的分布特征;而表3-14能较好地反映某县城居民家庭人均月消费性支出的分布状态。

由此可见,编制组距式数列时,不仅要考虑各组的划分是否能区分总体内各组成部分的性质差异,还要适当地确定组距和组数,才能准确而清晰地反映总体的分布特征。

在确定组距时,可以根据标志值变异状况不同将各组的组距确定为相等的或不等的,相应形成等距数列和异距数列。

等距数列是各组组距都相等的数列,一般在社会经济现象性质差异的变动比较均衡或标志变异比较均匀的条件下采用。

异距数列是各组组距不等的数列,也叫不等距数列,通常适用于社会经济现象数量变动不均衡且很难用等组距的办法实现区分事物不同性质的情况。

3) 组限与组中值

(1) 组限是指每组两端的数值,即每组两端的标志值。每组的最大值为上限,最小值为下限。在组距式分组中常有最小组无下限和最大组无上限的情况,这样的组叫开口组,其中只有上限无下限的组称为下开口组,有下限无上限的组称为上开口组。如表3-10中的第一组50万元以下为下开口组,最后一组300万元以上为上开口组。

确定组限应做到最小组的下限不应低于最小的变量值,最大组的上限不应高于最大的变量值,尽可能使总体内各单位的分布特征表现出来。

按连续型变量分组划分组限时,相邻两组的组限必须重叠。这是由于连续变量相邻两个变量值之间可以作无限的分割,如果上下限是两个不同的数值的话,那么相邻两组上下限之间就可能有很多数值无组可归,不符合穷尽性原则。在统计工作中,如果某标志值刚好等于组限,为避免重复计算,一般遵循"上组限不在内"的原则。

按离散型变量划分组限时,相邻两组的组限可以以整数断开。因为离散变量不能用小数表示,相邻两个变量值可以以整数断开,因此,如果相邻两组的组限不重叠的话,也不会导致遗漏。

(2) 组中值是每组上限和下限之间的中点数值。为了反映各组中总体单位变量值的一般水平,掩盖各组内各单位的实际变量值,往往要计算组中值来代表。其计算公式为:

$$组中值 = \frac{上限 + 下限}{2}$$

例如,200～300 一组的组中值为 $\frac{200+300}{2} = 250$ 个。

对于开口组,由于缺少上限或下限,因此确定组中值一般以相邻组的组距作为自己假定的组距,利用相邻组组距的一半来调整计算组中值。

$$上开口组中值 = 下限 + \frac{邻组组距}{2}$$

$$下开口组中值 = 上限 - \frac{邻组组距}{2}$$

用组中值来代表组内变量值的一般水平存在一个假定,即各单位变量值在本组范围内呈均匀分布,或在组中值两侧呈对称分布。而实际上,各组变量值往往不是均匀分布,组中值与各组的实际平均水平仍有一定的差距,它只是各组实际平均值近似代表值。

4) 频数和频率

频数也称"次数",对总体按一定标志进行分组,统计出各个组内所含单位的个数。将各组频数与总频数相比求得的比重称为频率。它表明各组变量值对总体的相对作用程度,也可以表明各组变量值出现的概率大小。很显然,任何一个分布都必须满足:各组频数之和等于总次数,各组频率之和等于 1 或 100%。各组的频率都大于 0;各组的频率总和等于 1。

在变量分配数列中,频数(频率)表明该组标志值的作用程度。频数(频率)数值越大,表明该组标志值对于总体水平所起的作用也越大;反之,频数(频率)数值越小,表明该组标志值对于总体水平所起的作用越小。

表 3-15　　　　　某公司零售店产品销量情况分配数列

产品销量情况(个)	个数	
	绝对数(个)	相对数
300～350	2	5.0%
350～400	7	17.5%
400～450	15	37.5%
450～500	10	25.0%
500～550	4	10.0%
550～600	2	5.0%
合　计	40	100.0%

各组变量值　　　　　频数或次数　　　　　频率

5) 累计频数

为研究整个变量数列的次数分配状况,统计工作中还常计算累计次数。将变量数列中各组的次数和频率逐组累计相加而成累计次数分布,它表明总体在某一变量值的某一水平上下总共包含的总体频数和频率。

累计次数和累计频率的计算方法有两种:向上累计和向下累计。

向上累计,又称较小制累计,是将各组的次数或频率由变量值低的组向变量值高的组累计,各累计数的意义是小于该组上限的累计次数或累计频率。

向下累计,又称较大制累计,是将各组的次数或频率由变量值高的组向变量值低的组累计,各累计数的意义是大于该组下限的累计次数或累计频率。

表 3-16　　　　　　　某公司零售店产品销量情况分配数列

产品销量情况(个)	个数	频率	向上累计		向下累计	
			累计次数(户)	累计频率	累计次数(户)	累计频率
300~350	2	5.0%	2	5.0%	40	100.0%
350~400	7	17.5%	9	22.5%	38	95.0%
400~450	15	37.5%	24	60.0%	31	77.5%
450~500	10	25.0%	34	85.0%	16	40.0%
500~550	4	10.0%	38	95.0%	6	15.0%
550~600	2	5.0%	40	100.0%	2	5.0%
合计	40	100.0%	—	—	—	—

由表 3-16 可知,该公司调查的 40 家零售店的销量低于 400 个的有 9 家,占全部调查户数的 22.5%。销量高于 500 个的有 6 家,占全部调查户数的 15%。

由以上编制方法可知,组距式变量数列的编制重点是要解决全距、组数、组距、组限及组中值、频数和频率、累计频数等要素的确定问题。

3.4　统计数据的显示

经过整理以后的统计资料往往通过统计表和统计图显示出来,因此,统计表和统计图成为显示统计数据的重要工具。

3.4.1　统计表

1. 统计表的概念和构成

对统计调查所获得的原始资料进行整理,得到说明社会现象及其发展过程的数据,把这些数据按一定的顺序排列在表格上,就形成了统计表。从广义上看,任何反映统计资料的表格,都是统计表。从狭义上看,统计表是专指统计整理的工具和整理结果的重要表现形式的表格。统计表是统计工作提供统计资料的工具之一,它可以概括文字的叙述,使资料条理化、系统化,给人以明快深刻的感觉。统计表的运用范围极其广泛,是表现统计资料最常用的形式。其主要优点是：能使统计资料条理化，更清晰地表述统计数据之间的相互联系；统计数据的显示简明易懂；便于计算和比较表内的各项统计指标，并易于检查数字的完整性和正确性。统计表如表3-17所示。

表3-17　　　　　　　　　某年某省国民生产总值统计表　　　　　→ 总标题

纵栏标题 ←

地　区	国民生产总值（亿元）	比上年增长
甲　市	3 000	10.0%
乙　市	1 000	15.0%
丙　市	980	12.0%
丁　市	800	11.0%
戊　市	600	9.0%
合　计	6 380	9.7%

横行标题｝（左侧） 　指标数值｝（右侧）

　　　　主　词　　　　　　宾　词

统计表由总标题、横行标题、纵栏标题和数字资料四个要素构成。

（1）总标题是统计表的名称，用以概括说明整个表的内容，多数情况要包括总体的时间和空间限制，一般位于表的上方中央。

（2）横行标题是横行内容的名称，通常用来说明总体及其各组的名称，通常也称为主词，一般列在表的左边。

（3）纵栏标题是纵栏内容的名称，通常用来表示反映总体及其各组成部分数量特征的统计指标的名称，通常也称为宾词，一般列在表内的上方。

（4）统计数字是各项指标的具体数值，内容由横行标题和纵栏标题所限定，其数字可以是绝对数、相对数或平均数。

另外，为了补充统计表中未说明的问题，统计表往往还附有一些说明，包括资料来源、指标计算方法、填报单位、填表人、填表日期等。

统计表从其内容上看，由两部分组成，一部分是主词，另一部分是宾词。主词是统计表的主体，也是统计表所要说明的对象。主词通常用横行标题来表示。宾词是说明主词的各项指标，一般由纵栏标题和指标数值所组成。

统计表的主词和宾词的位置一般如上所述，但不是固定不变的，有时为了编排合理与阅读方便，可以将主词和宾词的位置互换。

2. 统计表的分类

统计表按对总体分组的情况不同，可以分为简单表、分组表和复合表。

（1）简单表是指对统计总体未作任何分组，仅按单位名称或时间顺序排列而成的统计表。如表3-18、表3-19所示。

（2）分组表，又称简单分组表，是指对统计总体仅按一个标志进行分组而形成的统计表。利用分组表可以深入分析现象的内部结构和现象间的相互依存关系。如表3-20、表3-21所示。

表 3-18　　　　　　　　　　　中国主要河流基本情况

名称	流域面积(平方千米)	河长(千米)	年径流量(亿立方米)
长江	1 808 500	6 300	9 513
黄河	752 443	5 464	661
松花江	557 180	2 308	762
辽河	228 960	1 390	148
珠江	453 690	2 214	3 338
海河	263 631	1 090	228
淮河	269 283	1 000	622

表 3-19　　　　2000—2006 年中国国民收入及国内生产总值　　　　单位：亿元

年份	国民收入	国内生产总值
2000	98 000.5	99 214.6
2001	108 068.2	109 655.2
2002	119 095.7	120 332.7
2003	135 174.0	135 822.8
2004	159 586.7	159 878.3
2005	184 739.1	183 867.9
2006	211 808.0	210 871.0

表 3-20　　　　　　　　　　某企业职工文化构成情况

文化程度	职工人数(人)	占总人数的比重
大专及大专以上	350	17.5%
中专及高中	800	40.0%
初中	600	30.0%
小学及小学以下	250	12.5%
合计	2000	100.0%

表 3-21　　　　　　　　　　某公司销售人员业绩分组

销售业绩(千元)	人数	
	绝对数(人)	相对数
5 以下	6	10.7%
6~10	11	19.6%

(续表)

销售业绩(千元)	人数	
	绝对数(人)	相对数
11～12	22	39.3%
13～30	13	23.2%
31以上	4	7.2%
合计	56	100.0%

(3) 复合表,又称复合分组表,是指对统计总体按两个或两个以上标志进行层叠分组而形成的统计表。如表3-22所示。

表3-22　　　　2006年全国高等学校普通本、专科部分学科招生人数　　　　单位:人

项目	本科	专科	合计
经济学	152 592	116 181	268 773
法学	110 019	86 176	196 195
文学	470 022	346 900	816 922
工学	798 106	1 194 320	1 992 426
农学	47 312	52 708	100 020
医学	155 242	224 841	380 083
管理学	411 464	662 161	1 073 625
合计	2 530 854	2 929 676	5 460 530

3. 编制统计表的要求

为了使统计表能够科学地反映被研究对象的数量特征,同时为了美观和标准化,编制统计表时要遵循科学、实用、简练、美观的原则,还要符合以下要求:

(1) 统计表的标题、项目、指标要简明扼要,应写明资料所属的时间和空间范围,使人一目了然,便于分析。如果指标的计量单位只有一个,则通常列在表的右上角,如果计量单位较多,则列在相应的指标栏内。

(2) 统计表的纵栏、横行的排列要尽量反映出内容方面的逻辑关系,如表3-23所示。

表3-23　　　　某地区2013年国民生产总值和职工人数统计表

项　目		国民生产总值(万元)	职工人数(人)
国有经济	大型	10 000	14 000
	中型	9 000	50 000
	小型	5 000	10 000
集体经济	大型	8 000	7 500
	中型	6 000	11 000
	小型	4 600	5 000

(续表)

项　　目		国民生产总值(万元)	职工人数(人)
外商投资经济	大型	7 500	9 500
	中型	6 500	8 500
	小型	5 400	5 000
其他经济	大型	5 800	7 400
	中型	4 500	8 100
	小型	4 000	4 200

（3）当统计表的栏目较多时，可进行编号以说明其相互关系。主词栏和计量单位栏常用甲、乙、丙等文字编号，宾词栏常用1、2、3等数字编号。

（4）表中的合计栏可以排在前面，也可以排在最后，如果只列出其中部分项目，则合计栏必须排在前面。

（5）表中的统计数字应书写工整、字迹清晰；数字应填写整齐，数位对准。数字为零时要写出"0"来，不应填写数字的空格用"—"线表示；未发生的数字空着不填；估算的数字应在表下说明；无法取得的资料用"…"号表示；如果某项数字与邻项数字相同，则仍应填写数字，不得用"同上""同左"等字样或符号代替。

（6）国际上规范的统计表是"三线表"，表的上下两端用粗线，左右两边不封口，纵栏之间用细线分开，横行之间可以不加线。如果横行过多，也可以每五行加一细线。

（7）统计表的资料来源及其他需要说明的问题可在表下加以注明。例如，统计资料的来源、填表时间、制表人、审核人等。

（8）统计表中的数字资料都要注明计量单位。计量单位应按统计制度的规定填写，不得另设不同的计量单位。

为使统计表阅读方便，计量单位应按如下方法表示：当各指标数都以同一单位计量时，就将计量单位写在统计表的右上角；当同栏指标数值以同一单位计量时，而各栏的计量单位不同时，则应将单位标写在各纵栏标题的下方或右方；当同行统计资料以同一单位计量，而各行的计量单位不同时，则可在横行标题后添列一计量单位栏，用以标明各行的计量单位。

3.4.2　统计图

统计图是人们用来展示统计资料的另一种常用形式，它根据整理过的统计资料，运用几何图形或具体的形象来表现被研究对象数量关系和数量特征的图形。与统计表相比，它具有更为鲜明、醒目、生动、直观等特点。统计图有很多种，如直方图、条形图、折线图、圆形图、环形图和雷达图等。常用的有直方图、折线图和曲线图。

1. 直方图

直方图是用矩形的宽度和高度来表示频数分布的图形。在平面直角坐标系中，横轴表示数据分组，纵轴表示频数或频率，这样各组与相应的频数就形成了一个矩形，即直方图。它一般用来表现连续型变量的分布特征。如根据表3-24可绘制成如图3-1的直方图。

表 3-24　　　　　　某车间50名工人日加工零件数分组表

按零件数分组(个)	频数(人)	频率
110 以下	3	6%
110～115	5	10%
115～120	8	16%
120～125	14	28%
125～130	10	20%
130～135	6	12%
135 以上	4	8%
合　　计	50	100%

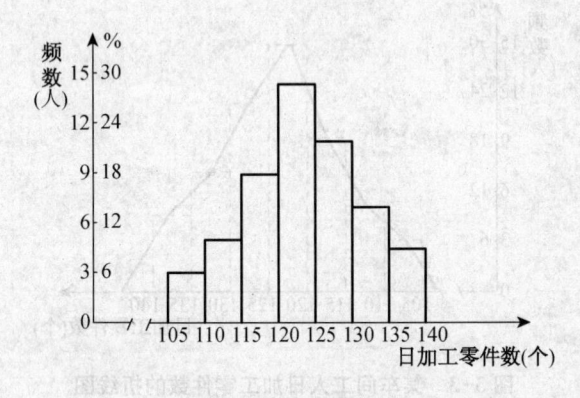

图 3-1　某车间工人日加工零件数的直方图

2. 条形图

条形图是用宽度相同的条形的高度或长度来表示数据变动的图形。条形图可以横置和纵置，纵置时也叫柱形图。它一般用来表示品质数列或者离散型变量的分布情况。

表 3-25　　　　　　某大学职工按工作岗位分组资料

按劳动岗位分组	人数(人)	比重
专职教师	600	42.86%
教辅人员	150	10.71%
管理人员	100	7.14%
服务人员	200	14.29%
其他人员	50	3.57%
附属机构人员	400	28.57%
合　　计	1 400	100.00%

根据表 3-25 资料绘制条形图,如图 3-2 所示。

条形图和直方图不同,条形图用条形的长度(横置时)表示各类别数量的多少,其宽度(表示类别)是固定的,直方图是用面积表示数量的多少;直方图各矩形通常是连续排列,而条形图则是分开排列。

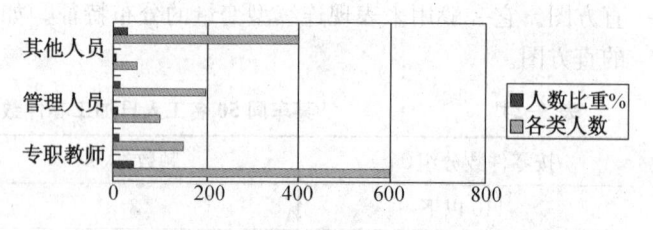

图 3-2 某学院职工岗位分布图

3. 折线图

折线图也称频数多边图,它是在直方图的基础上把相邻直方形的顶边中点连接成一条折线,再把折线两端与横轴上直方形两侧延伸的假象组中点相连,就形成了频数分布折线图。折线图也可以用组中值与次数求坐标点连接而成,如图 3-3 所示。

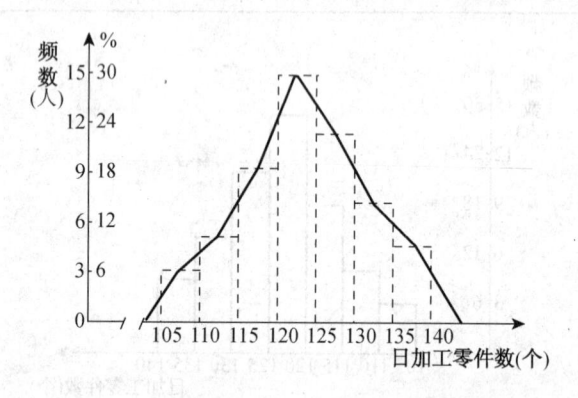

图 3-3 某车间工人日加工零件数的折线图

4. 圆形图

圆形图又称饼图,它是以圆的面积或圆内各扇形的面积来表示数值大小或总体内部结构的一种图形。

根据表 3-25 绘制圆形结构图,如图 3-4 所示。

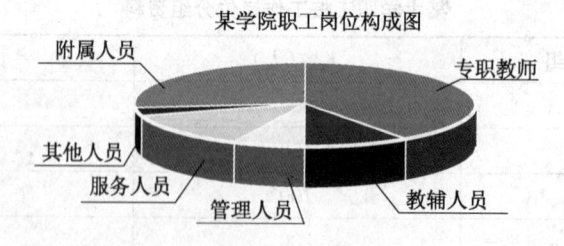

图 3-4 圆形结构图

5. 环形图

环形图中间有一个"空洞",总体中的每一个部分数据用环中的一段表示。环形图可以同时绘制多个总体的数据系列,每一个数据系列为一个环,可以显示多个总体各部分所占的相应比例,从而有利于进行比较研究。

设甲、乙两个教学班学生对某门课程教学评价资料如表 3-26 所示,据此资料做环形图,如图 3-5 所示。

表 3-26　　　　　　　　课程教学情况评价表

班　别	非常不满意	不满意	一般	满意	非常满意
甲班	2%	5%	20%	50%	23%
乙班	5%	10%	30%	40%	15%

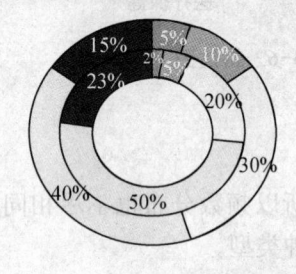

图 3-5　环形结构比较图

6. 雷达图

这种图形既像雷达荧光屏上看到的图像,也像个蜘蛛网,因此也有人称为蛛网图。

雷达图在显示或对比各变量的数值时非常有用。利用雷达图也可以研究多个样本之间的相似程度。例如,某省三市居民生活消费支出资料如表 3-27 所示。

表 3-27　　　　　　某年某省三市人均生活消费支出构成

项　　目	甲　市	乙　市	丙　市
食品	36.20%	38.40%	44.00%
衣着	12.00%	11.60%	10.00%
家庭设备用品及服务	9.50%	9.00%	8.00%
医疗保健	7.00%	6.50%	5.00%
交通通讯	9.00%	8.50%	7.00%
娱乐教育文化服务	15.30%	14.50%	12.40%
居住	11.00%	11.50%	13.60%

据表 3-27 资料可作雷达图,如图 3-6 所示。

图形显示三市消费结构形态大致相同,只是丙市显得水平较低一些,因为它的食品支出比重较大。

某省三市居民消费结构比较

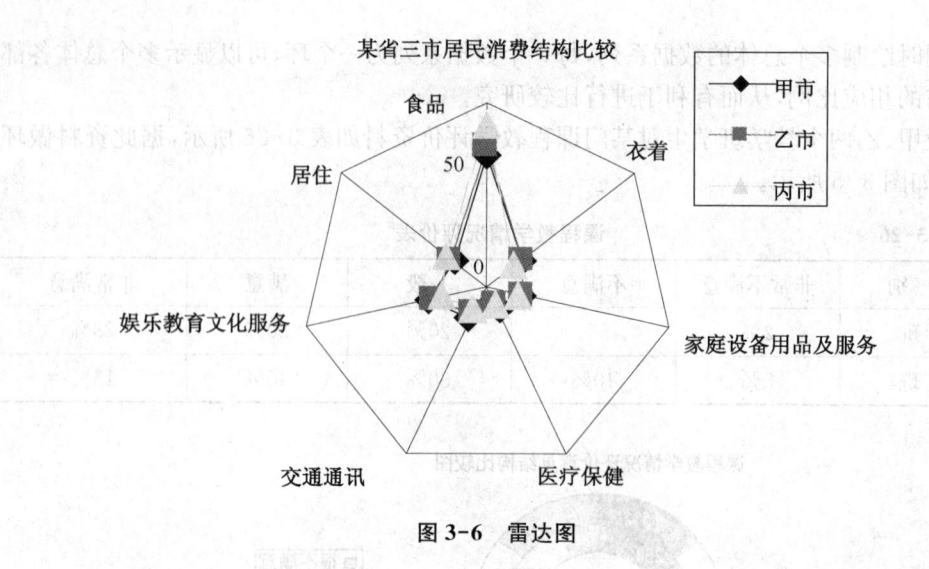

图3-6 雷达图

3.4.3 频数分布的主要类型

由于社会经济现象性质各不相同,所以频数分布也不尽相同。频数(次数)分布主要有钟形分布、U形分布和J形分布三种类型。

1. 钟形分布

钟形分布是指靠近两端的变量值分配次数较少,中间变量值则分配次数较多,绘制成的曲线图形状宛如一口古钟的次数分布,如图3-7所示。

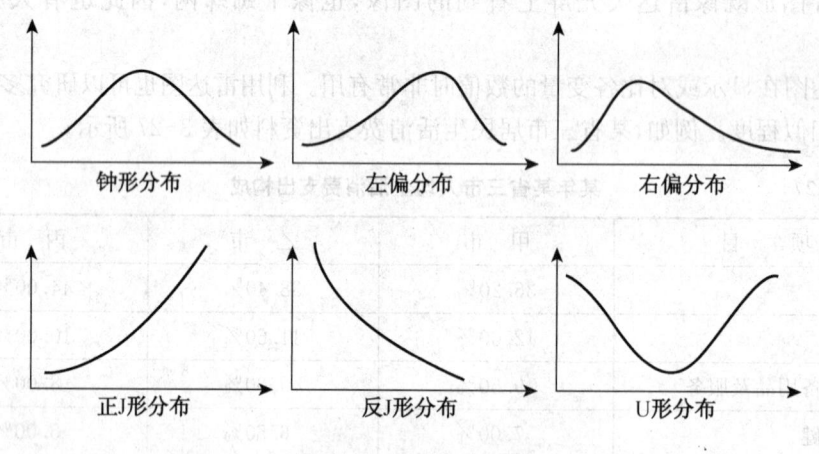

图3-7 频数分布类型

钟形分布是客观现象分布中最常见的分布,其突出特征是"中间大,两头小"。如果钟形分布的中间变量值次数最多,两侧变量值分配的次数随着其与中间变量值距离的增大而渐次减少,并围绕中心变量值两侧呈完全对称分布,则称为对称分布。例如,学生成绩的分布;单位面积的农产品产量。

许多客观现象总体都趋近正态分布。中心变量值两侧的变量值次数分布不对称的称为非对称分布或偏态分布,通常有左偏态和右偏态两种。

2. U形分布

U形分布的特征与钟形分布的特征恰恰相反,靠近中间的变量值分布次数少,靠近两端的变量值分布次数多,其分布特征是"两头大,中间小"。绘成的曲线图形如英文字母"U"。例如,人口在不同年龄上的死亡率一般近似地表现为U形分布。

3. J形分布

J形分布有正反两种情况:次数随变量值增大而增多时所绘成的曲线图形如英文字母"J",称为正J形分布;次数随变量增大而减少时所绘成的曲线图犹如反写的英文字母"J",称为反J形分布。例如,商品供给量随着价格的提高而不断增加,使供给曲线呈正J形分布;人口总体按年龄大小的分布一般呈反J形分布。

本章小结

统计资料整理,简称统计整理,是指根据统计研究的目的和任务,对统计调查所搜集到的原始资料进行科学的分类和汇总,或对已初步加工的次级资料进行再加工,使其系统化、条理化、科学化,以反映所研究的现象总体特征的工作过程。

统计整理的步骤:设计统计整理方案;对调查资料进行审核;对调查资料进行分组汇总和计算;编制统计表;绘制统计图。

统计分组是根据社会经济现象总体内在的特点和统计研究的目的要求,按照某个标志(或几个标志)把总体划分为若干不同性质的组或类型的一种统计方法。

统计分组有品质标志分组和数量标志分组两种。按数量标志分组又有单项式分组和组距式分组两种。组距式分组要确定好组限、组距和组数等。

分配数列是在统计分组的基础上,将总体的所有单位按组归类整理,并按一定顺序排列而形成的总体中各个单位在各组间的分布,又称分布数列或次数分配。

分配数列的种类:根据分组标志的不同,分配数列分为品质分配数列和变量分配数列两种。按数量标志分组所编制的分配数列叫变量分配数列,简称变量数列。

频数也称"次数",对总体按一定标志进行分组,统计出各个组内所含单位的个数。将各组频数与总频数相比求得的比重称为频率。

统计表对统计调查所获得的原始资料进行整理,得到说明社会现象及其发展过程的数据,把这些数据按一定的顺序排列在表格上。统计图是人们用来展示统计资料的另一种常用形式,它是根据整理过的统计资料,运用几何图形或具体的形象来表现被研究对象数量关系和数量特征的图形。

练习与实践

一、单项选择题

1. 统计分组是统计资料整理中常用的统计方法,它能够区分( )。
   A. 总体中性质相同的单位　　　　　B. 总体标志
   C. 一总体与它总体　　　　　　　　D. 总体中性质相异的单位

2. 统计分组的关键在于确定( )。
   A. 组中值　　　　　　　　　　　　B. 组距
   C. 组数　　　　　　　　　　　　　D. 分组标志和分组界限
3. 按照反映事物属性差异的品质标志进行分组称为按品质标志分组。下述分组中，属于这一类的是( )。
   A. 人口按年龄分组　　　　　　　　B. 在校学生按性别分组
   C. 职工按工资水平分组　　　　　　D. 企业按职工人数规模分组
4. 对某校学生先按年级分组，在此基础上再按年龄分组，这种分组方法是( )。
   A. 简单分组　　B. 复合分组　　C. 再分组　　D. 平行分组
5. 组距数列中的上限一般是指( )。
   A. 本组变量的最大值　　　　　　　B. 本组变量的最小值
   C. 总体内变量的最大值　　　　　　D. 总体内变量的最小值
6. 组距和组数是组距数列中的一对基本要素，当变量的全距一定时，组距和组数( )。
   A. 没有关系　　　　　　　　　　　B. 关系不确定
   C. 有正向关系　　　　　　　　　　D. 有反向关系
7. 对各组的上限与下限进行简单平均，得到的是( )。
   A. 组中值　　　　　　　　　　　　B. 组平均数
   C. 组距　　　　　　　　　　　　　D. 组数
8. 简单分组与复合分组的主要区别在于( )。
   A. 分组对象的复杂程度不同　　　　B. 分组组数的多少不同
   C. 各自采用分组标志个数不同　　　D. 分组的目的和方式不同
9. 将某地区30个商店按零售额多少分组而编制的分配数列，其变量值是( )。
   A. 零售额　　　　　　　　　　　　B. 商店数
   C. 各组的零售额　　　　　　　　　D. 各组的商店数
10. 划分组限时相邻组的上下限如果重叠，则( )。
    A. 与上限相等的标志值计入上一组　　B. 与下限相等的标志值计入下一组
    C. 与上限相等的标志值计入下一组　　D. 与下限相等的标志值计入上一组

二、多项选择题
1. 统计分组是将统计总体按一定标志区分为若干部分的统计方法，它( )。
   A. 是统计研究中的基本方法　　　　B. 是在统计总体内部进行的
   C. 是在统计总体之间进行的　　　　D. 对总体而言是分
   E. 对个体而言是合
2. 下列分组中，按数量标志分组的有( )。
   A. 企业按所有制分组　　　　　　　B. 企业按产值分组
   C. 企业按工人数分组　　　　　　　D. 企业按计划完成程度分组
   E. 企业按隶属关系分组
3. 统计分组是( )。

A. 在统计总体内进行的一种定性分类
B. 在统计总体内进行的一种定量分类
C. 将同一总体区分为不同性质的组
D. 把总体划分为一个个性质不同的、范围更小的总体
E. 将不同的总体划分为性质不同的组

4. 各分组中,属于按品质标志分组的有( )。
   A. 工厂按产值计划完成程度分组　　B. 学生按健康状况分组
   C. 企业按所有制分组　　　　　　　D. 职工按工龄分组
   E. 职工按文化程度分组

5. 统计整理的内容包括( )。
   A. 对原始资料进行审核与检查　　　B. 对各项指标进行分组综合汇总
   C. 编制统计表与分析表　　　　　　D. 对统计资料进行系统积累
   E. 与上期资料进行对比,分析发展变化情况

6. 选择分组标志应考虑( )。
   A. 研究目的与任务　　　　　　　　B. 能反映事物本质或主要特征
   C. 现象所处历史条件与经济条件　　D. 与过去的分组标志一致
   E. 现象之间的依存关系

7. 组中值的计算公式为( )。
   A. 组中值＝(上限＋下限)÷2
   B. 组中值＝上限＋下限÷2
   C. 组中值＝下限÷2＋下限
   D. 组中值＝下限＋(上限－下限)÷2
   E. 组中值＝上限－(上限－下限)÷2

8. 按所起作用不同,统计表可分为( )。
   A. 调查表　　B. 汇总表　　C. 简单表　　D. 复合分组表
   E. 分析表

三、判断题

1. 统计整理仅指对原始资料的整理。　　　　　　　　　　　　　　( )
2. 根据数量标志下的各变量值,很容易就能判断出现象性质上的差异。( )
3. 各组次数占总体次数的比值通常称为频数。　　　　　　　　　　( )
4. 某一变量分为下述两组:15-20, 21-25,由此可以判断该变量为一连续变量。( )
5. 用统计表表示次数分布,各组频率相加之和应等于100％。　　　( )
6. 统计表是表达统计整理结果的唯一形式。　　　　　　　　　　　( )
7. 统计分组实际上是通过分组保持组内统计资料的同质性和组间统计资料的差异性。( )
8. 复合分组就是选择两个或两个以上的分组标志对同一总体进行的并列分组。( )
9. 统计分组的关键问题是确定组距和组数。　　　　　　　　　　　( )
10. 统计分组的关键是选择分组标志和划分各组界限。　　　　　　( )

四、综合应用题

某企业工人日产量资料如表 3-28 所示。

表 3-28   某企业工人日产量统计表

日产量分组（件）	工人数（人）
50～60	6
60～70	12
70～80	12
80～90	14
90～100	15
100～110	18
110～120	22
120～130	8
合计	107

(1) 上述数列属于(   )。

  A. 变量数列　　B. 品质数列　　C. 不等距数列　　D. 等距数列

(2) 上列数列中的变量是(   )。

  A. 日产量　　　　　　　　　　B. 工人数

  C. 日产量的具体数值　　　　　D. 工人数的具体数值

(3) 上述数列中的工人数是(   )。

  A. 变量　　　B. 频数　　　C. 变量值　　　D. 分组标志

(4) 各组的频率分别为(   )。

  A. 6, 12, 12, 14, 15, 18, 22, 8

  B. 55, 65, 75, 85, 95, 105, 115, 125

  C. 6%, 11%, 11%, 3%, 14%, 17%, 21%, 7%

  D. 60, 70, 80, 90, 100, 110, 120, 130

拓展实训

请以本班上学期某门课程成绩为研究对象，设计统计次数分布，运用 Excel 软件计算并编制该课程成绩的频数分布表，作出直方图。

第 4 章

统计数据的描述

【学习目标】

1. 掌握总量指标、相对指标。
2. 理解集中趋势的指标和离中趋势的指标。
3. 了解平均指标与变异指标的区别与联系,并能运用标志变异指标说明平均数的代表性。

【重点掌握】

1. 相对指标的应用方法。
2. 集中趋势指标的含义与计算方法。
3. 变异指标的计算意义。

4.1 总量指标

4.1.1 总量指标的概念

总量指标是用来反映社会经济现象在一定条件下的总规模、总水平或工作总量的统计指标。总量指标用绝对数表示,也就是用一个绝对数来反映特定现象在一定时间内的总量状况,它是一种最基本的统计指标。例如,国家统计局2014年全年统计公报显示:2014年我国总人口为136 782万人,国内生产总值636 463亿元,就业人员77 253万人,一般公共财政收入140 350亿元,国家外汇储备38 430亿美元。这些都是总量指标,都是利用绝对数说明我国2010年国民经济发展的总体规模和总体水平的。总量指标也可以表现为总量指标之间相比较得到的增加量或减少量。例如,2014年我国一般公共财政收入140 350亿元,比上年增加11 140亿元,也是总量指标。

总量指标是最基本的统计指标,其主要作用可概括如下:

首先,总量指标是对社会经济现象总体数量特征认识的基础。它可用来反映一个国家的国情和国力,反映一个地区、部门或单位的规模、水平、基本经济状况和经济实力。如要了解某一事物的数量特征,首先需要掌握的便是总量指标。没有总量指标,便没有一切数据;而掌握了一定的总量指标,对该事物就有了一个基本的了解,并为加深认识和进一步分析奠定了基础。

其次,总量指标是制定政策、制订计划、实行管理的依据。无论是宏观调控还是微观的管理工作,都要从客观实际出发,建立在科学的基础之上。总量指标是最具体、最实际的客观数量的反映,因此,在制定政策和检查政策的执行情况、制订计划和检查计划执行情况时,都是以总量指标作为重要依据。

最后,总量指标是计算相对指标和平均指标的基础。相对指标和平均指标一般是由两个有联系的总量指标对比的结果,它们是总量指标的派生指标。因而,总量指标的计算是否科学合理将直接影响相对指标和平均指标的准确性。

4.1.2 总量指标的种类

1. 总量指标按其反映的内容不同,可分为总体单位总量和总体标志总量

1) 总体单位总量

总体单位总量是用来反映统计总体内包含总体单位个数多少的总量指标。它用来表明统计总体的容量大小。例如,研究我国的人口状况时,统计总体是全国所有公民,总体单位是每一位公民,那么我国的人口数表明总体单位的个数,是总体单位总量。再如,研究某市的零售企业发展状况,统计总体是全市的所有零售企业,总体单位是每一个零售企业,若该市现有零售企业4 500家,则4 500家即为总体单位总量指标。

2) 总体标志总量

总体标志总量是统计总体各单位某一方面数量标志值的总和。当每个工业企业是总体单位时,每一工业企业的工业职工人数是该工业企业的一个数量标志,则该市全部工业职工人数就是总体标志总量。另外该市的年工业增加值、工业总产值、工业利税总额等指标也都是总体标志总量。一个已经确定的统计总体,其总体单位总量是唯一确定的,而总体标志总量却不止一个。明确总体单位总量和总体标志总量对于计算和区分相对指标和平均指标具有重要意义。

某一总量指标是总体单位总量还是标志总量不是完全确定的,而是随着统计总体的改变而改变的。如上例中的全市工业职工人数是总体标志总量,若研究目的改变为认识该市工业企业职工的生活水平时,统计总体是全市的所有工业职工,全市工业职工人数就变成总体单位总量了。

2. 总量指标按反映总体的时间状态不同,可分为时期指标和时点指标

1) 时期指标

时期指标是反映社会经济现象在一段时间内发展变化结果的总量。例如,一年的总产值,是一年中每天产值的累计;一年的商品销售额,是一年中每天商品销售额的累计。

时期指标具有如下特点:第一,具有可加性。时间上相邻的时期指标相加能够得到另一更长时期的总量指标;指标数值的大小与所属时期的长短直接相关。一般来讲,时期越长,指标数值就越大。第二,必须连续登记而得。时期指标数值的大小取决于整个时期内所有时间上的发展状况,只有连续登记得到的时期指标才会准确。

2) 时点指标

时点指标反映社会经济现象在某一时刻或某一时点上的状况的总量。例如,年末职工人数,是指年初的职工人数经过一年的变动以后到年末时刻时的实有职工人数。再如人口数、商品库存额、外汇储备额等也都是时点指标。

时点指标具有如下特点:第一,不具有可加性。不同时点上的两个时点指标数值相加不具有实际意义。第二,数值大小与登记时间的间隔长短无关。时点指标仅仅反映社会经济现象在一瞬间上的数量,每隔多长时间登记一次对它没有影响。第三,指标数值是间断计数的。时点指标没有必要进行连续登记,有的也是不可能连续进行登记的,如一国的总人口数。

4.1.3 总量指标的计量单位

由于总量指标具有一定的社会经济内容,所以它们都具有相应的计算单位。根据总量指标所反映的客观事物的不同性质,计算单位可分为实物单位、价值单位和劳动单位三种。

1. 实物单位

实物单位是根据事物的外部特征或物理属性而采用的单位。它又分为:

(1) 自然单位。如鞋以"双"为单位;桌子以"张"为单位;拖拉机以"台"为单位等。

(2) 度量衡单位。度量衡单位是以已经确定出的标准来计量实物的重量、长度、面积、容积等的单位。如吨、公里、米等。

(3) 复合单位。复合单位是两个单位的乘积。如货物周转量用"吨公里"计量;电的度数用"千瓦时"计量等。

（4）双重单位。双重单位是用两种或两种以上的单位结合起来进行计量。如起重机的计量单位是"台/吨"；货轮用"艘/马力/吨位"计量等。

（5）标准实物单位。标准实物单位是按照统一的折算标准来计量事物数量的一种实物单位。它主要用于计量存在差异的工业产品和农产品，为了准确地反映其总量，需要把各产品按照一定的标准折合成标准品再相加。如把含氮量不同的化肥都折合成含氮100%的标准化肥；把各种能源都折合成热量值为7 000千卡/千克的标准煤等。以实物单位计量的总量指标，叫做实物指标。

2. 价值单位

价值单位也叫货币单位，它以货币作为价值尺度来计量社会财产和劳动成果。例如，国内生产总值、城乡居民储蓄额、外汇收入、财政收入都必须用货币单位来计量，常见的货币单位有美元、人民币元、欧元等。用货币单位计量的总量指标叫做价值指标。价值指标具有十分广泛的综合能力，在国民经济管理中起着重要的作用。货币单位具有最广泛的综合能力，但计算范围受到限制；而实物单位对任何事物都可计算，但综合性差。因此在计量社会经济现象时，应将两种计量单位很好地结合起来。

3. 劳动单位

劳动单位主要用于企业内部计量工业产品的数量，它是用生产工业产品所必需的劳动时间来计量生产工人的劳动成果的单位。企业首先根据自身的生产状况制定出生产单位产品所需的工时定额，再乘以产品的实物，即得以劳动单位计量的产量指标——劳动量指标，也叫做定额工时总产量。它的优点是可以把不同种类、规格的产品产量或作业量进行加总。劳动单位主要用于编制和检查企业的生产作业计划和核定工人的劳动成果。

4.1.4　计算总量指标的原则

要正确统计总量指标，必须遵循以下原则。

1. 科学性

科学性是指计算总量指标要有科学的理论依据。总量指标是一定现象的数量表现，每一个总量指标都具有一定质的规定性。由于客观事物之间彼此存在着密切联系，若不从理论上规定含义和界限，就无法进行统计。如计算工业总产值时，首先必须确定工业总产值的概念和包括范围，然后才能进行统计。

2. 可比性

可比性是指在不同地区和不同时期的同一总量指标要具有可比性。同类物质产品直接反映产品同样的使用价值和经济内容，可以相加计算总量指标，而不同类现象相加的总量指标是没有可比性的。不同的历史条件往往影响总量指标所反映的内容和包括的范围，在确定和使用总量指标时，要进行适当调整使不同时期的总量指标具有可比性。

3. 统一性

统一性是指总量指标的计量单位计算方法必须统一，这样才能使总量指标在较大的范围(如全国)、较长的历史时期内,具有明确一致的意义。

4.2 相对指标

4.2.1 相对指标的概念和作用

1. 相对指标的概念

相对指标是指运用对比的方法,来反映某些相关事物之间数量关系程度的综合指标。相对指标是两个有相互联系的现象数量之比,用以反映现象的发展速度、强度、结构或数量联系程度,其结果表现为相对数,故也称为统计相对数。如我国2014年全年居民消费价格比上年上涨2.0%、全年国内生产总值比上年增长7.4%等,都是相对指标。

2. 相对指标的作用

(1) 相对指标可以具体说明社会经济现象之间的数量对比关系,为人们判断计划完成的好坏、认识事物的构成和发展变化、普及程度或密度以及进行空间比较分析提供了依据。社会经济现象是相互依存、相互制约的,仅用总量指标而不把有关指标联系起来,就难以把问题的实质和全貌反映出来。例如,计划完成的好坏、发展进度的快慢、比例关系的协调与否、结构是否合理等只有通过计算相对指标才能反映出来。

(2) 相对指标可以使一些不能直接对比的现象找到共同对比的基础。如不同规模的企业,其利税额有大有小,不宜直接进行比较,但通过计算利税率等相对指标,就可以进行比较了。所有相对指标成为它们共同比较的基础。这就为人们深入进行各种经济分析创造了条件。

(3) 相对指标是进行科学管理的重要依据。为了加强国民经济的宏观调控与监督,加强对企业的服务与监督,就需要研究经济结构,确定经济发展战略,考评地区及企业的经济效益等。这些问题必须从数量上进行测定与分析,而这些数量大都表现为相对数。可见,相对指标在对经济与社会发展实行科学管理方面发挥着重要的作用。

4.2.2 相对指标的表现形式

相对指标包括有名数和无名数两种表现形式。

1. 有名数

有名数是以计算强度相对指标的分子与分母指标数值的计量单位结合起来表示的。如人口密度用"人/平方千米"表示,人均国民生产总值用"元/人"表示。

2. 无名数

无名数是一种抽象化的数值,常以倍数、系数、成数、百分数、千分数等来表示。

(1) 倍数或系数。倍数或系数是将对比基数抽象为1而计算的相对数,当分子数值比分母数值大得多时,常用倍数表示。

(2) 成数。成数是将对比基数定为10而计算出来的相对数。如粮食产量增产一成,即增长十分之一。

(3) 百分数或千分数。百分数(%)是将对比基数定为100而计算出来的相对数,它是相对指标常用的一种表现形式。当对比的两个指标数值不太悬殊时适合用百分数。

例如,计划完成百分数、物价指数等。千分数是把对比的基数抽象化为1 000而计算出来的相对数,用符号"‰"表示,它适用于分子数值比分母数值小很多的条件下,如人口增长率、人口出生率等。

统计中还把两个以百分数表示的指标进行对比,差距相当于1%,称为一个百分点。例如,某企业商品销售率计划比去年提高15%,实际提高17%,实际比计划多提高两个百分点。

百分点不是相对指标。

千分数(‰)是将对比基数抽象为1 000而计算的相对数。一般在分子比分母数值小很多时用千分数表示。如2014年我国人口出生率为12.37‰,死亡率为7.16‰,自然增长率5.21‰。此外,还有万分数、十万分数等。

4.2.3 相对指标的计算方法

相对指标按照研究对象的性质、分析目的和对比标准的不同,可分为六种:计划完成程度相对指标、结构相对指标、比例相对指标、比较相对指标、强度相对指标和动态相对指标。

1. 计划完成程度相对指标

1) 计划完成程度相对数的概念

对社会经济进行管理,计划是一个重要手段,任何一种经济体制都不例外。为掌握计划完成的进度,检查计划完成程度,需要计算计划完成程度相对指标。

计划完成程度相对指标是将社会经济现象在一定时期内的实际完成数与计划任务数进行对比,用来检查、监督计划执行情况的相对指标,一般以百分数表示。其计算公式为:

$$计划完成程度相对指标 = \frac{实际完成数}{计划任务数} \times 100\% \tag{4-1}$$

计划完成程度相对指标的分子是实际完成数,分母是计划任务数,分子指标和分母指标在指标含义、计算方法、计量单位以及时间长度等方面应该完全一致。同时,分子、分母不允许互换。

2) 计划完成程度相对数的计算

在实际经济工作中,计划任务数既可以是绝对数,也可以是相对数或平均数,因此计划完成程度相对指标在计算形式上有所不同。

(1) 计划任务数为绝对数时,可直接用实际完成数和计划任务数对比求得计划完成程度相对指标。其计算公式为:

$$计划完成程度相对指标 = \frac{实际水平}{计划水平} \times 100\% \tag{4-2}$$

[例 4-1] 设某公司 2016 年商品销售额计划为 220 万元,实际完成 200 万元,则:

$$计划完成程度相对指标 = \frac{220}{200} \times 100\% = 110\%$$

(2) 计划任务数为平均数时,其计算公式为:

$$计划完成程度相对指标 = \frac{实际平均水平}{计划平均水平} \times 100\% \qquad (4-3)$$

[例 4-2] 设某钢铁企业某年每吨计划完成程度指标为 200 元,实际成本为 180 元,则成本计划完成程度:

$$成本计划完成程度相对指标 = \frac{180}{200} \times 100\% = 90\%$$

$$实际单位成本 - 计划单位成本 = 180 元 - 200 元 = -20(元)$$

计算结果表明:该企业单位成本实际比计划降低了 10%,平均每吨钢铁节约生产费用 20 元。

(3) 计划任务数为相对数时,即以本年计划数比上年实际数提高或降低多少的相对数表示,如劳动生产率提高率、成本降低率、原材料利用率降低率等。其计算公式为:

$$计划完成程度(\%) = \frac{1 \pm 实际提高(降低)百分数}{1 \pm 计划提高(降低)百分数} \times 100\% \qquad (4-4)$$

[例 4-3] 某企业劳动生产率计划规定 2016 年比 2015 年提高 5%,实际提高 8.5%,则:

$$劳动生产率计划完成程度相对指标 = \frac{1 + 8.5\%}{1 + 5\%} \times 100\% = 103.3\%$$

计算结果表明,该企业劳动生产率超额 3.3% 完成计划任务。

如果计划规定的任务是降低率,计算结果应该越小越好。

需要说明的是,在计划完成程度相对指标中,100% 是判断是否完成计划的数量界限。但是,计划完成程度相对指标同计划完成情况是不同的,计划完成程度相对指标是评价计划完成情况的标准和依据,计划完成程度相对指标是中性的,本身没有好坏之分。计划完成情况则相反,可以说完成了计划或没有完成计划。因此,利用计划完成程度相对指标进行评价时,要根据指标的性质和要求而定。对于数值越大越好的指标,如产值、产量、利润、劳动生产率等,计划完成程度要大于 100% 才算超额完成计划,超过 100% 的部分为超额完成计划的相对数;对于数值越小越好的指标,如原材料消耗量、单位产品平均成本、亏损额等,计划完成程度要小于 100% 才算超额完成计划,而超过 100% 的部分,则表示未完成计划的差距。

3) 短期计划进度执行情况检查

在计划执行过程中,要经常对计划进度进行检查,以了解进度的快慢,保证计划的实现。其计算公式为:

$$计划执行进度(\%) = \frac{计划期内截止到某阶段的累计实际完成数}{计划期总数} \times 100\% \qquad (4-5)$$

[例4-4] 某商业企业某年计划销售额320万元,到9月底累计销售额为260万元,则累计到第三季度为止销售额计划执行进度为:

$$累计到第三季度止计划执行进度(\%) = \frac{260}{320} \times 100\% = 81.25\%$$

计算结果表明,该企业某年第三季度已过,进度已完成计划任务81.25%,说明计划进度执行较快。

4) 长期计划的检查

长期计划的检查是指对国民经济5年或10年计划完成情况的考核,其中主要是对5年计划完成情况的考核。根据客观现象的性质不同,5年计划指标数值的规定有两种,一种规定计划期末应达到的水平,另一种规定全计划期应该完成的累计总数,因而有水平法和累计法两种不同的检查方法。

(1) 水平法。水平法是在5年计划中只规定最后一年应达到的水平,如产品产量、社会商品零售额、人口数等。用水平法检查5年计划执行情况的计算公式为:

$$计划完成程度相对指标 = \frac{5年计划末年实际达到的水平}{5年计划规定的末年水平} \times 100\% \tag{4-6}$$

计算提前完成时间的方法:在5年计划中,从前往后考察,只要有连续一年时间(可以跨年度)实际完成的水平达到了计划规定的末年水平,就算完成了5年计划,所剩余时间即为提前完成5年计划的时间。

[例4-5] 某煤炭公司"十二五"计划规定煤产量达到年产煤炭630万吨,计划的执行情况如表4-1所示。

表4-1　　　　　　　某煤炭公司计划执行情况表

时间	2011年	2012年	2013年 上半年	2013年 下半年	2014年 一季度	2014年 二季度	2014年 三季度	2014年 四季度	2015年 一季度	2015年 二季度	2015年 三季度	2015年 四季度
产量(万吨)	420	448	238	266	140	140	147	154	161	178	182	182
合计(万吨)						602						
合计(万吨)								640				
合计(万吨)											703	

该公司2015年共产煤炭703万吨(161+178+182+182),所以其计划完成程度计算如下:

$$计划完成程度相对数 = \frac{703}{630} \times 100\% = 11.59\%$$

计算结果表明该公司超额11.59%完成了计划。这类计划完成的时间是以整个计划期内连续一年(够12个月,可以跨年度)的实际完成数达到计划规定水平的时间为准,以后的时间即为提前完成计划的时间。如以 2014 年第三季度到 2015 年的第二季度这四个季度里,钢总产量已达 640 万吨,表明到此已超额完成了计划,这就意味着提前期超过了两个季度,那么是两个季度零多少天呢? 现假定多 x 天,则提前完成计划的时间为:2 个季度+x

$$\frac{x}{90} \times 140 + 147 + 154 + 161 + \frac{90-x}{90} \times 178 = 630$$

解得:$x = 23$(天)

(2) 累计法。累计法是在 5 年计划中规定 5 年累计完成量应达到的水平,如基本建设投资额、新增生产能力、新增固定资产等。用累计法检查 5 年计划执行情况的计算公式为:

$$\text{计划完成程度相对指标} = \frac{5 \text{ 年计划期间实际累计完成数}}{5 \text{ 年计划规定的累计数}} \times 100\% \quad (4\text{-}7)$$

计算提前完成计划时间的方法:在 5 年计划中,从期初往后连续考察,只要实际累计完成数达到计划规定的累计任务数,即为完成 5 年计划,所剩余时间为提前完成 5 年计划的时间。

[例 4-6]　某煤炭公司"十二五"计划规定煤产量达 2 400 万吨,计划的执行情况如表 4-2 所示。

表 4-2　　　　　　　　某煤炭公司计划执行情况表

时间	2011年	2012年	2013年 上半年	2013年 下半年	2014年 一季度	2014年 二季度	2014年 三季度	2014年 四季度	2015年 一季度	2015年 二季度	2015年 三季度	2015年 四季度
产量(万吨)	420	448	238	266	140	140	147	154	161	178	182	182
合计(万吨)	\multicolumn{12}{c}{2 474}
合计(万吨)	\multicolumn{12}{c}{2 656}

该公司"十二五"期间共产煤炭 2 656 万吨,其计划完成程度为:

$$\frac{2\ 656}{2\ 400} = 11.67\%$$

其提前完成时间为:1 个季度+x

$$x = (256 - 182) \div 182 \times 90 = 36.59 \approx 37(\text{天})$$

以上所述的方法有一个共同特点,即以计划期的实际完成数与计划任务数之比来检查本期计划执行的结果,说明本期计划的完成程度。对计划完成程度指标的评价要根据计划指标的性质而异。一般来说,若计划指标是以最低限额规定的,如产值、产量、商品销售额、劳动生产率等,一般以达到或超过 100% 为好。实际大于计划数表示超额完成计划,比值愈大,表明完成计划愈好。如果计划指标是以最高限额规定的,例如,商品流通费、原材料消耗、产品成本等,则以小于或等于100%为好。小于100%的部分即为超额完成,比值愈小,说明计划完成愈好。

可见,计划进度执行情况相对指标可以用来对整个计划期间计划执行的进度进行动态分析,预计计划完成的可能情况,考核与监督计划的执行情况及其均衡性。

计划完成相对指标在社会经济活动中有着广泛的应用,发挥着重要作用。计划完成相对指标可以准确地说明国民经济计划完成的程度,为正确评估工作成绩提供了依据,也是监督检查计划执行情况的重要方法和计划管理的重要依据。通过对计划完成相对指标的对比分析,可以反映国民经济计划执行过程中的薄弱环节,为采取措施进行补救和完善提供了依据;可以反映计划执行进度,及时发现问题,提出措施,改进工作。

2. 结构相对指标

结构相对指标是在总体分组的基础上,将总体的某部分数值与总体数值对比而计算的相对数,它可以反映总体的构成情况。其计算公式如下:

$$结构相对指标 = \frac{总体中某部分数值}{总体全部数值} \times 100\% \tag{4-8}$$

社会经济现象的总体一般都是由许多不同的部分构成,并且按照不同的分类标准,可分为不同的部分,各个部分又都具有不同的性质和特征。研究总体时,了解其各个组成部分在总体中所占的地位和所起的作用有着重要的意义,这就需要利用结构相对数。

结构相对指标,又称比重指标,一般用百分数或系数表示,各组比重总和等于100%或1。

[例4-7] 2014年我国全年国内生产总值636 463亿元,其中,第一产业增加值58 332亿元;第二产业增加值271 392亿元;第三产业增加值306 739亿元。第一产业增加值占国内生产总值的比重为9.2%,第二产业增加值所占比重为42.6%,第三产业增加值所占比重为48.2%。则各产业所占比重为:

$$第一产业增加值所占比重 = \frac{58\,332}{636\,463} = 9.2\%,$$

$$第二产业增加值所占比重 = \frac{271\,392}{636\,463} = 42.6\%,$$

$$第三产业增加值所占比重 = \frac{306\,739}{636\,463} = 48.2\%。$$

可见,第二产业增加值所占比重最大,达到42.6%,第三产业增加值所占比重仅次于第二产业增加值。由此可见,第三产业在近几年中发展很快,其在总体中所占地位在未来几年有望与第二产业持平。

结构相对指标的主要作用:

(1) 结构相对指标可以反映总体构成特征。例如,表4-3中的资料就表明了某地区的产业构成特征,该地区以工业经济为主导,农业经济还占有相当重要的地位,第三产业有一定发展,但还很不够。

(2) 不同时期结构相对指标的变化,可以反映事物由量变到质变的过程及其规律性。

表 4-3　　　　　　　　某地区国内生产总值构成统计表

按三次产业分组	各产业增加值所占比重
第一产业	9.2%
第二产业	42.6%
第三产业	48.2%
合　计	100.00%

(3) 结构相对指标可以说明事物总体的质量或工作的质量,反映人力、物力和财力的利用情况。

在社会经济统计中,仅反映总体中某一特定部分占全体比重的结构相对指标即比率,其应用也很广泛。比率可以用来说明事物的素质或者工作质量。例如,工厂中生产的合格品占全部产品的比重,可以说明企业生产的质量;出勤率可以反映企业的人力利用状况;中小学入学率可以反映我国教育事业的发展情况;消费基金占国民收入比重可以反映国民收入的分配状况等。

3. 比例相对指标

比例相对指标是反映同一总体中各组成部分之间数量对比关系和均衡状况的综合指标,其计算公式如下:

$$比例相对指标 = \frac{总体中某一部分数值}{总体中另一部分数值} \qquad (4-9)$$

比例相对指标一般用百分数或几比几的形式表示。

[例 4-8]　根据第五次全国人口普查的快速汇总结果,我国大陆 31 个省、自治区、直辖市和现役军人人口中,男性为 65 355 万人,占总人口的 51.63%;女性为 61 228 万人,占总人口的 48.31%;男女性别比为多少?

性别比为 106.74 : 100.00(65 355 : 61 228)=106.74%

利用比例相对指标对总体的比例关系进行研究,能帮助我们认识客观事物按比例发展的要求,判断比例关系正常与否。当现象总体内部的比例关系发生变化,并超过一定的数量界限时,总体的性质会发生变化。

需要说明的是,比例相对数也必须在统计分组的基础上才可以计算,在比例相对数的计算过程中,分子数值和分母数值可以互换。

在社会经济生活中,许多事物都是要求按比例发展的,若比例失调则会导致难以设想的后果。对比例关系进行深入研究,可以帮助我们认识事物发展状况,判断比例关系是否正常。比例相对数也可以反映总体的结构,它所反映的比例关系是总体中结构性的比例。它同结构相对数有着极密切的联系,其作用同结构相对数相同,两者只是对比方式不同,侧重点各异。

4. 比较相对指标

比较相对指标是反映同类现象在不同空间条件下数量对比关系的综合指标,用以

说明某一种现象同一时间在不同地区(或单位)发展的差异程度。其计算公式如下:

$$比较相对指标 = \frac{某条件下的某类指标数值}{另一条件下的同类指标数值} \qquad (4-10)$$

式中,分子与分母现象所属统计指标的含义、口径、计算方法和计量单位必须一致。

客观事物的发展是不平衡的,对事物在不同地区、不同单位之间即不同空间发展的差异程度进行研究,需要运用比较相对指标。

比例相对数,虽然也是两个同类指标进行对比,但它同比较相对数所反映的内容很不相同。比例相对数反映的比例关系,一般情况下有一个宏观标准,不符合这个标准,就会造成经济上的破坏与损失;而比较相对数,则只是反映客观事物的大小、多少以及达到某一标准的状况,不存在比例是否协调的问题。

比较相对数也可以用于平均水平和标准水平的对比,用于先进与落后的比较。在一般情况下,比较相对数的分子分母可以对换,以哪个指标作为比较的基础,可以根据研究的目标来确定,选择不同的出发点。

[例4-9] 某年某地区工业企业劳动生产率最高的是甲企业,最低的是乙企业,其指标数值分别为42 000元/人和16 000元/人。全地区工业企业劳动生产率平均为26 000元/人,问甲企业的劳动生产率如何。

甲企业的劳动生产率是全地区平均水平的1.62倍,是乙企业的2.63倍,这说明甲企业的劳动生产率指标远远高于乙企业和全地区平均水平。

比较相对指标一般可用百分数、倍数、系数表示。

比较相对指标在统计实践中有着广泛的应用。

计算比较相对指标时,作为比较基数的分母可取不同的对象。一般有以下两种情况:

(1) 比较标准是一般对象。如果把分子与分母概括为甲、乙两个国家、地区、部门或单位,这时既可以用甲比乙,也可以用乙比甲,即分子分母的数值可以互换。

(2) 比较标准(基数)典型化。例如,将本单位产品的质量、成本、单耗等各项技术经济指标都和国家规定的水平比较,和同行业的先进水平比较,和国外先进水平比较等,这时分子和分母的位置不能互换。

需要说明的是,比较相对指标可以用总量指标进行对比,也可以用相对指标或平均指标进行对比。但由于总量指标易受总体范围大小的影响,因而,计算比较相对指标时,更多地采用相对指标或平均指标。

计算比较相对指标要注意以下问题:

(1) 分子与分母要具有可比性,即性质相同、类型相同,并且对比指标的含义、范围、计算方法、计量单位、计算价格都应具有可比性。

(2) 计算比较相对指标,其分子与分母可以是绝对数、相对数或平均数;对比时,要视现象的性质和研究目的决定。但实际中多数采用相对数或平均数,因为绝对数易受总体范围大小的影响而不具有可比性。

5. 强度相对指标

强度相对指标是两个性质不同但有联系的总量指标之比,用来表明某一现象在另一现象中发展的强度、密度和普遍程度。其计算公式如下：

$$强度相对指标 = \frac{某一总量指标数值}{另一有联系而性质不同的总量指标数值} \qquad (4-11)$$

强度相对指标数值的表现形式可以是有名数，由分子与分母的单位组成复合单位。

强度相对指标的作用主要是：①反映一个国家或地区的经济实力。例如，2009年我国人均粮食产量为397.70千克/人，人均钢产量425.57千克/人。这些强度相对指标数值愈大，表明一个国家的经济实力愈强。②反映事物的密度和普遍程度。如人口密度是人口数与土地面积对比的强度相对指标，它反映了人口的密集程度。③反映企业经济效益的好坏。例如，计算资金利税率、流通费用率、商品适销率等强度相对指标，可以说明企业经济效益的高低。

强度相对指标的分子、分母有时可以互换，因而可以计算正指标和逆指标。正指标是指比值的大小与其反映的强度、密度和普及程度成正比；逆指标是指比值的大小与其反映的强度、密度和普及程度成反比。有些强度相对指标将其比较的分子、分母互换就可以使正指标变为逆指标，或者由逆指标变为正指标。其评价判别的意义相同。

强度相对指标反映的是依存性的比例关系，不是结构性的比例关系。强度相对指标和其他相对指标根本不同的特点在于它不是同类现象指标的对比，而是有联系的不同类社会经济现象的对比。这些不同类现象可以分别属于不同的总体，也可能是同一总体中的不同标志或指标。但是没有一定联系的两类现象的对比是没有意义的。计算强度相对指标必须从社会经济现象的本质方面去寻找它们之间的内在联系。在社会经济活动中，某一个指标可能与两个或两个以上的指标有联系，这时可以根据统计研究的任务来选择对比的指标。例如，人均国民收入、人均国民生产总值以及人均粮食产量等都是强度相对指标。

值得注意的是，有的强度相对指标的分子、分母不能互换。例如，人口出生率、死亡率等强度相对指标的分子、分母是不能互换的。另外，计算强度相对指标时，必须注意社会经济现象之间客观上要存在一定的经济或技术上的联系，这样，两个指标对比才会有现实意义。如人口数与土地面积相比，能够说明人口的密度；但若用钢材产量和土地面积相比，就没有意义了。

6. 动态相对指标

通常把作为较标准的时期称为基期，与基期对比的时期称为报告期，相比结果一般用百分数或倍数表示。动态相对指标是现象报告期水平与基期水平之比，用来反映现象在时间上的发展变化情况，又称为动态相对数或发展速度。其计算公式为：

$$动态相对指标 = \frac{报告期水平}{基期水平} \times 100\% \qquad (4-12)$$

动态相对指标在社会经济统计中得到了广泛的应用。在统计分析中，往往根据研究的目的，选择不同时间的资料作为对比的基础。为了研究某一现象一年中的发展程度，可选择上一年度的资料作为基期；为了消除季节变动的影响，可选择上一年的同期资料作为对比的基础;为了突出说明某一现象的发展程度,可选择历史上重要时间的资料以及历史最高水平的资料作为其对比基数。

[例 4-10] 某地区财政收入 2014 年为 8 577.06 亿元,2013 年为 7 203.18 亿元,其动态相对指标或称发展速度为:

$$动态相对指标 = \frac{8\ 577.06}{7\ 203.18} \times 100\% = 119.07\%$$

计算表明该地区财政收入动态相对数或发展速度为 119.07%,它表明该地区 2014 年财政收入比上年增长了 9.07%。

4.2.4 正确运用相对指标的原则

相对指标种类较多,各有自己的意义和作用,在计算和应用上也有一些不同的要求和特点,但从总体上说,计算和应用相对指标,要坚持以下三个方面的原则。

1. 可比性原则

相对指标是将相互联系的事物进行比较以反映事物之间的数量对比关系,因此,具有可比性是计算和运用相对指标的前提。其主要是指对比的分子和分母两个指标之间在经济内容、计算范围、计算方法和计量单位等方面要保持一致或相互适应的状态。例如,工业总产值是采用不变价格还是采用现行价格,在不同空间和时间的对比中要取得一致。如果不一致,就需要进行调整和换算。唯有如此,对比的结果才能符合统计分析研究的要求,才能正确地反映社会现象的本质。

当然,对于可比性要灵活地运用,不能机械地理解。只要两个指标比得合理、比得符合实际、比得符合研究目的,对比的结果能够确切地说明分析对象之间固有的联系,这样的对比就符合可比性原则。

2. 总量指标和相对指标结合运用的原则

总量指标能够反映事物发展的总规模和总水平,却不易看清事物差别的程度;相对指标是通过事物间的对比,用一个抽象化的比值来表明事物相互间的数量对比关系,把现象的具体规模或水平抽象化了而不能反映现象绝对量的差别。由于计算相对指标所依据的绝对数大小不一,就会出现不同的情况。为了全面分析问题,在运用相对指标时,必须与计算相对指标所依据的绝对水平指标联系起来,考察隐藏在相对指标背后的总量指标。

相对指标与总量指标结合运用的方法有两种:一是计算分子与分母的绝对差额;二是计算每增长 1% 的绝对值。因此,不能仅凭相对指标的大小判断事物,只有将相对指标与总量指标结合起来运用,才能对事物作出正确的判断与评价。

3. 多种相对指标综合运用的原则

一种相对指标只能说明一个方面的问题,在分析研究复杂现象时,应该将多种相对指标结合起来运用,这样才能把从不同侧面反映的情况结合起来观察分析,从而能较全面地说明客观事物的情况及其发展规律。例如,要研究一个工业企业的经营管理情况,除了要用计划完成相对指标来说明计划完成程度外,还要用动态指标来观察其发展变化的情况,用结构指标来分析企业内部结构是否合理,用比例相对指标来研究其内部比例关系是否合理。只有这样,才能较为全面地评价该工业企业的经营管理水平。

4.3 集中趋势描述

4.3.1 平均指标的概念和作用

1. 平均指标的概念

平均指标(静态平均数)是用来反映同质总体各单位某一数量标志在一定时间、地点和条件下所达到的一般水平的综合指标,又称为统计平均数。例如,平均工资、平均价格等都是平均指标。平均指标的特点是把同质总体内各单位在某一数量标志上的差异抽象化了,用一个数值来代表总体各单位某种数量标志值的一般水平。例如,假设某车间第一生产组的 10 名工人年龄分别为 18 岁、18 岁、21 岁、25 岁、28 岁、30 岁、31 岁、34 岁、38 岁、40 岁。要说明这 10 名职工年龄的一般水平,就不能用个别职工的年龄来代表,而应该以他们的平均年龄作为一般水平,即:(18+18+21+25+28+30+31+34+38+40)÷10=28.3(岁)。

这个平均值是在 10 名职工年龄基础上计算出来的,在计算过程中把职工之间年龄的差异抽象化了,结果得到了 10 名职工年龄的一般水平。

从以上的例子可以看出,平均数具有两个特点:第一,平均数是用一个代表性的数值来说明被研究总体某一数量标志的一般水平;第二,平均数把总体各个单位之间的数值差异抽象化,反映的是总体单位的综合特征。

2. 平均指标的特点

平均指标是总体分布的特征值之一,它反映了总体分布的集中趋势。平均指标具有两个特点:

(1) 它是对数量标志在总体单位之间数量差异的抽象化。

(2) 它说明总体综合数量特征的典型水平或者是一个代表值。

3. 平均指标的作用

平均指标在社会经济管理和科学研究的许多领域都有广泛应用,其主要作用可概括如下。

1) 反映现象集中趋势

客观现象总体中各单位数量标志的变化是有差异的,变量值从小至大形成一定的分布。通常,标志值很小或很大的单位都比较少,平均数周围的单位则占较大比重,因而平均数反映了标志值变动的集中趋势。例如,从平均工资就可以看出某单位职工的平均收入。

2) 比较现象时空差异

由于平均指标消除了总体单位的影响,反映现象的一般水平,故有利于比较现象在不同地区、不同时间上的发展变化情况和差异。例如,用工人劳动生产率指标可以比较、评价不同企业或同一企业在不同时期的生产发展情况。

3) 分析现象依存关系

在对现象总体进行分组分类的基础上,应用平均指标可以观察现象之间存在的相互联系、相互制约的关系。例如,对不同规模的企业按流转额分组,再计算各组企业的平均商品流通费率,就可以分析商品流转额的增减和流通费用率升降的依存关系。

4) 提供估计推断基础

由于平均指标代表总体各单位某种数量标志的一般水平,因而可以利用它推算总体的标志总量及相关的其他指标。例如,在抽样调查中,利用样本指标推断总体指标等。

4. 平均指标的种类

平均指标主要有以下两种分类。

1) 按照其反映的时间状况不同,可以分为静态平均数和动态平均数

静态平均数反映的是在同一时间范围内总体各单位某一数量标志的一般水平。动态平均数反映的是不同时期内,相同空间的总体某一统计指标的一般水平,也叫序时平均数。

2) 按照其计算方法不同,可以分为算术平均数、调和平均数、几何平均数、中位数和众数

算术平均数、调和平均数和几何平均数依据所有变量值计算而得,故又称为计算平均数;中位数和众数是依据变量值所处的位置确定,故又称为位置平均数。

4.3.2 平均指标的计算

取得集中趋势代表值的方法通常有两种:一是从总体各单位变量值中抽象出具有一般水平的量,这个量不是各个单位的具体变量值,但又要反映总体各单位的一般水平,这种平均数称为数值平均数。数值平均数有算术平均数、调和平均数、几何平均数等形式。二是先将总体各单位的变量值按一定顺序排列,然后取某一位置的变量值来反映总体各单位的一般水平,把这个特殊位置上的数值看作是平均数,称作位置平均数。位置平均数有众数、中位数、四分位数等形式。

1. 算术平均数

算术平均数是总体各单位某一数量标志值之和(总体标志总量)与总体单位数之比,反映总体各单位某种标志值的一般水平。其基本计算公式为:

$$算术平均数 = \frac{总体标志总量}{总体单位数} \tag{4-13}$$

算术平均数是统计中最常用的一种平均数。它之所以得到广泛的应用,主要是因为它的计算方法与许多社会经济现象中的个别现象与总体现象之间存在的客观数量关系相符合。它是指总体标志总量与总体单位总量的比值。

在以上公式中,要求各变量值必须是同质的,分子与分母必须属于同一总体,即公式的分子是分母具有的标志值,分母是分子的承担者。这也是平均指标和强度相对指标的区别所在。

[例 4-11] 某工业企业某月职工工资总额为 100 万元,职工总数为 800 人,则该企业职工月平均工资为 1 250 元。

必须指出,在利用基本公式计算算术平均数时,要特别注意子项(总体标志总量)与

母项（总体单位总量）在总体范围内的可比性。也就是说，二者必须是属于同一总体。

根据计算资料的不同，算术平均数分为简单算术平均数和加权算术平均数。

1) 简单算术平均数

当掌握的资料是总体各单位的标志值时，可先将各单位的标志值相加得出标志总量，然后再除以总体单位数，用这种方法计算的平均指标称为简单算术平均数。其计算公式为：

$$\bar{x} = \frac{x_1 + x_2 + \cdots + x_n}{n} = \frac{\sum x}{n} \quad (4-14)$$

式中，$\bar{x}$ 为算术平均数；x 为各单位标志值；n 为总体单位数；$\sum$ 为总和符号。

[**例 4-12**] 某企业的一个生产班组有 5 名工人，其日产量分别为 20 件、22 件、23 件、25 件、27 件。则这 5 名工人的人均日产量为：

$$\bar{x} = \frac{\sum x}{n} = \frac{20 + 22 + 23 + 25 + 27}{5} = 23.4 (元)$$

2) 加权算术平均数

当掌握的资料是编制成变量数列的资料时，这时计算平均指标应采用加权算术平均数。计算加权算术平均数时有两种情况：一是依据单项式变量数列计算；二是依据组距式变量数列计算。

如果根据分组的资料来计算平均数，必须采用加权算术平均数。即先将各组标志值乘以相应的各组单位数（次数）求得各组标志总量，并加总求得总体标志总量后再除以总体单位总量而求得算术平均数。其计算公式为：

$$\bar{x} = \frac{x_1 f_1 + x_2 f_2 + \cdots + x_n f_n}{f_1 + f_2 + \cdots + f_n} = \frac{\sum xf}{\sum f} \quad (4-15)$$

式中，f 为各组次数，其他符号同前。

[**例 4-13**] 某车间有 50 名工人，日生产某种零件如表 4-4 所示，试求平均每个工人日产零件数。

表 4-4　　　　　　　　　　日产零件加权平均数计算表

按日产量分组 x	各组人数（人）f	生产零件数（件）xf
15	5	75
16	15	240
17	18	306
18	10	180
19	2	38
合计	50	839

平均每个工人日产零件数：

$$\bar{x}=\frac{\sum xf}{\sum f}=\frac{15\times5+16\times15+17\times18+18\times10+19\times2}{5+15+18+10+2}\approx17(件)$$

表 4-5　　　　　　　　　日产零件加权平均数计算表

按日产量分组 x	各组人数(人) f	生产零件数(件) xf
15	14	375
16	30	192
17	3	85
18	2	90
19	1	57
合计	50	796

$$\bar{x}=\frac{\sum xf}{\sum f}=\frac{15\times14+16\times30+17\times3+18\times2+19\times1}{14+30+3+2+1}\approx16(件)$$

通过计算可以看出,加权算术平均数的大小不仅受各组标志值大小的影响,而且受各组次数多少的影响。次数多的标志值对平均数的影响大些,次数少的标志值对平均数的影响也小些。次数最多组的标志值接近平均数,如[例 4-13]表 4-4 中平均日产量约为 17 件,它最接近于权数最大组(18 人)的标志值(17 件),而表 4-5 中平均日产量约为 16 件,它最接近于权数最大组(30 人)的标志值(16 件)可见,各组标志值出现的次数多少对平均数起着权衡轻重的作用,所以,把次数 f 称为权数。因此,把以上平均数的计算形式称为加权算术平均数。

加权算术平均数的次数起着权衡轻重的作用,只有当各个标志值的次数不相等时,次数作为权数才起作用,如果各组次数完全相同(即 $f_1=f_2=\cdots=f_n$),次数作为权数,就不起作用了,这时加权算术平均数就等于简单算术平均数。即:

$$\bar{x}=\frac{\sum xf}{\sum f}=\frac{f\sum x}{nf}=\frac{\sum x}{n} \tag{4-16}$$

可见,简单算术平均数实际上是权数相等的加权算术平均数,是加权算术平均数的特例。

权数除用次数(频数)表示外,还可以用比重(频率)表示。因此,便有另一种加权算术平均数的形式,其公式如下:

$$\bar{x}=x_1\frac{f_1}{\sum f}+x_2\frac{f_2}{\sum f}+\cdots+x_n\frac{f_n}{\sum f}=\sum x\cdot\frac{f}{\sum f} \tag{4-17}$$

[例 4-14] 仍以表 4-4 所示资料为例,参照表 4-6 的内容,采用权重系数公式计算加权算术平均数。

表 4-6　　　　　　　　日产零件数及其平均数计算表

按每人日产零件分组(件) x	工人人数(人) 绝对数 f	比重 $f/\sum f$	$x \dfrac{f}{\sum f}$
15	5	0.10	1.50
16	15	0.30	4.80
17	18	0.36	6.12
18	10	0.20	3.60
19	2	0.04	0.76
合计	50	1.00	16.78

平均每个工人日产零件数：

$$\bar{x} = \sum x \cdot \frac{f}{\sum f} = 15 \times 0.10 + 16 \times 0.30 + 17 \times 0.36 + 18 \times 0.20 + 19 \times 0.04 \approx 17(件)$$

该计算结果和前面计算的加权算术平均数完全相同。这说明权数的权衡轻重作用，说到底是体现在各组单位数占总体单位数的比重的大小上。哪一组的单位数所占的比重大，哪一组标志值对平均数的影响就大。所以，用比重权数计算的加权算术平均数更明确地显示了权数的实质。

以上是根据单项数列资料计算的算术平均数。如果我们掌握的资料是组距数列，只要先计算出各组的组中值，以组中值为各组标志值，代入加权算术平均数公式即得算术平均数。

依据组距数列计算算术平均数的这种方法具有一定的假设性，即假定各组内部的标志值分布是均匀的。在此前提下，组距越小，计算得到的平均数越接近于实际的平均数，即近似程度取决于组距大小。

计算加权算术平均数会遇到权数的选择问题。对于分配数列，一般来说，次数就是权数，但对于用相对数或平均数计算加权算术平均数，则往往不一样。

2. 调和平均数

调和平均数是总体各单位标志值倒数的算术平均数的倒数，又称倒数平均数。根据所用资料是否分组，调和平均数也分为简单调和平均数与加权调和平均数两种。

1) 简单调和平均数

当我们直接掌握了总体各单位标志值 $x_1, x_2, \cdots, x_n$ 时，其调和平均数为：

$$\bar{x}_H = \frac{1}{\dfrac{\dfrac{1}{x_1} + \dfrac{1}{x_2} + \cdots + \dfrac{1}{x_n}}{n}} = \frac{n}{\dfrac{1}{x_1} + \dfrac{1}{x_2} + \cdots + \dfrac{1}{x_n}} = \frac{n}{\sum \dfrac{1}{x}} \quad (4-18)$$

式中，$\bar{x}_H$ 为调和平均数；n 为标志总量。

[例 4-15] 某种蔬菜价格早上为 2.0 元/千克、中午为 1.0 元/千克、晚上为 0.5 元/千克。现有两种购买方式：①早、中、晚各买 1 元；②早、中、晚各买 2 元、3 元、4 元。

分别求这两种购买方式的平均价格。

在该题中,先求早、中、晚购买的千克数:

早上:1/2.0=0.5(千克),中午:1÷1.0=1(千克),晚上:1÷0.5=2(千克)。

$$\bar{x}_H = \frac{1+1+1}{\frac{1}{2.0}+\frac{1}{1.0}+\frac{1}{0.5}} = \frac{n}{\sum\frac{1}{x}} = \frac{3}{3.5} = 0.86(元/千克)$$

2) 加权调和平均数

在[例4-15]中,先求早、中、晚购买的千克数:

早上:2÷2.0=1(千克),中午:3÷1.0=3(千克),晚上:4÷0.5=8(千克)。

$$\bar{x}_H = \frac{2+3+4}{\frac{2}{2.0}+\frac{3}{1.0}+\frac{4}{0.5}} = \frac{\sum m}{\sum \frac{m}{x}} = \frac{9}{12} = 0.75(元/千克)$$

简单调和平均数是在各变量值对平均数起同等作用的条件下应用的。如果权数不等,如[例4-15]②资料中早、中、晚不是各买1元,而是各买不同的金额,那么每种价格所起作用就不同了,这时就应计算加权调和平均数,其计算公式:

$$\bar{x}_H = \frac{1}{\frac{\frac{1}{x_1}\times m_1 + \frac{1}{x_2}\times m_2 + \cdots + \frac{1}{x_n}\times m_n}{m_1+m_2+\cdots+m_n}} = \frac{m_1+m_2+\cdots+m_n}{\frac{m_1}{x_1}+\frac{m_2}{x_2}+\cdots+\frac{m_n}{x_n}} = \frac{\sum m}{\sum\frac{m}{x}} \quad (4-19)$$

需要说明的是,调和平均数是各个算术平均数倒数的算术平均数的倒数,是在资料受到限制的条件下算术平均数的一种变形。从本质上说,算术平均数和调和平均数是一种类型的平均数,即:$\bar{x} = \frac{\sum xf}{\sum f} = \frac{\sum m}{\sum \frac{m}{x}} = \bar{x}_H$。

那么,如何判断在什么情况下可以采用算术平均数或调和平均数呢？关键在于以算术平均数的基本公式为依据（算术平均数 = $\frac{总体标志总量}{总体单位总数}$）进行判断。当我们"直接掌握"的是分母资料时,用算术平均数公式计算;当我们"直接掌握"的是分子资料时,用调和平均数公式计算。总之,根据所掌握的资料条件来决定计算公式种类。在已知每种价格x、销售量f时,用加权算术平均数求平均价格;在已知每种价格x、销售额m时,用加权调和平均数求平均价格。

以上所述,是本质意义上的调和平均数的计算过程和方法。如果使用相同的计算资料,它的计算结果与算术平均数比较接近。但是,由于其计算过程繁琐,在实践中很少被直接运用,一般是作为算术平均数的变形来使用。即根据变量数列各组标志总量和各组单位数求总体平均数,或根据各组计划完成程度和各组实际完成数求总体计划完成程度时,常用加权调和平均数的形式。不过,应当注意的是,其形态虽像调和平均数,但其实质仍是算术平均数。用加权调和平均数求平均价格,具体如表4-7所示。

表 4-7　　　　　　　　　　　加权调和平均数计算表

变量 x	次数 m	$\frac{1}{x} \times m$
x_1	m_1	$\frac{1}{x_1} \times m_1$
x_2	m_2	$\frac{1}{x_2} \times m_2$
$\vdots$	$\vdots$	$\vdots$
x_n	m_n	$\frac{1}{x_n} \times m_n$
合计	$\sum m$	$\sum \frac{m}{x}$

[例 4-16] 某工厂工人工资资料如表 4-8 所示。试据此资料计算工人平均工资。

表 4-8　　　　　　　某工厂工人工资情况及平均工资计算表

技术级别	月工资(元) x	工资总额(元) m	工人数(人) $\frac{m}{x}$
1	600	30 000	50
2	800	40 000	50
3	1 000	50 000	50
4	1 200	48 000	40
5	1 600	16 000	10
合计	—	184 000	200

工人平均工资数为：

$$平均工资 \bar{x}_H = \frac{工资总额}{工人总数} = \frac{\sum m}{\sum \frac{m}{x}} = \frac{30\,000 + 40\,000 + 50\,000 + 48\,000 + 16\,000}{\frac{30\,000}{50} + \frac{40\,000}{50} + \frac{50\,000}{50} + \frac{48\,000}{40} + \frac{16\,000}{10}}$$

$$= \frac{184\,000}{200} = 920(元)$$

在以上计算中，m 是各组标志总量(工资总额)，它就是各组标志值 x (工资水平)与各组次数 f (人数)的乘积 xf，即 $m = xf$。这时，m 已不是本来意义上的调和平均数权数，它是一个特定的权数。在这种情况下，加权调和平均数等于加权算术平均数，即：

$$\bar{x}_H = \frac{\sum m}{\sum \frac{m}{x}} = \frac{\sum xf}{\sum \frac{xf}{x}} = \frac{\sum xf}{\sum f} = \bar{x}$$

下面通过实例来说明加权算术平均数和加权调和平均数两种方法的应用。

由相对数计算平均数：以计划完成程度相对指标为例，当掌握的资料为实际完成数时，求平均计划完成程度，应采用加权调和平均数计算；当掌握的资料为计划数时，应以计划数作为权数，采用加权算术平均数计算。

3. 几何平均数

几何平均数是 n 个总体单位标志值连乘积的 n 次方根。它主要用于计算标志值的连乘积等于总比率或总速度的现象的平均比率或平均速度，其一般算式为：

$$\bar{x}_G = \sqrt[n]{x_1 \cdot x_2 \cdots x_n} = \sqrt[n]{\prod x} \tag{4-20}$$

式中，$\bar{x}_G$ 为几何平均数；x 为各项标志值；n 为标志值的项数；$\prod$ 为连乘符号。

根据计算资料的不同，几何平均数也有简单式和加权式两种。

1) 简单几何平均数

当我们掌握的资料是总体各单位的标志值时，直接将 n 个总体单位标志值连乘积起来开 n 次方，即得简单几何平均数。

[**例 4-17**] 某地区 2011—2014 年国内生产总值环比发展速度分别为 108.0%、107.5%、108.3%、109.3%、109.5%，则其平均发展速度为：

$$\bar{x}_G = \sqrt[n]{\prod x} = \sqrt[5]{108.0\% \times 107.5\% \times 108.3\% \times 109.3\% \times 109.5\%} = 108.52\%$$

2) 加权几何平均数

当用于计算几何平均数的各变量值次数不同时，我们将这些不同次方的变量值连乘起来，再开次数之和次方，即得加权几何平均数。

$$\bar{x}_G = \sqrt[f_1+f_2+\cdots+f]{x_1^{f_1} \cdot x_2^{f_2} \cdots x_n^{f_n}} = \sqrt[\sum f]{\prod x^f} \tag{4-21}$$

[**例 4-18**] 某银行对企业的一笔十年期的投资年利率是：第 1~3 年是 7%，第 4~6 年是 8%，第 7~9 年是 9%，第 10 年是 10%。计算 10 年的平均利率。

10 年的平均本利率为：

$$\bar{x}_G = \sqrt[\sum f]{\prod x^f} = \sqrt[3+3+3+1]{1.07^3 \times 1.08^3 \times 1.09^3 \times 1.1} = 1.082$$

10 年的平均利率为：$\bar{x}_G - 1 = 1.082 - 1 = 0.082$，即 8.2%。

4. 中位数

前面几种平均数在计算时要考虑每个原数据值，即每个原数据的大小都会对算术平均数、调和平均数和几何平均数的大小产生影响。但如果原始数据中有个别极大或极小值，就会使三种平均数出现不正常的偏大或偏小的情况，为避免个别极端值对平均数造成不合理的影响，统计分析中还经常用到中位数和众数这两种补充平均数。现在先介绍中位数。

1) 中位数的概念

将被研究总体的各单位的标志值按大小顺序排列，处于中间位置的那个标志值就是中位数，用符号 M_e 表示。中位数的概念表明，数列中有一半单位的标志值小于中位数，另一半单位的标志值大于中位数。它是位置平均数，同样不受数列中极端变量值的影响。在总体标志值差异很大的情况下，中位数具有较强的代表性。在许多场合，可用中位数来表示现象的一般水平。例如，人口年龄中位数，可表示人口总体年龄的一般水平;商场上某种商品价格的中位数,可代表该种商品的价格水平。

2) 中位数的特点和作用

中位数是一种位置平均数,它的大小取决于数列中间位置的那个标志值,不受其他标志值的影响,所以用它代表整个总体各单位标志值的平均水平,有其不足之处。但是如果数列两端出现极端值时,用中位数来表示该现象的一般水平,更有其代表性。例如在社会成员收入悬殊的国家,用其收入的中位数比平均数更能代表多数成员收入的一般水平。

各单位标志值与中位数离差的绝对值之和最小,即:

$$\sum |x - M_e| = Min \quad 或 \quad \sum |x - M_e| f = Min$$

3) 中位数的计算

确定中位数的方法根据使用资料的不同,主要有三种情况。

(1) 根据未分组资料确定中位数。根据未分组的资料确定中位数,首先把各单位的标志值按大小顺序排列;其次根据 $\frac{n+1}{2}$(n 代表变量值的项数)确定中点位置;最后确定中位数,当变量值的项数为奇数时,中点位置所对应的变量值即为中位数。当变量值的项数为偶数时,则中点位置的前、后两个变量值的简单算术平均数即为中位数。

[例 4-19] 某公司有 5 名员工的业绩分别为 10 万元、12 万元、14 万元、16 万元、18 万元,则:

因 $n=5$,为奇数,所以 $(5+1)÷2=3$ 处的变量值就是中位数,即:

$$M_e = 14$$

如果有 6 名员工的业绩分别为 10 万元、12 万元、14 万元、16 万元、18 万元、20 万元,则:

因 $n=6$ 为偶数,所以中位数的位置在 $(6+1)÷2=3.5$ 处,即:

$$M_e = \frac{14+16}{2} = 15$$

(2) 根据单项数列确定中位数。根据单项式分组资料确定中位数,首先计算各组的向上(或向下)累计次数;其次确定中位数,即累计次数达到 $\frac{\sum f}{2}$($\sum f$ 为总次数)的那一组即为中位数所在组,则该组的标志值即为所求中位数。首先计算各组的向上(或向下)累计次数,如表 4-9 所示。

表 4-9　　　　　　　　　某车间工人日产情况表

衬衣规格/cm	销售量/件	人数累计	
		向上累计	向下累计
80	60	60	1 180
85	90	150	1 120
90	140	290	1 030

103

(续表)

衬衣规格/cm	销售量/件	人数累计 向上累计	人数累计 向下累计
95	160	450	890
100	300	750	730
105	150	900	430
110	130	1 030	280
115	80	1 110	150
120	70	1 180	70
合计	1 180	—	—

[例 4-20] 某车间工人日产某种产品如表 4-19 所示,试计算工人日产量的中位数。

本例中点位置 $=\dfrac{\sum f}{2}=\dfrac{1\,180}{2}=590$,从累计次数中,找出包含 590 的最小整数,所以第五组的累计次数达到 750＞590,说明中位数在第五组,它所对应的变量值即中位数为 100 cm。

不论按向上累计方法还是按向下累计方法计算的中位数都是一样的,即中位数是唯一的。

(3) 由组距数列确定中位数。由组距数列确定中位数,首先找出中位数所在组,即累计次数达到 $\dfrac{\sum f}{2}$ 的那一组即为中位数所在组;然后再利用近似公式计算中位数的值。其计算公式如下:

下限公式:

$$M_e = L + \dfrac{\dfrac{\sum f}{2} - S_{m-1}}{f_m} \times d \tag{4-22}$$

上限公式:

$$M_e = U - \dfrac{\dfrac{\sum f}{2} - S_{m+1}}{f_m} \times d \tag{4-23}$$

式中,L、U 分别表示中位数所在组的下限、上限;f_m 为中位数所在组的次数;S_{m-1} 为中位数所在组以前各组的累计次数;S_{m+1} 为中位数所在组以后各组的累计次数;$\sum f$ 为总次数;D 为中位数所在组的组距。

在实际运用中,上、下限公式计算结果是一样的,无论选用哪一个均可。

[例 4-21] 根据表 4-10 的资料来确定中位数。

表 4-10　　　　　　　　农户年均收入中位数计算表

农户年均纯收入分组（元）	农户数	累计次数（向上累计）	累计次数（向下累计）
4 000 以下	18	18	100
4 000～5 000	22	40	82
5 000～7 000	40	80	60
7 000～10 000	16	96	20
10 000 以上	4	100	4
合　计	100	—	—

据表 4-10 中资料计算：中点位置 $=\dfrac{\sum f}{2}=\dfrac{100}{2}=50$，中位数在 5 000～7 000 元这一组。

按上限公式计算：

$$M_e = L + \dfrac{\dfrac{\sum f}{2} - S_{m-1}}{f_m} d = 5\ 000 + \dfrac{\dfrac{100}{2} - 40}{40} \times 2\ 000 = 5\ 500(元)$$

5. 众数

1）众数的概念

众数是总体中各单位出现次数最多的那个标志值，也就是该总体各单位中最普通、最常出现的标志值。用众数也可以表明社会经济现象的一般水平，众数一般用 M_0 表示。

在未分组资料和单项分组资料中计算众数比较简单，哪一个变量值出现次数最多，该变量值就是众数。在实际工作中，众数是应用较广泛的。例如，要说明消费者需要的服装、鞋帽等的普遍尺码，市场某种蔬菜的价格等，都可以通过市场调查、分析、了解哪一尺码的成交量最大，哪一种蔬菜价格的成交量最多，人们的这种一般需求，即为众数。

2）众数的特点和作用

（1）众数作为总体中出现次数最多的数值，能直观地说明总体各单位该标志值的集中趋势，故能说明该现象数量方面的一般水平。

（2）只有当总体单位数比较多，且标志值的分布具有明显的集中趋势时，众数的确定才有意义。如果标志值的分布呈均匀分布，该数列无众数。

（3）当某种社会经济现象不可能或无必要全面登记出各单位标志值及各标志值出现的次数，来计算算术平均数时，可用最普遍出现的标志值，即众数来代替其一般水平。

3）众数的确定

（1）根据单项式数列确定众数。在单数列中，众数就是出现次数最多的那个标志值。

[例 4-22] 若有 100 人进行射击,结果为:

| 射击成绩: | 6 环 | 7 环 | 8 环 | 9 环 | 10 环 |
| 射击人数: | 5 人 | 15 人 | 55 人 | 15 人 | 10 人 |

射击成绩为 8 环的人数 55 最多,所以 8 环就是众数。

(2) 根据组距数列确定众数。在组距数列条件下确定众数比较复杂。应先确定次数最多一组为众数所在组,然后由公式计算众数的近似值。其计算公式如下:

下限公式:

$$M_0 = L + \frac{\Delta_1}{\Delta_1 + \Delta_2} \times d \qquad (4-24)$$

上限公式:

$$M_0 = U - \frac{\Delta_2}{\Delta_1 + \Delta_2} \times d \qquad (4-25)$$

式中,M_0 为众数;L 为众数组下限;U 为众数组上限;Δ_1 为众数组次数与其前一组次数之差;Δ_2 为众数组次数与其后一组次数之差;d 为众数组组距。

[例 4-23] 某县农民家庭按人均纯收入额分组资料如表 4-11 所示,求众数。

表 4-11　　　　　　　　某县农民家庭人均纯收入情况表

按人均纯收入额分组(元)	农户数
1 000 以下	44
1 000～2 000	79
2 000～3 000	236
3 000～4 000	260
4 000～5 000	223
5 000 以上	158
合　计	1 000

表 4-11 表明,人均纯收入额 3 000～4 000 元组户数最多,故该组为众数组。其中,$L = 3\,000$,$U = 4\,000$,$d = 1\,000$,$\Delta_1 = 260 - 236 = 24$,$\Delta_2 = 260 - 223 = 37$。

按下限公式确定:

$$M_0 = 3\,000 + \frac{24}{24 + 37} \times 1\,000 = 3\,393.44(元)$$

按上限公式确定:

$$M_0 = 4\,000 - \frac{37}{24 + 37} \times 1\,000 = 3\,393.44(元)$$

即农民家庭人均收入众数为 3 393.44 元。

从计算结果可以看出,按下限公式或上限公式确定的结果是一致的。实际工作中选用其中一种方法计算即可。

众数是由标志值出现的次数多少确定的,不受极端值的影响。但计算众数有一定条件,即如果遇到所有标志值的频数都是一样的分配数列,则不存在众数。在单位数不多或无明显集中趋势的资料中,众数的确定是没有意义的。某些场合,不是一个标志值,而是两个标志值具有最大的频数,那就是两个众数,属于双众数分配数列。

4.3.3 众数、中位数和算术平均数的比较

1. 众数、中位数和算术平均数的关系

算术平均数、众数和中位数之间的关系与次数分布数列有关。在次数分布完全对称时,算术平均数、众数和中位数都是同一数值,如图 4-1 所示;在次数分布非对称时,算术平均数、众数和中位数不再是同一数值了,而具有相对固定的关系。在尾巴拖在右边的正偏态(或右偏态)分布中,众数最小,中位数适中,算术平均数最大,如图 4-2 所示;在尾巴拖在左边的负偏态(或左偏态)分布中,众数最大,中位数适中,算术平均数最小,如图 4-3 所示。

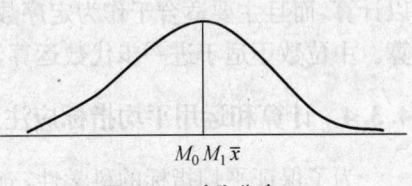

图 4-1 对称分布

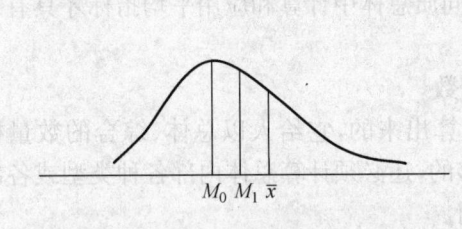

图 4-2 右偏(正偏)分布　　　图 4-3 左偏(负偏)分布

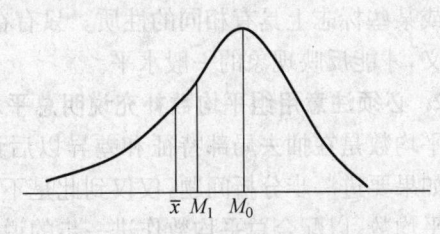

在统计实务中,可以利用算术平均数、中位数和众数的数量关系判断次数分布的特征。此外还可利用三者的关系进行相互之间的估算。根据经验,在分布偏斜程度不大的情况下,不论右偏或左偏,三者存在一定的比例关系,即众数与中位数的距离约为算术平均数与中位数的距离的 2 倍,用公式表示为:$M_e - M_0 = 2 \times (\bar{x} - M_e)$,由此可以得到三个推导公式:

$$\bar{x} = \frac{3M_e - M_0}{2}$$

$$M_e = \frac{M_0 + 2\bar{x}}{3}$$

$$M_0 = 3M_e - 2\bar{x}$$

[例 4-24] 某车间生产的一批零件中,直径大于 402 厘米的占一半,众数为 400 厘米,试估计其平均数,并判定其偏斜方向。

$$\bar{x} - 400 = 3(\bar{x} - 402) \quad \bar{x} = 403$$

∵ $\bar{X} > M_e > M_0$,∴ 分布为右偏。

2. 众数、中位数和算术平均数的应用

众数、中位数和算术平均数各自具有不同的特点,掌握它们之间的关系和各自的特点,有助于我们在实际应用中选择合理的测度值来描述数据的集中趋势。

众数是一种位置代表值,易理解,不受极端值的影响。任何类型的数据资料都可以计算,但主要适合于作为定类数据的集中趋势测度值;即使资料有开口组仍然能够使用众数。众数不适于进一步代数运算;有的资料众数根本不存在;当资料中包括多个众数时,很难对它进行比较和说明,其应用不如算术平均数广泛。

中位数也是一种位置代表值,不受极端值的影响;除了数值型数据,定序数据也可以计算,而且主要适合于作为定序数据的集中趋势测度值,而且开口组资料也不影响计算。中位数不适于进一步代数运算,应用不如算术平均数广泛。

4.3.4 计算和运用平均指标应注意的问题

为了保证平均指标的科学性,充分发挥平均指标作用,计算和应用平均指标时必须注意以下问题。

1. 必须注意所研究现象的同质性

同质性是计算平均指标的一个基本要求。这里的所谓同质性,是指总体各单位在某一或某些标志上具有相同的性质。只有在同质总体中计算和应用平均指标才具有现实意义,才能反映现象的一般水平。

2. 必须注意用组平均数补充说明总平均数

平均数是在抽去局部特征和差异以后计算出来的,它给人以总体、综合的数量概念。如果要进一步分析问题,仅仅到此是不够的,还必须计算总体内部各种类型或各部分的平均数,以配合总平均数作进一步的说明。

3. 必须注意应用分配数列补充说明总平均数

由于平均数把总体各单位的差异给掩盖了,无法反映总体各单位的分布状况。因此,可根据分析研究的需要编制分配数列,以补充说明平均数,以便多视角地观察问题。

4.4 离中趋势描述

如前所述,平均指标是统计总体中各单位某一数量标志值的一般水平,反映了总体各单位变量值分布的集中趋势,利用平均指标可以对同类现象在不同空间或时间条件下的数量表现进行对比,以反映现象的发展趋势或规律。但是,平均指标掩盖了总体各单位客观上存在的变异,要全面、正确地认识和反映总体特征,除了计算平均指标外,还必须计算反映差异情况或称离中趋势的指标。

4.4.1 标志变异指标的概念和作用

1. 标志变异指标的概念

标志变异指标是描述总体各单位标志值差别大小程度的指标,又称标志变动度、离

散程度或离中程度。它反映的是分配数列各标志值的变动范围或离散程度,因此又称为标志变动度指标。

平均指标在反映总体一般数量水平的同时,也掩盖了总体各单位标志值的数量差异。标志变异指标弥补了这个不足,它反映了总体各单位标志值的差异性,从另一方面说明总体的数量特征。平均指标说明总体各单位标志值的集中趋势,而标志变异指标则说明标志值的分散程度或离中趋势。

[例4-25] 某车间两个生产小组各工人日产量如下:
甲组:20,40,60,70,80,100,120
乙组:67,68,69,70,71,72,73

尽管两组平均日产量都是70,但从图4-4可以看出甲组离散程度大,乙组离散程度小。

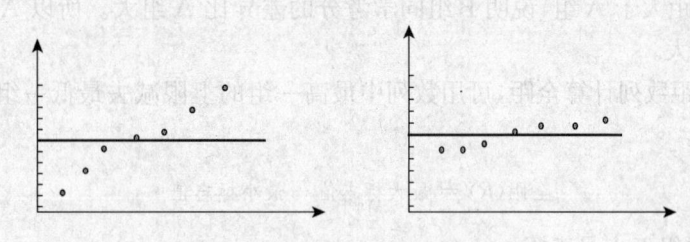

图4-4 甲、乙两组日产量的散点图

2. 标志变异指标的作用

(1) 标志变异指标可以衡量平均数代表性的大小。平均指标作为某一数量标志值的代表值,其代表性的大小与总体内各个标志值的分散程度有密切关系。平均指标的代表性与标志变异指标的关系是,总体的标志变异指标愈大,平均指标的代表性愈小;反之,标志变异指标愈小,平均指标的代表性愈大。

(2) 标志变异指标可用来研究现象的稳定性和均衡性。标志变异指标可以表明生产过程中的节奏性或其他经济活动过程的均衡性,说明经济管理工作的质量。一般说来,标志变异指标值越小,则说明客观现象活动过程越均衡,进行得越有节奏;标志变异指标值越大,则说明客观现象活动过程存在着陡起陡落的情况,需要加以调控。

(3) 标志变异指标是确定抽样数目和计算抽样误差的必要依据。标志变异指标还是进行相关分析和其他统计推断的一个不可缺少的环节。

4.4.2 标志变异指标的计算

反映标志变异程度的指标主要有全距、平均差、标准差、交替标志的标准差、变异系数等,下面我们将逐一介绍这些指标的计算方法。

1. 全距

全距又称极差,它是总体各单位变量值中最大值与最小值之差。其计算公式为:

$$R = x_{\max} - x_{\min} \qquad (4-26)$$

式中,R 为全距;$x_{\max}$ 为总体中最大的标志值;$x_{\min}$ 为总体中最小的标志值。

全距可以说明总体中标志值变动的范围,全距越大,说明总体中标志值变动的范围越大,从而说明总体各单位标志值差异越大;反之则小。

[例 4-26] 两组学生的统计学考试成绩(单位为分)如下:

A 组:68 72 78 84 88 90 $\bar{x}_A = 80$
B 组:60 76 80 83 85 96 $\bar{x}_B = 80$

$R_A = 90 - 68 = 22(分)$,$R_B = 96 - 60 = 36(分)$

A、B 两组学生的考试平均成绩均为 80 分,但 A 组的全距为 22 分,B 组的全距为 36 分。B 组全距大于 A 组,说明 B 组同学考分的差异比 A 组大。所以 A 组平均成绩 80 分代表性较大。

若根据组距数列计算全距,可用数列中最高一组的上限减去最低一组的下限求得全距的近似值。

$$全距(R) = 最大标志值 - 最小标志值$$

例如,有两组工人月工资:

甲组 300 元、320 元、400 元、450 元、520 元;
乙组 290 元、300 元、380 元、420 元、500 元。

全距甲＝520－300＝220(元)
全距乙＝500－290＝210(元)

由此可见:全距越小,反映变量值越集中,标志变异指标越小;相反,全距越大,反映变量值越分散,标志变异指标越大。

全距的优点是根据变量数列中的最大值和最小值计算,方法简便,意义清楚,容易被人理解。在实际工作中,全距被广泛应用于检查产品质量的均匀性和稳定性,在质量管理中运用它和平均数结合实行产品质量控制。

但是,全距指标只是总体中两个极端标志值的差异,不是根据全部标志值计算的,容易受极端值的影响。所以,这是一种比较粗糙的测定标志变动度的方法。

2. 平均差

平均差是各变量值与其算术平均数离差绝对值的算术平均数。用 $A.D$ 表示。

平均差越大,说明各标志值的差异越大,标志值分布越分散;平均差越小,说明各标志值的差异越小,标志值分布越集中。根据掌握的资料不同,平均差有简单算术平均法和加权算术平均法两种计算方法。

1) 简单算术平均法

如果掌握的是未分组的资料,则采用简单算术平均法。其计算公式为:

$$A.D = \frac{\sum |x - \bar{x}|}{n} \qquad (4-27)$$

式中，$A.D$ 为平均差。

[**例 4-27**] 用简单平均法求[例 4-26]资料中两组学生统计学原理考试成绩的平均差。计算过程如表 4-12 所示。

表 4-12　　　　　　　两组学生考试成绩平均差计算表

A 组			B 组		
分数 x	$x-\bar{x}$	$\lvert x-\bar{x} \rvert$	分数 x	$x-\bar{x}$	$\lvert x-\bar{x} \rvert$
68	−12	12	60	−20	20
72	−8	8	76	−4	4
78	−2	2	80	0	0
84	4	4	83	3	3
88	8	8	85	5	5
90	10	10	96	16	16
合计	—	44	合计	—	48

$$\bar{x}_A = 80(\text{分})\quad \bar{x}_B = 80(\text{分})$$

A 组：
$$A.D = \frac{\sum \lvert x-\bar{x} \rvert}{n} = \frac{44}{6} = 7.33(\text{分})$$

B 组：
$$A.D = \frac{\sum \lvert x-\bar{x} \rvert}{n} = \frac{48}{6} = 8(\text{分})$$

上述结果表明，A、B 两组学生的考试平均成绩均为 80 分，但是，B 组的平均差比 A 组的平均差大，说明 B 组学生考试成绩差异大于 A 组学生考试成绩差异，所以，A 组学生考试平均成绩代表性更大一些。

2）加权算术平均法

如果掌握的资料是分组数列，则应采用加权算术平均法。其计算公式为：

$$A.D = \frac{\sum \lvert x-\bar{x} \rvert f}{\sum f} \tag{4-28}$$

[**例 4-28**] 已知某车间工人日产量分组资料，如表 4-13 所示，试求该车间工人日产量的平均差。

$$\bar{x} = \frac{\sum xf}{\sum f} = \frac{8\,400}{200} = 42(\text{千克})$$

$$A.D = \frac{\sum \lvert x-\bar{x} \rvert f}{\sum f} = \frac{1\,320}{200} = 6.6(\text{千克})$$

计算结果表明，该车间 200 个工人日产量的平均差为 6.6 千克。

表 4-13　　　　　　　某车间工人日产量平均差计算表

日产量(千克)	工人数(人)f	组中值(千克)x	xf	$x-\bar{x}$	$\|x-\bar{x}\|$	$\|x-\bar{x}\|f$
20～30	10	25	250	−17	17	170
30～40	70	35	2 450	−7	7	490
40～50	90	45	4 050	＋3	3	270
50～60	30	55	1 650	＋13	13	390
合　计	200	—	8 400	—	40	1 320

平均差的意义明确，同全距相比，其计算的依据是总体所有变量值，具有普遍性，能够准确反映总体变异的状况。但是，由于平均差是用总体各单位变量值同总体算术平均数的离差的绝对值来计算的，很难进行更深入的数学计算，因而在实际应用上受到很大限制。

3. 标准差

标准差又称均方差，是总体各单位标志值与其算术平均数的离差平方和的算术平均数的平方根，通常记为σ，标准差的平方σ^2称为方差。标准差是测定标志变异程度的最主要指标。

根据掌握的资料不同，标准差有简单平均法和加权平均法两种计算方法。

1）简单平均法

如果掌握的是未分组的原始资料，在计算标准差时，采用简单平均法。其计算公式为：

$$\sigma = \sqrt{\frac{\sum(x-\bar{x})^2}{n}} \tag{4-29}$$

[例 4-29]　用简单平均法求[例 4-28]两组学生统计学原理考试成绩的标准差，计算过程如表 4-14 所示。

表 4-14　　　　　　　两组学生考试成绩平均差计算表

A 组			B 组		
分数 x	$x-\bar{x}$	$(x-\bar{x})^2$	分数 x	$x-\bar{x}$	$(x-\bar{x})^2$
68	−12	144	60	−20	400
72	−8	64	76	−4	16
78	−2	4	80	0	0
84	4	16	83	3	9
88	8	64	85	5	25
90	10	100	96	16	256
合计	—	392	合计	—	706

A 组：$\quad x_A = 80 \quad \sigma_A = \sqrt{\dfrac{\sum (x-\bar{x})^2}{n}} = \sqrt{\dfrac{392}{6}} = 8.92(\text{分})$

B 组：$\quad x_B = 80 \quad \sigma_B = \sqrt{\dfrac{\sum (x-\bar{x})^2}{n}} = \sqrt{\dfrac{706}{6}} = 10.84(\text{分})$

上述结果表明，A、B 两组学生的平均成绩均为 80 分，但是，B 组的平均差比 A 组的标准差大，说明 B 组学生成绩差异大于 A 组学生成绩差异，所以，A 组学生平均成绩代表性更大一些。

2）加权平均法

如果掌握的是分组资料，在计算标准差时，采用加权平均法。其计算公式为：

$$\sigma = \sqrt{\dfrac{\sum (x-\bar{x})^2 f}{\sum f}} \tag{4-30}$$

[例 4-30]　用加权平均法求[例 4-28]资料中的工人日产量的标准差，计算过程如表 4-15 所示。

表 4-15　　　　　　　某车间工人日产量平均差计算表

日产量 （千克）	工人数 （人）f	组中值 （千克）x	$x-\bar{x}$	$(x-\bar{x})^2$	$(x-\bar{x})^2 f$
20～30	10	25	−17	289	2 890
30～40	70	35	−7	49	3 430
40～50	90	45	+3	9	810
50～60	30	55	+13	169	5 070
合　计	200	—	—	—	12 200

$$\sigma = \sqrt{\dfrac{\sum (x-\bar{x})^2 f}{\sum f}} = \sqrt{\dfrac{12\,200}{200}} = 7.8(\text{千克})$$

计算结果表明，该车间 200 个工人日产量的标准差为 7.8 千克。

4. 交替标志的标准差

交替标志又称是非标志。总体中的所有单位，如按某一标志分组，其中一部分具有某种特征，而另一部分不具有该种特征，它们在总体中会交替出现则称此标志为交替标志。例如，将全部产品分为合格品与非合格品两组；将全部人口分为男性和女性两组等。

交替标志不是数量标志，而是品质标志，它的表现只有两种："是"与"非"，或"有"与"无"，要测定其平均数和标准差，须将标志表现性质上的差异转化为数量表现的差异。通常以 1 表示总体中具有某种性质的单位的标志值；以 0 表示总体中不具有该种性质的单位的标志值。例如，将"合格品"用标志值 1 表示，则"不合格品"的标志值为 0；将

113

"男"的标志值定为 1,则"女"的标志值就为 0。通过这种转化,即可计算交替标志的平均数和标准差。

设总体单位数位 N,具有某种特征的单位数为 N_1,不具有该种特征的单位数为 N_0,若再假设具有某种特征的单位数占总体单位数的比重为 $p\left(p=\dfrac{N_1}{N}\right)$,不具有该种特征的单位数占总体单位数的比重为 $q\left(q=\dfrac{N_0}{N}\right)$,则有:

$$N=N_1+N_0 \quad p+q=\dfrac{N_1}{N}+\dfrac{N_0}{N}=1$$
$$p=1-q \quad 或 \quad q=1-p$$

交替标志平均数和标准差的计算如表 4-16 所示。

表 4-16　　　　　　　　交替标志平均数和标准差的计算表

交替标志值 x	总体单位数比重 f	xf	$x-\bar{x}$	$(x-\bar{x})^2$	$(x-\bar{x})^2 f$
1	p	p	$1-p$	$(1-p)^2$	$(1-p)^2 p$
0	q	0	$0-p$	$(0-p)^2$	$(1-p)^2 q$
合　计	1	p	—	—	$(1-p)^2 p+(0-p)^2 q$

交替标志的算术平均数为:

$$\bar{x}=\dfrac{\sum xf}{\sum f}=\dfrac{1\times p+0\times q}{p+q}=\dfrac{p}{1}=p \tag{4-31}$$

交替标志的标准差为:

$$\sigma=\sqrt{\dfrac{\sum(x-\bar{x})^2 f}{\sum f}}=\sqrt{\dfrac{(1-p)^2 p+(0-p)^2 q}{p+q}} \tag{4-32}$$
$$=\sqrt{\dfrac{q^2 p+p^2 q}{1}}=\sqrt{pq(q+p)}=\sqrt{pq}=\sqrt{p(1-p)}$$

由上面的计算可见,交替标志的平均数就是具有某种特征的单位数所占的比重(也称成数)。交替标志的标准差就是具有某种标志的单位数所占的比重和不具有该种特征的单位数所占比重乘积的平方根。这两个特征值,在抽样分析中将会用到。

[例 4-31] 已知某产品的合格率为 98%,求其合格率的标准差。

标准差: $\sigma=\sqrt{p(1-p)}=\sqrt{0.98\times(1-0.98)}=14\%$

5. 变异系数

全距、平均差和标准差都有与平均指标相同的计量单位,都是反映总体各单位标志值变异程度的绝对指标,其数值的大小,不仅取决于标志值的变异程度,还要受到总体单位标志值本身水平高低的影响。为了对比分析不同水平的变量数列之间标志变异程度,就不宜直接采用全距、平均差和标准差,而必须消除平均水平高低的影响,才能真正反映出不同水平的变量数列的离散程度。变异系数就是现象总体的变异指标与其算术平均数之比,它反映总体各单位标志值之间平均相差的相对程度。统计分析中常用的变异系数有以下几种:

全距与总体平均数对比所得到的比值称为全距系数,其计算公式为:

$$V_R = \frac{R}{\overline{X}} \times 100\% \tag{4-33}$$

平均差与总体平均数对比所得到的比值称为平均差系数,其计算公式为:

$$V_{A.D} = \frac{A.D}{\overline{X}} \times 100\% \tag{4-34}$$

标准差与总体平均数对比所得到的比值称为标准差系数,其计算公式为:

$$V_\sigma = \frac{\sigma}{\overline{X}} \times 100\% \tag{4-35}$$

[例 4-32] 某学校男子体操队 5 名队员的体重分别为 55 千克、54 千克、52 千克、52 千克、51 千克;女子体操队 6 名队员的体重分别为 46 千克、45 千克、44 千克、44 千克、43 千克、42 千克。试比较哪个队的队员体重更均匀。

表 4-17　　　　　　　　　体重的标准差系数计算表

体操队	标准差 σ	标准差系数 $V_\sigma = \frac{\sigma}{\overline{x}} \times 100\%$
男队	1.47	2.78%
女队	1.29	2.93%

从标准差看,男队体重的标准差比女队的大,但男队的体重水平比女队高,所以不能直接根据标准差来判断哪个队队员的体重更均匀,必须以标准差系数来判断。根据标准差系数的计算结果,男队的标准差系数比女队的标准差系数更小,正确的结论应当是男队队员的体重比较均匀。

当我们比较两组数据的离散程度时,如两组平均数相等,可以直接比较标准差;如两组平均数不等,则需比较两组的离散系数。因为标准差的大小,不仅取决于总体的变异程度,而且还受变量值水平的影响。离散系数与平均数代表性的优劣呈反方向关系。离散系数大,说明变量值的差异程度大,平均数的代表性差;离散系数小,说明变量值的差异程度小,平均数的代表性强。

本章小结

本章阐述了总量指标、相对指标、平均指标和标志变异指标。

总量指标是用来反映社会经济现象在一定条件下的总规模、总水平或工作总量的统计指标。总量指标按其反映的内容不同,可分为总体单位总量和总体标志总量。总量指标按其反映总体的时间状态不同,可分为时期指标和时点指标。

相对指标是指运用对比的方法,来反映某些相关事物之间数量关系程度的综合指标。相对指标有计划完成程度相对指标、结构相对指标、比例相对指标、比较相对指标、强度相对指标和动态相对指标六种。

平均指标(静态平均数)是用来反映同质总体各单位某一数量标志在一定时间、地点和条件下所达到的一般水平的综合指标,又称为统计平均数。平均指标按照其反映的时间状况不同,可以分为静态平均数和动态平均数。平均指标按照其计算方法不同,可以分为算术平均数、调和平均数、几何平均数、中位数和众数。

标志变异指标是描述总体各单位标志值差别大小程度的指标,又称标志变动度、离散程度或离中程度。变异指标有全距、平均差、标准差和变异系数等,其中最常用的是标准差和标准差系数。

练习与实践

一、单项选择题

1. 统计指标反映的是(　　)。
   A. 总体现象的数量特征　　　　B. 总体现象的社会特征
   C. 个体现象的数量特征　　　　D. 个体现象的社会特征
2. 总量指标(　　)。
   A. 能从无限总体中计算出来
   B. 数值大小与总体的范围无关
   C. 与数学中的绝对数是一个概念
   D. 反映一定时间、地点、条件下某种经济现象的总规模或总水平
3. 质量指标的表现形式是(　　)。
   A. 绝对数　　　　　　　　　　B. 绝对数和相对数
   C. 绝对数和平均数　　　　　　D. 相对数和平均数
4. 总量指标按其反映的时间状况不同可分为(　　)。
   A. 预计指标和终期指标　　　　B. 时点指标和时期指标
   C. 基期指标和报告期指标　　　D. 先行指标和滞后指标
5. 统计指标体系是(　　)。
   A. 由若干个相互联系的统计指标组成的整体
   B. 由若干个相互矛盾的指标组成的整体
   C. 由若干个相互联系的数量指标组成的整体
   D. 由若干个相互限制的数量指标组成的整体
6. 总量指标按其反映的内容不同,可分为(　　)。
   A. 总体指标和个体指标
   B. 时期指标和时点指标
   C. 总体单位总量指标和总体标志总量指标

D. 总体单位总量指标和标志单位指标

7. 某企业计划规定单位产品成本降低2%,实际降低7%,则其单位成本降低计划完成程度为( )。
    A. 102.3% B. 94%
    C. 140%   D. 94.9%

8. 甲、乙两数列的平均数分别为100和14.5,它们的标准差分别为12.8和3.7,则( )。
    A. 甲数列平均数的代表性高于乙数列
    B. 乙数列平均数的代表性高于甲数列
    C. 两数列平均数的代表性相同
    D. 两数列平均数的代表性无法比较

9. 对于不同水平的总体,若比较其标志变动度,不能直接用标准差,而须分别计算各自的( )。
    A. 标准差系数 B. 平均差
    C. 极差   D. 均方差

10. 下列指标中,属于质量指标的是( )。
    A. 工资总额81.6亿元   B. 2004年全省总人1 716 808.75万人
    C. 期末库存量   D. 人均GDP

二、多项选择题

1. 下列指标中,属于总量指标的有( )。
    A. 工资总额   B. 钢材消耗量
    C. 商业网点密度 D. 年度国内生产总值
    E. 流动资产周转次数

2. 相对指标的计量单位有( )。
    A. 百分数   B. 千分数
    C. 系数或倍数 D. 成数
    E. 复名数

3. 下列指标中,属于总体标志总量指标的有( )。
    A. 企业数   B. 利润总额
    C. 产品销售收入 D. 固定资产原值
    E. 工资总额

4. 下列指标中,属于时点指标的有( )。
    A. 销售额   B. 设备台数
    C. 工业增加值率 D. 利税总额
    E. 库存

5. 下列指标中,属于总体单位总量指标的有( )。
    A. 2008年北京地区生产总值10 488亿元
    B. 2008年年末北京常住人口1 695万人

C. 2008年北京城镇居民人均可支配收入24 725元
D. 2008年北京实现社会消费品零售额4 589亿元
E. 2008年年末北京市共有卫生机构6 590个

6. 下列指标中,属于同一总体内部之比的相对指标有(   )。
   A. 2008年第一产业增加值占国内生产总值的比重为11.3%
   B. 2008年全国出生人口性别比为120∶56
   C. 2007年工业产品销售率98.14%
   D. 2005年国有及规模以上非国有工业企业全员劳动生产额104 680元/人年
   E. 我国2007年每万人口医院、卫生院床位数为26.3张

7. 统计指标的特点主要有(   )。
   A. 同质事物的大量性
   B. 事物的差异性
   C. 事物的大量性
   D. 同质事物的可量性
   E. 量的综合性

8. 标准差系数是(   )。
   A. 平均数和标准差的比值
   B. 可衡量平均指标不同的总体标志变动度的大小
   C. 标准差和平均数的比值
   D. 用相对数表现的标志变动度指标
   E. 离散系数

9. 下列指标中,属于质量指标的有(   )。
   A. 工资总额10 656.2亿元
   B. 职工平均工资9 464元
   C. 2000年我国国内生产总值89 403.6亿元
   D. 我国人口密度132人/平方千米
   E. 钢材利用率87.5%

10. 某城市人口数为20万人,零售商业机构600个,求该城市零售商业网密度,指出此概念的定义。则下列选项中正确的有(   )。
    A. 商业网密度正指标333人/个,逆指标3个/千人
    B. 商业网密度为比例相对指标
    C. 商业网密度为同一总体不同部分总量指数之比
    D. 商业网密度为强度相对指标
    E. 商业网密度正指标为3个/千人,逆指标为333人/个

三、判断题

1. 对于一个特定研究总体而言,总体单位总量和总体标志总量可以有若干个。
(   )

2. 平均指标是将一个总体内每个单位在某个标志上的差异抽象化,以反映总体一般

水平的综合指标。 ( )
3. 简单算术平均数与加权算术平均数计算上的区别在于变量值出现的次数即权数的不同。 ( )
4. 只掌握各组的标志值和各组的标志总量,则用调和平均数的方法计算平均指标。 ( )
5. 标准差愈大说明标志变动程度愈大,因而平均数代表性愈大。 ( )
6. 人数、吨、千米、米、台时、亿元为实物单位。 ( )
7. 两个指标的统计方式、统计时间、统计手段、计算价格以及计算方式等方面具有可比性,才能计算相对指标。 ( )
8. 平均指标就是数值平均数。 ( )
9. 数量指标一般用相对数的形式来表示。 ( )
10. 属于同一总体内部之比的相对指标有比较相对指标、结构相对指标、比例相对指标。 ( )

四、综合应用题

1. 某商场出售某种商品的价格和销售额资料如表4-18所示。

表4-18　　　　　　某商场某种商品的价格和销售额

等级	单价(元/千克)	销售额(万元)
一级	20	216
二级	16	115.2
三级	12	72

请根据资料回答:
(1) 计算该商品的平均销售价格应采用的平均数计算方法是( )。
　　A. 简单算术平均
　　B. 加权算术平均
　　C. 几何平均
　　D. 调和平均
(2) 三个等级商品的销售量分别为( )。
　　A. 一级10万千克　二级8万千克　三级6万千克
　　B. 一级10.8千克　二级7.2千克　三级6千克
　　C. 一级10.8万千克　二级7.2万千克　三级6万千克
　　D. 一级10千克　二级8千克　三级6千克
(3) 商品的平均销售价格为( )。
　　A. 16元/千克　　　　　　　　B. 16.8元/千克
　　C. 15元/千克　　　　　　　　D. 18元/千克

2. 某车间工人日产量如表4-19所示。

表 4-19　　　　　　　　　某车间工人日产量

日产量分组(件) x	工人数(人) f	总产量(件) xf	各组工人数所占比重
25	3		
26	4		
27	7		
28	6		
合计			

请回答：

(1) 若求工人的平均日产量，则采用的平均数计算方法为(　　)。

　　A. 加权算术平均　　　　　　　　B. 简单算术平均

　　C. 调和平均　　　　　　　　　　D. 几何平均

(2) 工人平均日产量是(　　)。

　　A. 26.8 件　B. 28 件　　　　C. 25.7 件　　　D. 27.8 件

(3) 各组工人数所占比重为(　　)。

　　A. 结构相对指标　　　　　　　　B. 15%　20%　35%　30%

　　C. 比例相对指标　　　　　　　　D. 结构相对数之和大于等于 100

　　E. 结构相对数之和等于 100%

3. 甲、乙企业工人月产量资料如表 4-20 所示。

表 4-20　　　　　　　　　甲、乙企业工人月产量

甲企业	按月产量分组(件)	工人数(人)	乙企业	按月产量分组(件)	工人数(人)
	40~50	50		40~50	10
	50~60	100		50~60	18
	60~70	120		60~70	54
	70~80	80		70~80	50
	80~90	60		80~90	60
	90~100	30		90~100	8
合计			合计		

请回答：

(1) 若比较两企业工人月平均产量，则采用的平均数计算方法为(　　)。

　　A. 简单算术平均　　　　　　　　B. 加权算术平均

　　C. 加权调和平均　　　　　　　　D. 简单调和平均

(2) 两企业工人平均月产量为(　　)。

　　A. 甲企业 72 件，乙企业 67 件　　B. 甲企业 67 件，乙企业 70 件

C. 甲企业 75 件,乙企业 85 件　　D. 甲企业 67 件,乙企业 72 件

(3) 两企业工人平均月产量标准差分别为(　　)。
　　A. $\sigma_甲=14.07$ 件 $\sigma_乙=11.24$ 件　　B. $\sigma_甲=12.24$ 件 $\sigma_乙=14.07$ 件
　　C. $\sigma_甲=11.24$ 件 $\sigma_乙=12.24$ 件　　D. $\sigma_甲=14.07$ 件 $\sigma_乙=12.24$ 件

(4) 两企业工人平均月产量标准差系数分别为(　　)。
　　A. $V_甲=20\%$ $V_乙=17\%$　　B. $V_甲=21\%$ $V_乙=17\%$
　　C. $V_甲=20\%$ $V_乙=21\%$　　D. $V_甲=21\%$ $V_乙=18\%$

(5) 对比两企业工人平均月产量代表性,则正确的选项有(　　)。
　　A. 甲大乙小　　B. 乙大甲小　　C. 无法判断　　D. 代表性相同

4. 某厂生产某种产品,上年实际单位成本 1 000 元,本年度计划规定单位成本降低 5%,而实际单位成本降低了 8%,同时,计划规定该厂本年劳动生产率比上年提高 10%,而实际提高了 15%。

请回答:
(1) 单位成本计划完成程度为(　　)。
　　A. 160%,超额 60% 完成计划　　B. 96.84%,没完成计划
　　C. 96.84%,超额 2.16% 完成计划　　D. 96.84%,超额 3.16% 完成计划

(2) 劳动生产率计划完成程度为(　　)。
　　A. 104.5%,超额 4.5% 完成计划　　B. 150%,超额 50% 完成计划
　　C. 94%,没完成计划　　D. 94%,超额 6% 完成计划

拓展实训

请上网查找你感兴趣的行业企业的经营情况,计算他们的平均营业收入和标准差,看看能得出什么结论?

第 5 章 时间数列分析

【学习目标】

1. 明确时间数列的概念、种类及其编制原则。
2. 掌握时间数列分析指标的含义和计算方法、各指标之间的关系。
3. 熟练掌握平均发展水平的含义、各种时间数列计算平均发展水平的方法。
4. 熟练掌握平均发展速度、平均增长速度的计算方法。

【重点掌握】

1. 时间数列的概念、构成要素及其种类。
2. 各种时间数列分析指标的计算和应用。
3. 长期趋势、季节变动的测定和分析。

5.1 时间数列分析概述

5.1.1 时间数列的概念和作用

将某种研究现象在不同时间上发展变化的一系列同类的统计指标数值按时间先后顺序排列起来就形成了一个时间数列,也叫动态数列。

表 5-1　　　　　　　　　我国若干国民经济指标时间数列

年　份	2006	2007	2008	2009	2010
GDP(亿元)	216 314.4	265 810.3	314 045.4	340 902.8	401 202.0

时间数列一般用表格的形式表现,它由两个基本要素构成:一是现象所属的时间;二是反映现象特征的各项指标数值。同时,它具有两个特点:一是反映现象的指标概念相对稳定;二是指标数值随时间的变化而不断变化。

时间数列对于现象发展动态分析具有十分重要的意义,其主要作用可概括为以下几个方面:

(1) 时间数列可以反映现象发展变化过程和历史情况。

(2) 利用时间数列计算动态分析指标,可以反映现象发展变化的方向、速度、趋势和规律。

(3) 利用时间数列对现象发展变化趋势与规律的分析,可以进行动态预测。

(4) 将多个时间数列纳入同一模型中研究,可以揭示现象之间相互联系的程度及动态演变关系。

5.1.2 时间数列的种类

按时间数列指标表现形式的不同,可以把时间数列分为总量指标时间数列、相对数时间数列和平均数时间数列三种,其中,总量指标时间数列是基本数列,相对数和平均数时间数列是在绝对数时间数列的基础上派生出来的,属于派生数列。

表 5-2　　　　　　　　　我国某省最近几年国民经济状况

年　份	2010	2011	2012	2013	2014
农业产值(亿元)	7 017	9 189	9 959	11 373	11 969
工业产值所占比重	46.3%	47.3%	46.1%	49.0%	49.3%
年末人口数(万人)	119 850	121 121	122 389	123 626	124 810
平均工资(元)	4 538	5 500	6 210	6 470	7 479

1. 总量指标时间数列

当时间数列中的各项指标都是总量指标时,称为总量指标时间数列(又称绝对数时间数列)。它可以反映现象总量的发展变化过程和趋势。由于总量指标有时期指标和时点指标之分,所以,总量指标时间数列又分为时期数列和时点数列两种。

1) 时期数列

当时间数列中的每项指标都是时期指标时,称为时期数列。时期数列中每一个指标数值都是反映现象在一段时期内发展过程的总量或绝对水平。

时期数列具有三个显著特点:

(1) 数列中各个指标数值是可以相加的。由于时期数列中每一个指标数值表示在一段时期内现象发展过程的总量,它们相加后的指标数值就表示现象在更长时期内发展的总量。

(2) 数列中各个指标数值的大小与其时期长短有直接的联系。每个指标所包括的时期长度,叫做时期。时期的长短主要根据研究的目的来决定,一般说,时期愈长,指标数值就愈大,反之就愈小。

(3) 数列中的每个指标数值通常是通过连续不断地登记取得的。

2) 时点数列

当时间数列中的每项指标都是时点指标时,称为时点指标时间数列。该数列中每项指标数值都反映现象在某一时点(瞬间)的规模或水平。

与时期数列比较而言,时点数列也有三个特点:

(1) 时点数列中的指标数值是通过间断性调查登记取得的。

(2) 时点数列中各指标数值的大小,与间隔长短没有直接关系。这里"间隔"是指相邻两个时点之间的时间长度。数据的大小受事物本身增减变化的影响,而不受时点间隔长短的影响。

(3) 时点数列中各项指标数据不能直接相加。由于时点数列的各项数据都是事物在某一时点上所达到的水平,几个指标相加后会有大量的重复计算,无法表明现象的实际规模和水平。所以,相加后的数据没有任何实际意义。

表 5-3　　　　　　　比较与分析——时期数列和时点数列

区别	数据取得的方法	数据与时间的关系	数据能否相加
时期数列	连续登记	成正比	可加
时点数列	间断登记	无直接关系	不可加

2. 相对数时间数列

相对数时间数列是将反映某种现象数量对比关系的一系列相对指标,按照时间的先后顺序排列所形成的时间数列。相对数时间数列可以反映现象之间相互联系关系变化的过程和规律。

相对数时间数列是由两个绝对数时间数列对比计算而产生的。如国内生产总值发展速度时间数列就是由报告期和基期的国内生产总值两个时期数值对比而派生的。

3. 平均数时间数列

平均数时间数列是将反映某种现象一般水平的一系列统计指标按时间先后顺序排列而形成的时间数列,用以反映事物一般水平的变化过程和发展趋势。

表 5-4　　　　　　　　　　某商场年平均销售额

年　份	2010	2011	2012	2013	2014
年平均销售额(万元)	584.6	1 310.4	1 577.4	1 670.1	1 741.0

5.1.3　时间数列的编制原则

编制时间数列的目的,是要对客观现象进行动态对比分析,以认识现象的发展变化过程和规律性。这就要求时间数列中各项指标要具有可比性,而要做到可比,编制时间数列必须遵循一定的原则,这些原则可以概括为以下四个方面。

1. 指标所属的时间长短保持一致

(1) 时期数列的指标数值具有可加性,因此,指标数值的大小与指标包含的时间长短有直接的关系。一般情况下,要求时期数列中指标所包含的时期长短前后应一致,以便进行对比分析。但是,在特殊研究目的下,也可以将时期不同的指标编制成动态数列。

(2) 对于时点数列,各指标数值间的时间间隔最好相等,这样便于分析对比,也便于进一步计算动态分析指标。但有时当资料难以取得,而间隔不等也基本满足需要时,也可编制间隔不等的时点数列。

2. 总体范围保持统一

时间数列中各个指标数值应反映同一总体内某一标志值的变化,使总体的空间范围前后一致,才能保证获取的资料具有可比性。如研究某地区人口发展情况,必须注意该地区的行政区划有无变动,因为这种变动会使人口数变动,这样资料的前后期就不可比,要进行适当调整,使得前后总体范围一致,才能对比。

3. 指标内容保持一致

时间数列中的指标,有时会出现名称相同,其经济内容或经济含义却不相同的情况,如果不注意,就会影响对问题的分析。例如,国有企业和民营企业的经济内容不完全相同。在编制有关的时间数列时,应注意不同时期指标数值所包含的经济内容应该相同,不能将同一数列中的各个指标值所包含的经济内容时分时合。

4. 计算方法保持一致

指标的计算方法也叫指标的计算口径。有的指标名称是一个,但其计算口径因研究目的不同有多个。例如,劳动生产率指标就有全员劳动生产率和工人劳动生产率。计算价格也有现行价格和不变价格。可见,一个动态数列中,各期指标的计算方法、计算价格和计量单位若不相同,其指标数值就不具有可比性。

5.2　时间数列水平指标分析

时间数列虽然描述了现象的发展过程和结果,但它不能直接反映现象各期的增减数量、变动速度和规律性,为揭示现象的这些方面,须运用一系列的动态分析指标。常用的指标有发展水平、平均发展水平、增长量、平均增长量、发展速度、平均发展速度、增长速度以及平均增长速度等几种。

编制时间数列是为了进一步对事物进行动态分析，这里的动态分析包括现象发展的水平分析和现象发展的速度分析。水平分析是速度分析的基础；速度分析是水平分析的深入和延续。

本节将重点介绍现象发展的水平指标，即发展水平、平均发展水平、增长水平、平均增长水平。

5.2.1 发展水平

1. 发展水平概述

发展水平就是动态数列中的每一项具体指标数值，又称发展量，反映事物的发展变化在一定时期内或时点上所达到的水平，用符号 a 表示。

发展水平可以表现为总量指标，如购买量、工资总额、耕地总面积、出勤总人数等等；也可以表现为相对指标，如工作任务计划完成程度；还可以表现为平均指标，如平均工资、平均人数、平均年龄等。

研究发展水平时，需要区分如下基本概念。

最初水平：在同一个时间数列第一项发展水平称为最初水平，用符号 a_0 表示。

最末水平：最后一项发展水平称为最末水平，用符号 a_n 表示。

中间水平：其余所有中间时间的发展水平称为中间水平，用符号 $a_1, a_2, \cdots, a_{n-1}$ 表示。

报告期水平：所研究时期的水平。

基期水平：作为对比标准的基础时期的水平。

[例5-1] 某企业1月份至7月份的销售产值资料如表5-5所示，请指出最初水平、最末水平、中间水平；若研究6月份的销售情况，以去年12月份的产值96万元作为对比标准，指出报告期水平和基期水平？

表5-5　　　　　　　　　某企业1~7月份的资料

月　份	1	2	3	4	5	6	7
销售产值(万元)	84	102	90	92	91	94	105

解：最初水平为84万元，最末水平为105万元，中间水平分别为102万元、90万元、92万元、91万元、94万元。

报告期水平为94万元，基期水平为96万元。

2. 平均发展水平

将数列中各期发展水平加以平均而得到的平均数叫平均发展水平，又称动态平均数或序时平均数。

平均发展水平可以根据总量指标时间数列计算，也可以根据相对指标时间数列和平均指标时间数列计算，这三种时间数列的计算方法是不相同的。由于总量指标是最基本的统计指标，相对指标和平均指标是在总量指标基础上派生出来的指标，所以计算总量指标时间数列的平均发展水平是最基本的分析方法。

1) 根据总量指标时间数列计算平均发展水平

总量指标可分为时期指标和时点指标,由于两种指标的性质不同,因此其平均发展水平的计算方法是不同的。

(1) 根据时期数列计算平均发展水平。由于时期数列中的时期指标可以相加汇总,加总的结果可以反映社会经济现象在较长一段时间内的发展变化的总量,因此时期数列的序时平均数可以用简单算术平均数的方法来计算,即用时期数列中的各项指标数值相加之和再除以相应的时期项数求得。用公式表示为:

$$\bar{a} = \frac{a_1 + a_2 + \cdots + a_n}{n} = \frac{\sum a}{n}$$

式中,$\bar{a}$ 表示平均发展水平;$a_1, a_2, \cdots, a_n$ 表示各时期的发展水平;n 表示时期指标的项数。

(2) 时点数列平均发展水平的计算。时点数列有连续时点数列和间断时点数列两种,而每一种又有间隔相等和间隔不等两种表现形式,计算时要区别对待。

$$时点数列\begin{cases}连续时点数列\begin{cases}间隔相等的连续时点数列\\间隔不等的连续时点数列\end{cases}\\间断时点数列\begin{cases}间隔相等的间断时点数列\\间隔不等的间断时点数列\end{cases}\end{cases}$$

由连续时点数列计算平均发展水平。

ⅰ 间隔相等的连续时点数列。时点数列的资料是逐日登记又逐日排列,用简单算术平均数计算,即时点指标之和除以时点项数。其计算公式为:

$$\bar{a} = \frac{a_1 + a_2 + \cdots + a_n}{n} = \frac{\sum a}{n}$$

式中,$\bar{a}$ 表示平均发展水平;$a_1, a_2, \cdots, a_n$ 表示各时点指标数值;n 表示天数。

[例 5-2] 某公司四月上旬每天的销量如下,试计算该企业四月上旬平均每天销量。

表 5-6   某公司四月上旬每天的销量统计表   单位:万元

日 期	1	2	3	4	5	6	7	8	9	10
职工人数	250	250	250	262	262	258	258	266	272	272

解:该企业日平均人数为:

$$\bar{a} = \frac{\sum a}{n} = \frac{250+250+250+262+262+258+258+266+272+272}{10} = 260(人)$$

ⅱ 间隔不等的连续时点数列。时点数列资料不是逐日变动,只是在发生变动时加以登记,就要用每次资料持续不变的时间长度为权数进行加权平均,其计算公式为:

$$\bar{a} = \frac{\sum af}{\sum f}$$

式中，f 为时间间隔。

[例 5-3] 根据表 5-7 资料计算序时平均数。

表 5-7　　　　　　　　　某城市工业产值

年份	2010	2011	2012	2013	2014
工业产值（亿元）	33	35	39	42	44

$$\bar{a} = \frac{\sum af}{\sum f} = \frac{33+35+39+42+44}{5} = 38.6（亿元）$$

由间断时点数列计算平均发展水平。

ⅰ 间隔相等的间断时点数列。假定指标值在两个时点之间的变动是均匀的，计算时分两个步骤，首先计算两个相邻时点指标的平均数值，然后再将这些平均数进行平均，求得整个时点数列的平均发展水平。其计算公式为：

$$\bar{a} = \frac{\frac{a_1+a_2}{2}+\frac{a_2+a_3}{2}+\cdots+\frac{a_{n-1}+a_n}{2}}{n-1}$$

$$= \frac{\frac{a_1}{2}+a_2+a_3+\cdots+a_{n-1}+\frac{a_n}{2}}{n-1}$$

由于公式中"首尾两项各半，项数减 1 去除"，故又称为"首末折半法"。

[例 5-4] 根据表 5-8 资料计算序时平均数。

表 5-8　　　　　　　　　某城市人口资料

时间	2013 年 1 月 1 日	2013 年 4 月 1 日	2013 年 7 月 1 日	2013 年 10 月 1 日	2014 年 1 月 1 日
人口数（万人）	52	50	52	54	56

$$\bar{a} = \frac{\sum af}{\sum f} = \frac{\frac{1}{2}\times 52+50+52+54+\frac{1}{2}\times 56}{5-1} = 52.5（万人）$$

ⅱ 间隔不等的间断时点数列。假定指标值在两个时点之间的变动是均匀的，先求出两个时点指标数值的平均数，然后以间隔时间为"权数"进行加权平均求得时点数列的平均发展水平。其计算公式为：

$$\bar{a} = \frac{\left(\frac{a_0+a_1}{2}\right)f_1 + \left(\frac{a_1+a_2}{2}\right)f_2 + \cdots + \left(\frac{a_{n-1}+a_n}{2}\right)f_n}{f_1 + f_2 + \cdots + f_n} = \frac{\sum_{i=1}^{n}\left(\frac{a_{i-1}+a_i}{2}\right)f_i}{\sum_{i=1}^{n}f_i}$$

式中,f 为时间间隔。上述公式通常称为"加权序时平均法"。

[例 5-5] 某公司 2013 年商品库存资料,如表 5-9 所示,试计算该公司的年均库存量。

表 5-9　　　　　　　　　某公司 2013 年商品库存资料

时间	1月初	3月初	7月初	10月初	12月末
库存量(件)	1 500	600	900	1 600	1 000

解：

$$\bar{a} = \frac{\sum_{i=1}^{n}\left(\frac{a_{i-1}+a_i}{2}\right)f_i}{\sum_{i=1}^{n}f_i}$$

$$= \frac{\left(\frac{1\,500+600}{2}\right)\times 2 + \left(\frac{600+900}{2}\right)\times 4 + \left(\frac{900+1\,600}{2}\right)\times 3 + \left(\frac{1\,600+1\,000}{2}\right)\times 3}{2+4+3+3}$$

$= 1\,062.5$(件)

即该公司的年均库存量 1 062.5 件。

2) 根据相对数时间数列或者平均数时间数列计算平均发展水平

相对数时间数列或者平均数时间数列是由两个相互联系的时间数列对比而求得的,因此计算序时平均数时,不能用各个指标数值直接相加除以项数来求得,而应先分别计算出构成时间数列分子和分母的两个总量指标数列的序时平均数,然后将这两个序时平均数相除求得序时平均数。

$$\bar{c} = \frac{\bar{a}}{\bar{b}}$$

式中,$\bar{c}$ 表示相对指标动态数列或平均指标动态数列的序时平均数,$\bar{a}$ 表示分子数列的序时平均数;$\bar{b}$ 表示分母数列的序时平均数。

计算时,应该先确定分子和分母是时期数列还是时点数列,然后按照相应公式计算。具体有三种情形：

(1) 分子和分母均为时期数列时,其计算公式为：

$$\bar{c} = \frac{\bar{a}}{\bar{b}} = \frac{\sum a}{n} \div \frac{\sum b}{n} = \frac{\sum a}{\sum b}$$

[例 5-6] 某钢铁企业产量计划及完成情况如表 5-10 所示,要求计算第一季度该企业产量计划平均完成程度。

表 5-10　　　　　　　　某钢铁企业产量计划及完成情况

时　间	一月	二月	三月
A 实际产量(万吨)	420	560	714
B 计划产量(万吨)	400	500	700
C 计划完成率	105%	112%	102%

解：

$$\bar{a} = \frac{\sum b}{\sum c} = \frac{420+560+714}{400+500+700} = 1.059 = 105.9\%$$

即该企业第一季度产量计划平均完成程度为 105.9%。

（2）分子和分母均为时点数列，其计算公式则有：

$$\bar{c} = \frac{\bar{a}}{\bar{b}} = \frac{\dfrac{\dfrac{a_1}{2}+a_2+\cdots+\dfrac{a_n}{2}}{n-1}}{\dfrac{\dfrac{b_1}{2}+b_2+\cdots+\dfrac{b_n}{2}}{n-1}} = \frac{\dfrac{a_1}{2}+a_2+\cdots+\dfrac{a_n}{2}}{\dfrac{b_1}{2}+b_2+\cdots+\dfrac{b_n}{2}}$$

[例 5-7]　某地区 2010 年至 2014 年服务业从业人员数如表 5-11 所示，求该地区 2010 年至 2014 年间服务业从业人员数占全部从业人员数的平均比重。

表 5-11　　　　　某地区 2010—2014 年服务业从业人数

年　份	2010	2011	2012	2013	2014
服务业从业人员数(百人)	15 456	16 851	17 901	18 375	18 679
全部从业人员数(百人)	67 199	67 947	68 850	69 600	69 957
服务业人员数所占比重	23.0%	24.8%	26.0%	26.4%	26.7%

解：

$$\bar{a} = \frac{\dfrac{a_1}{2}+a_2+\cdots+\dfrac{a_n}{2}}{\dfrac{b_1}{2}+b_2+\cdots+\dfrac{b_n}{2}} = \frac{\dfrac{15\ 456}{2}+16\ 851+17\ 901+18\ 375+\dfrac{18\ 679}{2}}{\dfrac{67\ 199}{2}+67\ 947+68\ 850\cdots69\ 600+\dfrac{69\ 957}{2}} = 25.53\%$$

即该地区 2010—2014 年间服务业从业人员平均比重为 25.53%。

（3）分子和分母是由一个时期数列和一个时点数列对比组成的时间数列时，应根据数列性质选用适当的方法，先分别计算出分子数列和分母数列的序时平均数，然后再将两个序时平均数对比以求得时间数列的序时平均数。

5.2.2　增长水平

1. 增长水平概述

增长水平又称增长量，是报告期发展水平与基期发展水平之差。其计算公式为：

增长量 = 报告期发展水平 — 基期发展水平

增长量指标可正可负。若报告期水平与基期水平之差为正数,则表明社会经济现象的发展呈增长(正增长)状态,若报告期水平与基期水平之差为负数,则表明社会经济现象的发展呈下降(负增长)状态。

根据基期的选择标准不同,增长量有逐期增长量和累计增长量两种。

(1) 逐期增长量是报告期水平与前一期水平之差,表明现象逐期增长的数量大小。

$$逐期增长量 = 报告期水平(a_n) - 前一期水平(a_{n-1})$$

$$逐期增长量:a_1 - a_0, a_2 - a_1, a_3 - a_2, \cdots, a_n - a_{n-1}$$

(2) 累计增长量是报告期水平与历史上某一固定基期的水平之差,表明现象经过较长一段时间发展的总增长数量。

$$累计增长量 = 报告期水平(a_n) - 固定基期水平(a_0)$$

$$累计增长量:a_1 - a_0, a_2 - a_0, a_3 - a_0, \cdots, a_n - a_0$$

时间数列中,逐期增长量与累计增长量之间的关系如下:

ⅰ 逐期增长量的和等于累计增长量。

$$\sum_{i=1}^{n}(a_i - a_{i-1}) = a_n - a_0$$

ⅱ 相邻两个累计增长量之差等于相应的逐期增长量。

$$a_n - a_0 - (a_{n-1} - a_0) = a_n - a_{n-1}$$

2. 平均增长水平

平均增长水平又称平均增长量,它是用来说明现象在一段时期内平均每期增加或减少的绝对数量,即逐期增长量的序时平均数。其计算公式为:

$$平均增长量 = \frac{逐期增长量之和}{逐期增长量项数} = \frac{累计增长量}{时间数列项数 - 1}$$

[例 5-8] 根据表 5-12 所示某商场销售总额的逐期增长量与累计增长量情况,计算销售额的平均增长量情况。

表 5-12　　　　　某商场销售总额的逐期增长量与累计增长量情况

年份		2010	2011	2012	2013	2014
销售额(万元)		7 250.3	8 245.7	9 704.8	12 462.1	16 164.7
增长量(万元)	累计	—	995.4	2 454.5	5 211.8	9 014.4
	逐期	—	995.4	1 459.1	2 757.3	3 802.6

$$平均增长量 = \frac{995.4 + 1459.1 + 2757.3 + 3820.6}{4} = 2253.1(万元)$$

5.3 时间数列速度指标分析

反映社会经济现象发展变化的速度指标有发展速度、增长速度、平均发展速度和平均增长速度。

5.3.1 发展速度

发展速度是现象在两个不同时期发展水平的比值,用以表明现象发展变化的相对程度。其基本计算公式为:

$$发展速度 = \frac{报告期水平}{基期水平} \times 100\%$$

显然,发展速度就是动态相对数,它通常用百分数表示。如果发展速度大于100%,表示现象处在上升状态;如果发展速度小于100%,表示现象处在下降状态;如果发展速度等于100%,表示现象没有发生变化;但是发展速度不会出现负值。

根据基期采用的不同标准,发展速度分为两种,即环比发展速度和定基发展速度。

(1) 环比发展速度是报告期水平与前一期水平之比,用以反映现象逐期发展的程度。用公式表示为:

$$环比发展速度 = \frac{a_n}{a_{n-1}}, 即 \frac{a_1}{a_0}, \frac{a_2}{a_1}, \frac{a_3}{a_2}, \cdots, \frac{a_n}{a_{n-1}} \quad n = 1, 2, 3, \cdots, n$$

式中,a_n 为报告期水平;a_{n-1} 为报告期前一期水平。

(2) 定基发展速度是报告期水平与某一固定时期水平(通常是最初水平)之比,用以反映现象在较长一段时期内总的发展程度,又称"总速度",用符号 R 表示。其计算公式为:

$$定基发展速度 R = \frac{a_n}{a_0}, 即 \frac{a_1}{a_0}, \frac{a_2}{a_0}, \frac{a_3}{a_0}, \cdots, \frac{a_n}{a_0} \quad n = 1, 2, 3, \cdots, n$$

式中,a_n 为报告期水平;a_0 为某一固定时期的水平。

定基发展速度与环比发展速度之间存在如下关系:

第一,环比发展速度的连乘积等于相应的定基发展速度(总速度)。

$$\frac{a_n}{a_0} = \frac{a_1}{a_0} \times \frac{a_2}{a_1} \times \frac{a_3}{a_2} \times \cdots \times \frac{a_n}{a_{n-1}}$$

第二,相邻两期定基发展速度之商(后一定基速度除以前一定基速度),等于相应时期的环比发展速度。

$$\frac{a_n}{a_{n-1}} = \frac{a_n}{a_0} \div \frac{a_{n-1}}{a_0}$$

根据以上的数量关系,可以对发展速度进行相互推算。

另外,在实际工作中,为了消除季节变动的影响,还常计算年距发展速度,用以说明本期发展水平与上年同期发展水平相比所达到的相对程度。计算公式如下:

$$年距发展速度 = \frac{本年本期发展水平}{去年同期发展水平}$$

5.3.2 增长速度

增长速度是报告期增长量与基期水平的比值,它反映社会经济现象报告期水平比基期水平的增长程度。其基本计算公式为:

$$增长速度 = \frac{增长量}{基期水平} \times 100\% = \frac{报告期水平 - 基期水平}{基期水平} \times 100\% = 发展速度 - 1$$

增长速度一般用百分数表示,当增长速度大于 0 时,表明现象的发展是增长的,当增长速度小于 0 时,表明现象的发展是下降(负增长)的。

根据基期采用的不同标准,增长速度可分为两种,即环比增长速度和定基增长速度。

(1) 环比增长速度是报告期逐期增长量与前一期发展水平之比,用以反映现象逐期增长的程度。用公式表示为:

$$环比增长速度 = \frac{逐期增长量}{前一期水平} \times 100\% = \frac{报告期水平 - 前一期水平}{前一期水平} \times 100\%$$
$$= 环比发展速度 - 1$$

环比增长速度 = 环比发展速度 - 1(或 100%)

(2) 定基增长速度是报告期累计增长量与固定基期水平之比,用以反映现象在较长一段时期内总的增长程度,其计算公式为:

$$定基增长速度 = \frac{累计增长量}{固定基期水平} \times 100\% = \frac{报告期水平 - 前一期水平}{前一期水平} \times 100\%$$
$$= 定基发展速度 - 1$$

定基增长速度 = 定基发展速度 - 1(或 100%)

表 5-13 　　　　　　　　　某地区历年财政收入情况

年　份		2009	2010	2011	2012	2013	2014
财政收入(万元)		3 175	3 529	3 661	4 496	4 992	5 799
发展速度	定基	100.0%	111.2%	115.3%	141.6%	157.2%	182.6%
	环比	—	111.2%	103.7%	128.8%	111.0%	116.2%
增长量(万元)	逐期	—	354	132	835	496	807
	累计	—	354	486	1 321	1 817	2 624
增长速度	定基	—	11.2%	15.3%	41.6%	57.2%	82.6%
	环比	—	11.2%	3.7%	28.8%	11.0%	16.2%

计算和应用增长速度时要注意两个问题：

第一，环比增长速度和定基增长速度之间没有直接的换算关系，如果两者之间要换算，需要通过发展速度进行换算。如把各期环比增长速度全部加1，变成环比发展速度，将所有环比发展速度连乘，得到定基发展速度，再将定基发展速度减去1，就得到了定基增长速度。

第二，当报告期水平和基期水平表明的是不同方向的数据时，不宜计算增长速度。如某公司基期利润为－2万元（亏损），报告期利润为＋6万元（盈利），若套用上述公式计算增长速度，则计算结果为：

$$增长速度 = [6-(-2)]/(-2) = -4(倍)$$

这显然与实际情况不相符，对这种情况一般只用文字表达，而不计算增长速度。

5.3.3 平均发展速度和平均增长速度

平均发展速度和平均增长速度统称为平均速度。

平均发展速度是各个时间环比发展速度的序时平均数，说明社会经济现象在较长一段时间内平均发展变化的程度。

平均增长速度是说明现象在较长一段时期中逐期平均增减变化的程度。平均增长速度不能由环比增长速度直接求出，而是根据平均发展速度和平均增长速度之间的关系来计算，即：

$$平均增长速度 = 平均发展速度 - 1(或100\%)$$

平均发展速度是根据环比发展速度时间数列计算的，但是平均增长速度不是直接根据环比增长速度时间数列计算的，而是在计算出平均发展速度之后，通过上述关系式换算得到的。因此，我们在这里着重介绍平均发展速度的计算方法。

由于我们考察事物发展变化的侧重点不同，计算平均发展速度的方法也不同。实际工作中，常用的方法有水平法（几何平均法）和累计法（方程法）。

平均速度指标在实际统计工作中应用很广泛，是一个十分重要的分析指标。例如，根据长期计划时期内总的发展速度来确定每年的平均速度是编制年度计划的重要依据之一；在分析长期计划执行过程中，将实际达到的平均速度与计划要求的平均速度进行对比，便可进一步分析提前或超额完成计划的保证程度，并可预测其最后一年和整个计划期内可能达到的发展水平。

1. 水平法

几何平均法又称水平法，其特点是：从最初水平 a_0 出发，每期按平均发展速度发展，经过 n 期后，达到最末水平 a_n。水平法计算平均发展速度的公式有三个：

$$(1) \bar{x} = \sqrt[n]{x_1 \cdot x_2 \cdot x_3 \cdots x_n} = \sqrt[n]{\prod x}$$

$$(2) \bar{x} = \sqrt[n]{\frac{a_n}{a_0}}$$

$$(3) \bar{x} = \sqrt[n]{R}$$

式中，$\bar{x}$ 为平均发展速度；$x_1, x_2, \cdots, x_n$ 为各期环比发展速度；n 为时期数；$\prod$ 为连乘符号；a_n 为最末水平；a_0 为最初水平；R 为观察期的总速度。

[例 5-9] 某商场销售额增加值 2008 年为 200 万元，2014 年为 320.64 万元，试计算其平均发展速度和平均增长速度。

解：
$$\bar{x} = \sqrt[n]{\frac{a_n}{a_0}} = \sqrt[5]{\frac{320.64}{200}} \approx 109.9\%$$

所以，该销售额增加值平均发展速度和平均增长速度分别为 109.9% 和 9.9%。

这里有必要指出，用几何平均法计算的平均发展速度只取决于 a_0 和 a_n 的大小，各个中间水平的变化、波动对其没有影响。所以，为提高平均发展速度的代表性，在计算时应注意 a_0 和 a_n 是否受特殊因素的影响，以及中间各期发展水平是否存在增减变化或阶段性波动。必要时，应以分阶段平均发展速度来补充说明总平均发展速度。

2. 累计法

累计法的理论依据是：以最初水平为基础，如果按照平均发展速度逐期发展，n 期以后，各期理论水平之和应等于各期实际水平之和。即：

$$a_0 \bar{x} + a_0 \bar{x}^2 + a_0 \bar{x}^3 + \cdots + a_0 \bar{x}^n = \sum_{i=1}^{n} a_i$$

$$\bar{x} + \bar{x}^2 + \bar{x}^3 + \cdots + \bar{x}^n - \frac{\sum_{i=1}^{n} a_i}{a_0} = 0$$

这个方程的正根就是我们要求的平均发展速度。由于其计算十分复杂，在实际工作中，通常运用《平均增长速度查对表》计算。

使用查对表的步骤是：首先计算出 $\dfrac{\sum_{i=1}^{n} a_i}{a_0}$ 的值；其次判断现象发展类型并在表中查得平均增长速度：即当 $\dfrac{\sum_{i=1}^{n} a_i}{a_0} > n$ 时，现象的发展为递增型，在表中递增部分"n"所在栏找出 $\dfrac{\sum_{i=1}^{n} a_i}{a_0}$ 的值，与这个值相对应的左边栏内的百分比，即为年平均增长速度，将其加 1 即得年平均发展速度。当 $\dfrac{\sum_{i=1}^{n} a_i}{a_0} < n$ 时，现象的发展为递减型，则在表中递减部分查找，方法同上。

在查表时，如果没有正好与 $\dfrac{\sum_{i=1}^{n} a_i}{a_0}$ 相同的值，则可找与之最接近的值，然后按比率推算所对应的平均增长速度。

[例 5-10] 依据表 5-14 中我国国内生产总值资料,用累计法计算平均每年发展速度。

表 5-14　　　　　　　　　我国国内生产总值增长情况统计表

年　份		2001	2002	2003	2004	2005	2006
国内生产总值(亿元)		109 655	120 333	135 823	159 878	182 321	209 407
增长量	逐期	—	10 678	15 490	24 055	22 443	27 086
	累计	—	10 678	26 168	50 223	72 666	99 752
增长速度	环比	—	9.74%	12.87%	17.71%	14.04%	14.86%
	定基	—	9.74%	23.86%	45.80%	66.27%	90.97%

解:第一步,计算各年发展水平总和与基期水平之比:

$$\frac{\sum_{i=1}^{n} a_i}{a_0} = \frac{120\,333 + 135\,823 + 159\,878 + 182\,321 + 209\,407}{109\,655} = \frac{807\,762}{109\,655} = 7.366\,4$$

第二,判断发展类型并查表:

$\frac{807\,762}{109\,655} = 7.366\,4 > n = 5$,故生产总值发展为递增型的。在累计法查对表递增部分五年总发展水平为基期水平的%栏内查得 732.3 和 753.5 与本例的 7.366 4 最接近,相对的平均增长速度为 13% 和 14%,按比例推算得平均每年增长速度为 13.2%。因此,平均每年发展速度为 113.2%。

5.3.4　增长 1% 的绝对值

增长速度指标虽然能够说明现象增长的程度,但却不能反映现象增长的实际效果。为更全面地对现象的发展实力进行分析,在比较现象的速度指标之外,还要分析现象增长 1% 的绝对值。

增长 1% 的绝对值是指逐期增长量与环比增长速度之比,说明增长 1% 而具体增加的绝对量。其公式如下:

$$\text{增长 1\% 的绝对值} = \frac{\text{逐期增长量}}{\text{环比增长速度} \times 100} = \frac{a_n - a_{n-1}}{\frac{a_n - a_{n-1}}{a_{n-1}} \times 100} = \frac{a_{n-1}}{100} = \frac{\text{前期水平}}{100}$$

以上发展速度和增长速度都是相对数,说明现象发展和增长的程度,它们把现象之间的差异抽象化了,在一定程度上掩盖了发展水平绝对量的差异。低水平基础上的增长速度与高水平基础上的增长速度是不可比的,例如,年产值为 10 万元的小企业,即使年增长速度达到 400%,其产值增加额还不及年产值为 1 000 万元企业增长 100% 的增加额。因此,在动态分析时,不仅要看各期增长的百分数,还要看每增长 1% 所包含的绝对值,这是一个由相对数和绝对数相结合运用的指标。

5.4 时间数列长期趋势分析

5.4.1 时间数列的因素分析

现象的发展变化是由许多错综复杂的因素共同作用的结果。有些是属于基本因素,它对于各个时期都起着普遍的、长期的、决定的作用,而且使各个时期的发展水平沿着一个方向向上或向下持续发展。另一些是偶然因素,往往表现为上下波动、时起时伏,其变化的规律性不明显。但从长远看,某些偶然因素的个别影响可以相互抵消。由此可见,时间数列所反映的现象的发展变化是各种不同变动倾向共同作用的结果。影响时间数列的各种因素通常可归纳为四种,即长期趋势(T)、季节变动(S)、循环变动(C)和不规则变动(I)。

1. 长期趋势

长期趋势变动是时间数列中最基本的规律性变动。长期趋势,是指现象在一个相当长的时期内,由于普遍的、持续的、决定性的基本因素作用而持续发展变化的总态势,如持续上升、下降和基本持平。长期趋势变动是由于现象受到各个时期普遍的、持续的、决定性的基本因素影响的结果。例如,我国改革开放以来经济持续增长表现为国内生产总值逐年增长的态势。

认识和掌握社会经济现象的长期趋势,使我们能够把握客观现象的基本特点和发展规律,可以预测现象的发展趋势。通过测定某个时间数列的长期趋势,可以了解客观现象的发展过程和发展前景,并且,只有在对长期趋势进行测定并加以消除的基础上,才可能准确地测定现象的循环波动或季节变动的基本特征。

2. 季节变动

社会经济现象受自然因素和社会因素的影响,在一年内随着时间变化而引起的比较有规律的周期性变化,称为季节变动。季节变动随着时间推移,年复一年,周而复始,不断重复出现。如四季气候变化及由此引起的农副产品收购、供应的淡季旺季变化,对春夏秋冬不同服装、食品的需求变化和价格变化,节假日、周末与平时的旅游、购物、娱乐的高低峰变化,都有明显的季节变动特征。

不同社会经济现象具有不同的季节变动周期:有的以一年为循环周期,以月或季为变动单位;也有的以一个月为循环周期,以日为变动单位;有些社会经济现象的变动甚至表现为以一天为循环周期,以小时为变动单位。

测定季节变动的方法很多,常用的方法有:同期平均法、趋势剔除法、图解法、环比法等。

3. 循环变动

循环变动,是指社会经济发展中的一种近乎规律性的盛衰交替变动。其成因比较复杂,周期一般在一年以上,长短不一。循环变动按引起的原因和周期长短不同又可分为四种类型。即长期循环变动,主要是受重大技术革命影响的结果,周期可长达50~60年;中长期循环变动,周期在20年左右,造成这种循环变动的物质基础是建筑业的周期性波动；中期循环变动，周期约为 8～10 年，其变动的物质基础是周期性的固定资产的大规模更新；短期循环变动，周期约为 2～4 年，其形成原因可能是固定资产更新和周期性的技术变革。

4. 不规则变动

不规则变动，是指除了上述各种变动以外，现象因临时的、偶然的因素而引起的随机变动，这种变动无规则可循，例如，地震、水灾、战争等所引起的变动。

时间数列的变动一般是以上四种构成因素或其中一部分因素而形成的。时间数列分析的任务之一就是对时间数列中的这几种构成因素进行统计测定和分析，从中划出各种因素的具体作用以揭示其变动的规律性和特征，为认识和预测事物的发展提供依据。

形成时间数列变动的四类构成因素，按照它们的影响方式不同，可以设定为不同的组合模型。其中最常用的有乘法模型和加法模型：

乘法模型：

$$Y = T \cdot S \cdot C \cdot I$$

加法模型：

$$Y = T + S + C + I$$

式中，Y 为时间数列的指标数值；T 为长期趋势成分；S 为季节变动成分；C 为循环变动成分；I 为不规则变动成分。

乘法模型是假定四个因素对现象发展的影响是相互的，以长期趋势成分的绝对量为基础，其余成分均以比率表示。加法模型是假定四个因素的影响是独立的，每个成分均以绝对量表示。

5.4.2 时间数列的分解模型

按四种因素对时间数列的影响方式不同，时间数列可分解为多种模型，如加法模型、乘法模型、混合模型等。其中最常用的是加法模型和乘法模型，以下对其做简要介绍。

1. 加法模型

假定四种变动因素相互独立，时间数列各时期发展水平是各个构成因素的总和。其数学模型为：

$$Y = T + S + C + I$$

2. 乘法模型

假定四种变动因素彼此间存在着交互作用，时间数列各时期发展水平是各个构成因素的乘积。其数学模型为：

$$Y = T \cdot S \cdot C \cdot I$$

在这两个模型中，T 代表长期趋势，S 代表季节变动，C 代表循环变动，I 代表不规则变动。需要说明的是，在加法模型中，各个因素都是绝对数，而在乘法模型中，除了长期趋势是绝对数外，其他因素都是以相对数或指数的形式出现的。通常认为在经济领域中，乘法模型的假定是比较接近现实的。

5.4.3 长期趋势的测定

长期趋势分析的任务,就是要反映现象发展变化的长期趋向,掌握现象变化的规律,将长期趋势从时间数列中分离出来,以便更好地测定和分析其余因素的变动。测定长期趋势的方法有很多,常见的有时距扩大法、移动平均法和最小平方法。

1. 时距扩大法

时距扩大法是测定长期趋势最简便的一种方法。它是将原来时距较短的时间数列,加工整理成时距较长的时间数列,以便消除现象因时距较短而受偶然因素影响所引起的不均匀波动。通过扩大时距,可以整理出能呈现事物变动总趋势的新的时间数列。

[例5-11] 某企业1982—2005年的钢铁产量如表5-15所示,试用时距扩大法反映钢铁产量的长期变化趋势。

表5-15　　　　某钢铁企业1982—2005年的钢铁产量表　　　　单位:万吨

年份	产量	年份	产量	年份	产量	年份	产量
1982	124	1988	126	1994	135	2000	142
1983	125	1989	128	1995	132	2001	140
1984	126	1990	130	1996	133	2002	143
1985	123	1991	127	1997	134	2003	144
1986	122	1992	132	1998	138	2004	146
1987	124	1993	133	1999	136	2005	148

从表5-15中可以看出,在24年间,该钢铁企业的产量发展并不均匀,中间有几次小的波动。如果我们把时距扩大为4年,则可整理成表5-16所示新的时间数列。

从表5-16可以看出,时距扩大为4年,把个别年份的偶然因素影响给消除掉了,形成了24年来钢铁产量持续上升的总趋势。表中的"总产量"是时距扩大后4年的总产量,这种表达只适用于时期数列,若对各个总产量再计算序时平均数,如表中的"平均年产量",同样可以观察到事物发展的总趋势,而这种表达既适用于时期数列,也适用于时点数列。

表5-16　　　某钢铁企业1982—2005年的钢铁产量表　　　单位:万吨

时　期	总产量	平均年产量
1982—1985	498	124.50
1986—1989	500	125.00
1990—1993	522	130.50
1994—1997	534	133.50
1998—2001	556	139.00
2002—2005	581	145.25

2. 移动平均法

移动平均法是对原有的时间数列,按照事先规定的时间间隔来扩大时距,采用逐项推移的方法,计算一系列的序时平均数,形成由序时平均数组成的新的时间数列。这种移动平均数形成的时间数列,消除了短期的偶然因素的影响,使长期趋势更加明显。

[例 5-12] 以表 5-15 中的资料 1994—2005 年钢铁产量为例,将时距扩大为 5 年,采用移动平均法来反映原数列的长期趋势(见表 5-17 中第 3 栏)。

表 5-17　　某钢铁企业 1994—2005 年钢铁产量及其移动平均计算表　　单位:万吨

年份(1)	钢铁产量(2)	五年移动平均(3)	四年移动平均(4)	四年移动平均后的二次移动平均(5)
1994	135	—		
1995	132	—	133.50	133.88
1996	133	134.4	134.25	134.75
1997	134	134.6	135.25	136.38
1998	138	136.6	137.50	138.25
1999	136	138.0	139.00	139.63
2000	142	139.8	140.25	141.25
2001	140	141.0	142.25	142.75
2002	143	143.0	143.25	144.25
2003	144	144.2	145.25	
2004	146			
2005	148			

从表 5-17 可以看出,该企业钢铁产量呈逐年增加的趋势。

应用移动平均法测定长期趋势时,应注意以下问题:

(1) 如果采用奇数项(3,5,7,9,…)移动平均,则计算的移动平均数都能对准正中间时期的位置上。

如果采用偶数项(2,4,6,8,…)移动平均,则计算的移动平均数放在两个时期的中间位置上,然后再采用二次移正平均的方法,以便将移动平均数对准中间位置,这样才能得出对准原时间数列各时期的趋势值。所以,偶数项的移动平均法需要经过两次平均的过程。

(2) 经过移动平均后的新派生数列的项数,比原时间数列的项数要少,可利用的信息也就少了,而且,移动的项数越多,新数列的项数就越少,丧失的信息就越多。然而,如果移动的项数太多,则不利于分析现象具体的发展趋势,而移动的项数过少,又可能使新数列出现起伏波动的情况,难以呈现出现象发展的长期趋势。因此,要根据资料的特点来确定移动的项数。

(3) 对于存在季节变动或循环变动的时间数列,为消除季节变动或循环变动的影响,应采用与一个循环相应的时间长度来进行移动平均。如存在季节变动的时间数列一般采用12月移动平均或4季移动平均。

(4) 时距扩大法和移动平均法的主要作用是把长期趋势以外的变动消除掉,以呈现出现象变动的长期趋势,但一般不能直接根据移动平均后的派生数列进行动态预测。

3. 最小平方法

要对现象变动的长期趋势进行动态预测,就必须建立与长期趋势相适应的数学模型。长期趋势模型有直线趋势模型和曲线趋势模型两种,这里只介绍直线趋势模型。

最常用的配合直线趋势模型的方法是最小平方法,又称最小二乘法。这种方法的数学依据是:$\sum(y-y_c)^2 = $ 最小值,即要求各个实际值与其相对应的趋势值的离差平方和为最小。根据数学分析中的极限原理,用偏微分方法可以得出求取参数所需的两个标准方程。

$$\begin{cases} \sum y = na + b\sum t \\ \sum ty = a\sum t + b\sum t^2 \end{cases}$$

解此组方程可得:

$$b = \frac{n\sum ty - \sum t \sum y}{n\sum t^2 - (\sum t)^2}, \quad a = \frac{\sum y}{n} - b\frac{\sum t}{n} = \bar{y} - b\bar{t}$$

[例 5-13] 某公司 2008 年至 2014 年销售额如表 5-18 所示,试用最小平方法配合直线趋势方程,并预测其 2015 年的销售额。

表 5-18　　　　　某公司 2008—2014 年销售额统计表

年　份	2008	2009	2010	2011	2012	2013	2014
销售额(万元)	12.4	13.8	15.7	17.6	19.0	20.8	22.7

解:先建立最小平方法计算表,如表 5-18 所示。

从上可知:$n=7$, $\sum t = 28$, $\sum t^2 = 140$, $\sum y = 122.0$, $\sum ty = 536.2$

将之代入方程组解之得:

$$b = \frac{n\sum ty - \sum t \sum y}{n\sum t^2 - (\sum t)^2} = \frac{7 \times 536.2 - 28 \times 122}{7 \times 140 - 28^2} = 1.72$$

$$a = \frac{\sum y}{n} - b\frac{\sum t}{n} = \bar{y} - b\bar{t} = \frac{122}{7} - 1.72 \times \frac{18}{7} = 10.55$$

于是得直线方程:

$$y_c = 10.55 + 1.72t$$

将时间序号 t 的值代入该方程得各年的趋势值 y_c,并列入表 5-18 的最后一栏。如要预测 2015 年的销售额,只需将 $t=8$ 代入趋势方程得:

$$y_c = 10.55 + 1.72 \times 8 = 24.31(万元)$$

表 5-19　　　　　　　　　　最小平方法计算表

年　份	序号 t	销售额 y	t^2	ty	y_c
2008	1	12.4	1	12.4	12.27
2009	2	13.8	4	27.6	13.99
2010	3	15.7	9	47.1	15.71
2011	4	17.6	16	70.4	17.43
2012	5	19.0	25	95.0	19.15
2013	6	20.8	36	124.8	20.87
2014	7	22.7	49	158.9	22.59
合计	28	122.0	140	536.2	122.01

[例 5-12]运用最小平方法时,对 t 的排序采用 1、2、3、…进行,时间原点设在 2008 年,但这样计算比较繁琐。为了简化,可将时间原点设在数列的中间项。

(1) 当数列为奇数项时,可取 $t = \cdots, -4, -3, -2, -1, 0, 1, 2, 3, 4, \cdots$
(2) 当数列为偶数项时,可取 $t = \cdots, -7, -5, -3, -1, 1, 3, 5, 7, \cdots$

这样通过正值和负值相抵消,可使 $\sum t = 0$,从而使标准方程组简化为:

$$\begin{cases} \sum y = na \\ \sum ty = b \sum t^2 \end{cases}$$

解得:

$$a = \frac{\sum y}{n}, \quad b = \frac{\sum ty}{\sum t^2}$$

这样大大简化了计算工作量。

5.5　时间数列季节变动分析

所谓季节变动不仅仅是指随一年中四季而变动,而是泛指按一定周期(年、季、月、周、日)重复出现的有规律的变动。季节变动的原因通常与自然条件有关,同时也可能是生产条件、节假日、风俗习惯等社会经济因素所致。季节变动常会给人们的社会经济生活带来某种影响,如会影响某些商品的生产、销售与库存等。

测定季节变动的意义主要在于认识规律,分析过去,预测未来。其目的是:
(1) 通过分析与测定过去的季节变动规律,为当前的决策提供依据。
(2) 为了对未来现象季节变动作出预测,以便提前作出合理的安排。

(3)当需要不包含季节变动因素的数据时,能够消除季节变动对数列的影响,以便更好地分析其他因素。

[例 5-14] 某公司各月商品销售额如表 5-20 所示,求该公司商品销售季节比率。

解:(1)计算各年的销售额合计和月平均销售额。如:

2011年合计＝160＋120＋40＋20＋12＋8＋16＋24＋40＋100＋420＋500＝1 460(万元)

2011年的平均数＝1 460÷12＝121.67(万元)

表 5-20　　　　　公司商品销售额季节比率计算表　　　　　单位:万元

月份 (甲)	2011 (1)	2012 (2)	2013 (3)	2014 (4)	4年合计(5)	同月平均(6)	季节比率(7)
1	160	300	480	560	1 500	375	164.0%
2	120	180	300	280	880	220	96.2%
3	40	80	120	160	400	100	43.7%
4	20	50	80	60	210	52.5	23.0%
5	12	20	40	24	96	24	10.5%
6	8	16	22	18	64	16	7.0%
7	16	24	64	74	78	44.5	19.5%
8	24	40	80	96	240	60	26.2%
9	40	70	140	166	416	104	45.5%
10	100	170	300	280	850	212.5	93.0%
11	420	680	820	940	2 860	715	312.7%
12	500	700	960	1 120	3 280	820	358.7%
合　计	1 460	2 330	3 406	3 778	1 0974	2 743.5	1 200.0%
月平均	121.7	194.2	283.8	314.8	914.5	228.6	100.0%

其他年份以此类推,计算结果见表 5-20 最后两行。

(2)计算所有年份同月份的合计数和月平均数。

如:1月份的合计数＝160＋300＋480＋560＝1 500(万元)。

则:1月份的平均数＝1 500÷4＝375(万元)。

其他月份平均数以此类推,计算结果见表 5-20 的第 5 栏和第 6 栏的各月数值。

(3)计算所有年份总合计数以及总的月平均数。

第一,计算所有年份的总合计数。

这可以通过各月合计的总和得到,也可以通过各年合计的总和得到,即:总合计数＝第 5 栏 12 个月的数值之和＝10 974(万元)。

或:总合计数＝1 460＋2 330＋3 406＋3 778＝10 974(万元)。

第二,计算总的月平均数。

这可以通过以下两种方法来计算,其计算结果应相等。

$$总的月平均数 = \frac{\sum 各月平均数}{12} = \frac{2\,743.5}{12} = 228.63(万元)$$

$$总的月平均数 = \frac{总合计数}{总月数} = \frac{10\,974}{48} = 228.63(万元)$$

第三,计算季节比率,即用同月的平均数与总的月平均数相对比。

如:1月份季节比率=375/228.63=164.02%。

其他月份的季节比率计算以此类推,计算结果见表5-20第7栏。

12个月的季节比率之和应为1 200%,四个季度的季节比率之和应等于400%,如果不等,即是计算过程中的四舍五入造成的,应计算调整系数并加以调整。调整系数的计算公式为:

$$调整系数 = \frac{1\,200(或400)\%}{\sum 各月(季)实际季节比率}$$

调整后的季节比率 = 各月(季)实际季节比率 × 调整系数

季节比率大于或小于100%,都说明存在季节变动。若大于100%的幅度比较大,则表示现象在该月(季)的发展处于高峰期或旺季,若小于100%的幅度比较大,则表示现象处于低谷期或淡季。等于100%说明不受季节变动因素的影响。

从表5-20中可以看出,羊毛衫的销售情况呈现出比较明显的季节波动。在一年当中,1月、2月、10月、11月、12月是销售旺季,12月份达到最高点,5月、6月、7月为销售淡季,销售状况疲软,6月份达到销售量最低点。

按月(季)平均法计算季节比率,简便易行,但这种方法没有考虑长期趋势的影响,因为计算过程中是将各年同月(季)的数值所起的作用同等看待了。实际上,在存在长期趋势的数列中,后期各月(季)的数值所起的作用要比前期同月(季)的作用大。因此,如果时间数列中存在明显的长期趋势影响,则按月(季)平均法计算的季节比率是不准确的,应先剔除长期趋势的影响后,再计算季节比率。

本章小结

时间数列是将某种研究现象在不同时间上发展变化的一系列同类的统计指标数值按时间先后顺序排列起来就形成的数列,也叫动态数列。时间数列一般用表格的形式表现,它由两个基本要素构成:一是现象所属的时间;二是反映现象特征的各项指标数值。

按时间数列指标表现形式的不同,可以把时间数列分为总量指标时间数列、相对数时间数列和平均数时间数列三种。

时间数列的编制原则:指标所属的时间长短应该保持一致、总体范围保持统一、内容保持一致和计算方法保持一致。

时间数列水平指标主要有发展水平、平均发展水平、增长量、平均增长量等;速度指标主要有发展速度、平均发展速度、增长速度、平均增长速度等。

时间数列所反映的现象的发展变化是各种不同变动倾向共同作用的结果。影响时间数列的各种因素通常可归纳为四种,即长期趋势、季节变动、循环变动和不规则变动。

练习与实践

一、单项选择题

1. 下列数列中,指标数值可以相加的是(　　)。
   A. 平均指标时间数列　　　　　　B. 相对指标时间数列
   C. 时期数列　　　　　　　　　　D. 时点数列
2. 在时间数列中,作为计算其他动态分析指标基础的是(　　)。
   A. 发展水平　　　　　　　　　　B. 平均发展水平
   C. 发展速度　　　　　　　　　　D. 平均发展速度
3. 已知最初水平与最末水平及时期数,要计算平均发展速度,应(　　)。
   A. 采用水平法　　　　　　　　　B. 采用累计法
   C. 两种方法都能采用　　　　　　D. 两种方法都不能采用
4. 环比发展速度与定基发展速度之间的关系是(　　)。
   A. 环比发展速度等于定基发展速度减1
   B. 定基发展速度等于环比发展速度之和
   C. 环比发展速度等于定基发展速度的平方根
   D. 环比发展速度的连乘积等于定基发展速度
5. 某企业的职工人数比上年增加5%,职工工资水平提高2%,则该企业职工工资总额比上年增长(　　)。
   A. 7%　　　　B. 7.1%　　　　C. 10%　　　　D. 11%
6. 以1980年为基期,2006年为报告期,若求平均发展速度须开方计算,应开几次方,下列选项中正确的是(　　)。
   A. 28　　　　B. 27　　　　　C. 26　　　　　D. 25

二、多项选择题

1. 下列数列中,属于时期数列的有(　　)。
   A. 全国四次人口普查数　　　　　B. 某省近5年钢铁产量
   C. 某市近5年企业数　　　　　　D. 某商场各季末商品库存量
   E. 某商场1990—2013年商品销售额
2. 已知各时期环比发展速度和时期数,就可计算(　　)。
   A. 平均发展速度　　　　　　　　B. 平均发展水平
   C. 定基发展速度　　　　　　　　D. 逐期增长量
   E. 累计增长量
3. 定基增长速度等于(　　)。

A. 累计增长量除以基期水平　　　　B. 环比增长速度的连乘积
C. 环比发展速度的连乘积减1　　　D. 定基发展速度减1
E. 逐期增长量分别除以基期水平

4. 时间数列的特征主要有(　　)。
   A. 长期趋势　　B. 季节变动　　C. 不规则变动　　D. 随机变动
   E. 循环变动

5. 编制时间数列应遵循的原则包括(　　)。
   A. 指标数值所属的总体范围应该一致
   B. 指标的经济含义应该相同
   C. 指标数值的计算方法应该一致
   D. 指标数值的计算价格和计量单位应该一致
   E. 指标数值所属的时期长短或时间间隔应该一致

6. 时点数列的特点主要有(　　)。
   A. 数列中每个指标数值不能相加
   B. 数列中每个指标数值可以相加
   C. 一般来说,数列中每个指标数值的大小与其间隔长短成正比
   D. 数列中每个指标数值是通过连续不断的登记而取得的
   E. 数列中每个指标数值是通过每隔一定时期登记一次取得的

7. 计算序时平均数的方法有(　　)。
   A. 简单算术平均法　　　　　　B. 加权算术平均法
   C. 简单序时平均法　　　　　　D. 加权序时平均法
   E. 调和算术平均法

8. 反映现象发展变化程度采用的指标有(　　)。
   A. 发展水平　　　　　　　　　B. 发展速度
   C. 增长速度　　　　　　　　　D. 平均发展速度
   E. 平均增长速度

三、判断题

1. 时间数列是一种特殊的数列,它不属于变量数列。　　　　　　　　(　　)
2. 在实际统计工作中,为消除长期趋势的影响,常计算年距增长量、年距发展速度和年距增长速度。　　　　　　　　　　　　　　　　　　　　　　(　　)
3. 发展水平是计算其他动态分析指标的基础,它只能用总量指标来表示。　　(　　)
4. 保证时间数列中各个指标数值具有可比性是编制时间数列应遵守的基本原则。
　　　　　　　　　　　　　　　　　　　　　　　　　　　　　　(　　)
5. 间隔相等的间断时点数列序时平均数的计算方法采用简单序时平均法。(　　)
6. 平均增长速度等于平均发展速度减1。　　　　　　　　　　　　　(　　)
7. 序时平均数与一般平均数是两个不同的概念,它们之间没有共同点。(　　)
8. 若将某市社会商品库存额按时间先后顺序排列,此种时间数序属于时期数列。
　　　　　　　　　　　　　　　　　　　　　　　　　　　　　　(　　)

9. 平均增长速度不能根据各个环比增长速度直接求得。（　　）

10. 时间数列中的指标数值可以是正数，也可以是负数。（　　）

四、综合应用题

1. 某企业 2011—2016 年期间工业增加值资料如表 5-21 所示。

表 5-21　　　　　某企业 2011—2016 年期间工业增加值　　　　　单位：万元

年份	2011	2012	2013	2014	2015	2016
工业增加值	200	220	231	240	252	262

请回答：

(1) 该企业 2011—2016 年期间工业增加值数列属于（　　）。

　　A. 总量指标时间数列　　　　　B. 相对指标时间数列

　　C. 时期数列　　　　　　　　　D. 时点数列

(2) 该企业 2011—2016 年期间工业增加值的年平均增长量为（　　）万元。

　　A. 10.33　　B. 12.40　　C. 42.00　　D. 62.00

(3) 该企业 2011—2016 年期间工业增加值的年平均增长速度为（　　）。

　　A. $\sqrt[3]{\dfrac{262}{200}}-1$　　B. $\sqrt[4]{\dfrac{262}{200}}-1$　　C. $\sqrt[5]{\dfrac{262}{200}}-1$　　D. $\sqrt[6]{\dfrac{262}{200}}-1$

(4) 该企业 2011—2016 年期间年平均工业增加值为（　　）万元。

　　A. 239.33　　B. 239.14　　C. 237.43　　D. 234.17

拓展实训

请登录中国统计网 http://www.itongji.cn/，查询近 10 年 GDP 的统计值，分析数据变化情况，并预测未来经济走势。

第 6 章 抽样与参数估计

【学习目标】

1. 理解抽样推断的概念及特点。
2. 理解抽样误差产生的原因。
3. 对抽样误差、抽样平均误差加以区别。
4. 重点掌握简单随机抽样的区间估计方法。

【重点掌握】

1. 抽样推断的概念及特点。
2. 简单随机抽样组织形式的区间估计。
3. 简单随机抽样单位数的确定方法。

6.1 抽样调查

6.1.1 抽样调查的概念

在统计学中,抽样调查是一种十分重要的统计研究方法。抽样调查的概念可以有广义和狭义两种理解。按照广义的理解,凡是抽取一部分单位进行观察,并根据观察结果来推断全体的都是抽样调查,其中又可分为非随机抽样和随机抽样两种。非随机抽样就是由调查者根据自己的认识和判断,选取若干个有代表性的单位,根据这些单位进行观察的结果来推断全体,如民意测验等。随机抽样则是根据大数定律的要求,在抽取调查单位时,应保证总体中各个单位都有同样的机会被抽中。一般所讲的抽样调查,大多数是指这种随机抽样而言,即狭义的抽样调查。所以,严格意义上的抽样调查就是:按照随机原则从总体中抽取一部分单位进行观察,并运用数理统计的原理,以被抽取的那部分单位的数量特征为代表,对总体作出数量上的推断分析。

例如,从一定面积大小的小麦中随机抽取若干地块进行实割实测,计算出平均亩产量,以此来推断全部面积的小麦产量,并且还可以利用产量乘以全部面积推算出全部面积的小麦总产量。对一批产品进行质量检测时从全部产品中随机抽取部分产品进行检测计算合格率,以此来推断全部产品的合格率。

所以,所谓抽样推断是指在抽样调查的基础上利用样本的实际资料计算样本指标并据以推算总体相应数量特征的一种统计分析方法。

6.1.2 抽样调查的特点、应用范围

1. 抽样调查的特点

1) 抽样调查能节省人力、物力和时间,而且比较灵活

由于调查单位少,有时可以增加调查内容。因此,有的国家在人口普查的同时也进行人口抽样调查,一般项目通过普查取得资料,另一些项目则通过抽样调查取得资料。这样既可以节省调查费用和时间,又丰富了调查内容。

2) 有些情况下,抽样调查的结果比全面调查要准确

统计数字与客观实际数量之间是会有差别的,这种差别通常称为误差。统计误差有两种:一是登记误差,也叫调查误差或工作误差,是指在调查登记、汇总计算过程中发生的误差,这种误差应该设法避免的;二是代表性误差,这是指用部分单位的统计数字为代表,去推算总体的全面数字时所产生的误差,这种误差一定会发生,是不可避免的。

全面调查只有登记误差而没有代表性误差,而抽样调查则两种误差全有。因此,人们往往认为抽样调查不如全面调查准确,但忽略了两种误差的大小。全面调查的调查单位多,涉及面广,参加调查汇总的人员也多,水平不齐,因而发生登记误差的可能性就大。抽样调查的调查单位少,参加调查汇总的人员也少,可以进行严格的培训,因而发

生登记误差的可能性就少。在这种情况下,抽样调查的结果会比全面调查的结果更为准确。

3) 抽选部分单位时要遵循随机原则

所谓抽样的随机原则是指总体中每个单位被选中的可能性相同。它排除了人的主观因素的影响,既不受调查者主观愿望的影响,也不受被调查者合作态度的干扰,哪个单位被抽中或未被抽中纯属偶然。这就使样本结构和总体结构相当类似,因此用这样的样本作为被估计总体的代表,其抽样误差也就很小。而且,抽样条件下事先可以掌握各种样本出现可能性大小,掌握样本指标数值的分布情况,可以计算样本指标的平均误差,从而抽样误差的范围可以估计。而计算抽样误差是抽样推断的基础,这是其他统计调查方法不具备的特点。

4) 抽样调查会产生抽样误差,抽样误差可以计算,并且可以加以控制

在非全面调查方式中,典型调查固然也有可能用它所取得的部分单位的数量特征去推算全体的数量特征,但这种推算误差范围和保证程度,是无法事先计算并加以控制的。而抽样调查则是在于对一部分单位的统计调查,在实际观察标志值的基础上,去推断总体的综合数量特征。

2. 抽样调查的应用范围

抽样调查适用的范围是广泛的,从原则上讲,为取得大量社会经济现象的数量方面的统计资料,在许多场合,都可以运用抽样调查方法取得;在某些特殊场合,不可能用全面调查时必须采用抽样调查的方法取得。

(1) 对于单位数特别多或无限多的总体可采用抽样调查。如产品连续性生产过程中的废品率调查,河流中的水产品情况调查等。

(2) 对于一些以破坏或损伤使用价值为手段的检验调查方法。如电灯泡、轮胎质量检验等等,都是有破坏性的,不可能进行全面调查,只能使用抽样调查。又如居民购买力调查、城乡企业情况的调查等,如果进行全面调查,要消耗很大的人力物力,结果得不偿失。

(3) 时间紧迫、经费有限时可采用抽样调查。如在农作物基本成熟尚未收割之际,为了编制计划、检查计划、组织生产,需要事先掌握农产品产量数字,如进行全面调查,耗时太长,不能满足急需,只能采用抽样调查。

(4) 对普查数据校验时可采用抽样调查。在全面调查后,对某些数据进行修正,可采用抽样复查。人口普查之后,可组织1‰的人口抽样复查,对人口普查资料进行核查。

(5) 抽样调查方法可以用于工业生产过程中的质量控制。抽样调查不但广泛用于生产结果的核算和估计,而且也有效地应用于在生产过程中进行质量控制的成批或大量连续生产的工业品、检查生产过程是否正常等,能及时提供有关信息,便于采取措施,预防废品的发生。

(6) 利用抽样推断的方法,可以对于某种总体的假设进行检验,来判断这种假设的真伪,以决定取舍。

6.2 抽样推断的基本概念

抽样推断是在根据随机原则从总体中抽取部分实际数据的基础上,运用数理统计方法,对总体某一现象的数量性作出具有一定可靠程度的估计判断。抽样推断是在抽样调查的基础上进行的统计方法,主要内容为:参数估计和假设检验。

6.2.1 全及总体和抽样总体

在抽样调查中,有两种不同的总体,即全及总体和抽样总体。

1. 全及总体

全及总体简称总体,是指所要认识对象的全体,总体是由具有某种共同性质的许多单位组成的,因此,总体也就是具有同一性质的许多单位的集合体。例如,我们要研究某城市职工的生活水平,则该城市全部职工即构成全及总体。我们要研究某乡粮食亩产水平,则该乡的全部粮食播种面积即是全及总体。

全及总体按其各单位标志性质不同,可以分为变量总体和属性总体两类。构成变量总体的各个单位可以用一定的数量标志加以计量,例如,研究居民的收入水平,每户居民的收入就是它的数量标志,反映各户的数量特征。但并非所有标志都是可以计量的,有的标志只能用一定的文字加以描述。

区分变量总体和属性总体是很重要的,由于总体不同,认识这一总体的方法也就不同。

变量总体可分为无限总体和有限总体两类。无限总体所包含的单位为无限多,因而各单位的变量也就有无限多的取值。这种无限变量又有两种情况:一种是可列的无限变量,即变量值的大小可以按照顺序一一列举直至无穷;另一种情况则是不可列的无限变量,它是一种连续变量,在任何一个区间内都有无限多的变量,不可能按顺序加以一一列举。我们所说的无限总体主要是就后一种情况来说的。有限总体所包含的单位数则是有限的,因而它的变量值也是有限的,当然可以按顺序加以一一列举。

通常,全及总体的单位数用大写的英文字母 N 来表示。作为全及总体,单位数 N 即使有限,也总是很大,大到几千、几万、几十万或者几百万。

2. 抽样总体

抽样总体简称样本,是从全及总体中随机抽取出来,代表全及总体部分单位的集合体。抽样总体的单位数通常用小写英文字母 n 表示。对于全及总体单位数 N 来说,n 是个很小的数,它可以是 N 的几十分之一、几百分之一、几千分之一或几万分之一。一般说来,样本单位数达到或超过 30 个称为大样本,而在 30 个以下称为小样本。社会经济现象的抽样调查多取大样本。而自然实验观察则多取小样本。以很小的样本来推断很大的总体,这是抽样调查的一个特点。

如果说全及总体是唯一确定的,那么,抽样样本就完全不是这样,一个全及总体可能抽取很多个抽样总体,全部样本的可能数目和每一样本的容量有关,它也和随机抽样的方法有关。不同的样本容量和取样方法,样本的可能数目也有很大的差别,抽样本身是一种手段,目的在于对总体作出判断,因此,样本容量要多大,要怎样取样,样本的数目可能有多少,它们的分布又怎样,这些都关系到对总体判断的准确程度,都需要加以认真的研究。

6.2.2 全及指标和抽样指标

1. 全及指标

根据全及总体各个单位的标志值或标志特征计算的、反映总体某种属性的综合指标,称为全及指标。由于全及总体是唯一确定的,根据全及总体计算的全及指标也是唯一确定的。

例如,一个大学中所有的学生,需要检验说明质量状况的所有产品,农产品调查中某种作物的全部面积,职工家庭生活调查中所有的职工家庭户,等等。

从全及总体中随机抽选出来的单位所组成的总体叫做抽样总体。例如,从大学学生中抽选出来的 100 个学生,从所有产品中抽选出来的 300 件产品,从一个城市的所有职工家庭中抽选出来的 500 个职工,等等。抽样总体也叫样本总体、子体或简称为样本,样本中的各个单位也叫样本单位。样本单位数也称样本容量,通常用 n 表示。由于样本单位数目的多少不同,统计中将样本分为两种:大样本和小样本。一般样本单位数目在 30 及 30 个以上的就是大样本,30 个以下的就是小样本。大样本和小样本在用样本指标推断总体指标时处理方法上有些不同。

不同性质的总体,需要计算不同的全及指标。对于变量总体,由于各单位的标志可以用数量来表示,所以可以计算总体平均数。

$$\bar{X} = \frac{\sum X}{N} \tag{6-1}$$

对于属性总体,由于各单位的标志不可以用数量来表示,只能用一定的文字加以描述,所以,就应该计算结构相对指标,称为总体成数。用大写英文字母 P 表示,它说明总体中具有某种标志的单位数在总体中所占的比重。变量总体也可以计算成数,即总体单位数在所规定的某变量值以上或以下的比重,视同具有或不具有某种属性的单位数比重。

设总体 N 个单位中,有 N_1 个单位具有某种属性,N_0 个单位不具有某种属性,$N_1 + N_0 = N$,P 为总体中具有某种属性的单位数所占的比重,Q 为不具有某种属性的单位数所占的比重,则总体成数为:

$$P = \frac{N_1}{N} \tag{6-2}$$

$$Q = \frac{N_0}{N} = \frac{N - N_1}{N} = 1 - P \tag{6-3}$$

此外,全及指标还有总体方差 σ^2 和总体标准差 σ,它们都是测量总体标志值分散程度的指标。

$$\sigma^2 = \frac{\sum(X-\bar{X})^2}{N} \tag{6-4}$$

$$\sigma = \sqrt{\frac{\sum(X-\bar{X})^2}{N}} \tag{6-5}$$

2. 抽样指标

由抽样总体各个标志值或标志特征计算的综合指标称为抽样指标。和全及指标相对应还有抽样平均数 $\bar{x}$、抽样成数 p、样本标准差 S 和样本方差 S^2 等等。$\bar{x}$ 和 p 用小写英文字母表示,以示区别。

$$\bar{x} = \frac{\sum x}{n} \tag{6-6}$$

设样本 n 个单位中有 n_1 个单位具有某种属性,n_0 个单位不具有某种属性,$n_1 + n_0 = n$,p 为样本中具有某种属性的单位数所占的比重,q 为不具有某种属性的单位数所占的比重,则抽样成数为 $P = \frac{n_1}{n}$,$q = \frac{n_0}{n} = \frac{n-n_1}{n} = 1-p$。

样本的方差和样本标准差分别为:

$$S^2 = \frac{\sum(x-\bar{x})^2}{n} \tag{6-7}$$

$$S = \sqrt{\frac{\sum(x-\bar{x})^2}{n}} \tag{6-8}$$

由于一个全及总体可以抽取许多个样本,样本不同,抽样指标的数值也就不同,所以抽样指标的数值不是唯一确定的。实际上,抽样指标是样本变量的函数,它本身也是随机变量。

6.2.3 重复抽样与不重复抽样

如果说对于一个问题,总体是唯一确定的,那么,样本就完全不是这样。一个总体可能抽取很多个样本。全部样本的可能数目,既和样本容量的大小有关,也和样本的抽取方法有关。

1. 重复抽样

重复抽样,亦称重置抽样、有放回抽样。采用这种方法抽取样本单位的特点是:同一单位有多次被抽中的机会,并且总体单位数目始终不变,每个单位抽中或抽不中的机会在各次都是相同的。具体做法是:从总体 N 个单位中随机抽取一个容量为 n 的样本,每次只从总体中抽取一个单位,连续抽 n 次,得到 n 个单位,构成一个样本。每次抽出一个单位把结果登记下来后,又放回,重新参加下一次的抽选。这样重置抽样的样本是由 n 次连续抽取的结果所组成的,每次结果是相互独立的,而且每次抽取都是在相同的条件下进行的,因此,每一单位可能中选的机会在每一次是相同的。

一般来说,从总体 N 个个体中,随机重复抽取容量为 n 的子样,总共可以抽取 N^n 个子样。

因此重复抽样具有以下特点：

(1) 每次抽取样本是在完全相同的条件下进行的,有 n 个样本单位的样本是由 n 次试验的结果构成。

(2) 每次的试验结果是独立的,即每次的试验结果与前次、后次的结果均无关。

(3) 总体中各单位有被重复抽中的可能,每次试验是在相同条件下进行的,每个单位在多次试验中被选中的概率是相同的。

2. 不重复抽样

不重复抽样,又称无放回的抽样,是指从全及总体 N 个单位中随机抽取一个容量为 n 的样本,每次抽中的单位登录其有关标志表现后不再放回总体中参加下一次的抽选。经过连续 n 次不重置抽选单位构成样本,实质上相当于一次性同时从总体中抽中 n 个单位构成样本。上一次的抽选结果会直接影响到下一次抽选,因此,不重置抽样的样本是经 n 次相互联系的连续试验形成的。

不重复抽样具有以下特点：

(1) 总体单位数在抽选过程中逐渐减少,包含 n 个样本单位由 n 次试验的结果构成,但由于每次抽取后不放回,所以实质上相当于从总体中同时抽取 n 个样本单位。

(2) 总体中各单位被抽中的可能性前后不断变化,每次试验的结果不是独立的,上次抽选的情况会影响下一次的抽选结果。

(3) 总体中各单位没有被重复抽中的可能。

在不重复抽样中,如果考虑顺序,其样本可能的数目为 $\dfrac{N!}{(N-n)!}$；如果不考虑顺序,其样本可能的数目为 $\dfrac{N!}{(N-n)!n!}$。不重复抽样比重复抽样的子样可能数目要少得多。

6.2.4 抽样框与样本数

1. 抽样框

抽样框,又称抽样结构,是指对可以选择作为样本的总体单位列出名册或排序编号,以确定总体的抽样范围和结构。设计出了抽样框后,便可采用抽签的方式或按照随机数表来抽选必要的单位数。若没有抽样框,则不能计算样本单位的概率,从而也就无法进行概率选样。

2. 样本数

样本数,又称样本的可能数目,是指从总体 N 个单位中随机抽选 n 个单位构成样本,通常有多种抽选方法,每一种抽选方法实际上是 n 个总体单位的一种排列组合,一种排列组合便构成一个可能的样本,n 个总体单位的排列组合总数,称为样本的可能数目。

6.2.5 关于抽样组织形式

在实际应用中,抽样方法主要有两种：概率抽样和非概率抽样。

1. 概率抽样

这一方法是根据一个已知的概率选取被调查者,无须调查人员在选样中判断或抽选。从理论上讲,概率抽样是最理想、最科学的抽样方法,它能保证样本数据对总体参数的代表性,而且它能够将调查误差中的抽样误差限制在一定范围之内。但相对于非概率抽样来说,概率抽样也是花费较大的抽样方法。概率抽样有以下几种形式。

(1) 简单随机抽样。它是最基本的抽样形式,是完全随机地选择样本。此法要求有一个完美的抽样框,或者总体中有一个个体的详尽名单。

(2) 分层抽样。它分两个步骤:首先将总体分成不同的"层",然后在每一层内进行抽样。分层抽样可预防简单随机抽样造成的样本构成与总体构成不成比例的现象。

(3) 整群抽样。首先将全部总体分为若干部分,每一部分称为一个群,把每一群作为一个抽样单位进行抽样;然后,在被抽中的群中作全面调查。例如,在市场调查的入户调查中,可以对被选作抽样单位的某个大院的每家每户进行调查。

(4) 等距抽样。它又称系统抽样,是在样本框中每隔一定距离抽选一个被调查者。这一方法也比较常用,有时还可与整群抽样法和分层抽样法结合使用。例如,可采用系统抽样去抽取选择"群"或个体,也可在某一"层"的范围内进行系统采样。

2. 非概率抽样

这一抽样方法不是完全按随机原则选取样本。非概率抽样有以下三种形式:

(1) 主要是由调查人员自由选择被调查者的非随机选样。例如在购物中心采访100位妇女,这100位被调查者可以随机选择。

(2) 通过某些条件过滤选择某些被调查者参与调查的判断抽样法。在许多情况下,由于研究对象可能仅限于一部分居民,因而有时采用这种方法能节省大量经费。

(3) 大多数种类的研究,例如产品测试、街访、座谈会,只要不是属于要进行总体推论的大多数项目都可使用非概率抽样法。

6.2.6 抽样推断的理论基础

抽样推断的理论基础主要是概率论的极限定理中的大数定律与中心极限定理。

1. 大数定律

大数定律是指在随机试验中,每次出现的结果不同,但是大量重复试验出现的结果的平均值却几乎总是接近于某个确定的值。其原因是,在大量的观察试验中,个别的、偶然的因素影响而产生的差异将会相互抵消,从而使现象的必然规律性显示出来。

大数定律有若干个表现形式。这里仅介绍其中常用的两个重要定律。

1) 切贝雪夫大数定理

设 $x_1, x_2, \cdots$ 是一列两两相互独立的随机变量,服从同一分布,且存在有限的数学期望 a 和方差 σ^2,则对任意小的正数 ε,有:

$$\lim_{n \to \infty} P\left(\left| \frac{\sum x_i}{n} - a \right| < \varepsilon \right) = 1 \qquad (6-9)$$

该定律的含义是:当 n 很大时,服从同一分布的随机变量 $x_1, x_2, \cdots, x_n$ 的 算术平

均数 $\dfrac{\sum x_i}{n}$ 将依概率接近于这些随机变量的数学期望。

将该定律应用于抽样调查,就会有如下结论:随着样本容量 n 的增加,样本平均数将接近于总体平均数。从而为统计推断中依据样本平均数估计总体平均数提供了理论依据。

2) 贝努里大数定律

设 μ_n 是 n 次独立试验中事件 A 发生的次数,且事件 A 在每次试验中发生的概率为 P,则对任意正数 ε,有:

$$\lim_{n\to\infty} P\left(\left|\dfrac{u_n}{n} - p < \varepsilon\right|\right) = 1 \tag{6-10}$$

该定律是切贝雪夫大数定律的特例,其含义是:当 n 足够大时,事件 A 出现的频率将几乎接近于其发生的概率,即频率的稳定性。

在抽样调查中,用样本成数去估计总体成数,其理论依据即在于此。

2. 中心极限定理

大数定律揭示了大量随机变量的平均结果,但没有涉及随机变量的分布的问题。而中心极限定理说明的是在一定条件下,大量独立随机变量的平均数是以正态分布为极限的。中心极限定理也有若干个表现形式,这里仅介绍其中四个常用定理。

1) 辛钦中心极限定理

设随机变量 $x_1, x_2, \cdots, x_n$ 相互独立,服从同一分布且有有限的数学期望 a 和方差 σ^2,则随机变量 $\bar{x} = \dfrac{\sum x_i}{n}$,在 n 无限增大时,服从参数为 a 和 $\dfrac{\sigma^2}{n}$ 的正态分布即 $n \to \infty$ 时,$\bar{x} \sim N(a, \dfrac{\sigma^2}{n})$。

将该定理应用到抽样调查,就有这样一个结论:如果抽样总体的数学期望 a 和方差 σ^2 是有限的,无论总体服从什么分布,从中抽取容量为 n 的样本时,只要 n 足够大,其样本平均数的分布就趋于数学期望为 a、方差为 σ^2/n 的正态分布。

2) 德莫佛-拉普拉斯中心极限定理

设 μ_n 是 n 次独立试验中事件 A 发生的次数,事件 A 在每次试验中发生的概率为 P,则当 n 无限大时,设频率 μ_n/n 趋于服从参数为 p,$\dfrac{p(1-p)}{n}$ 的正态分布,即:$\dfrac{\mu_n}{n} \sim N\left[p, \dfrac{p(1-p)}{n}\right]$。

该定理是辛钦中心极限定理的特例。在抽样调查中,不论总体服从什么分布,只要 n 充分大,那么频率就近似服从正态分布。

3) 李亚普洛夫中心极限定理

设 $x_1, x_2, \cdots, x_n, \cdots$ 是一个相互独立的随机变量序列,它们具有有限的数学期望和方差:$a_k = E(X_k)$,$b_k^2 = D(X_K)(k = 1, 2, \cdots, n)$。

记 $B_n^2 = \sum\limits_{k=1}^{n} b_k^2$,如果能选择这一个正数 $\delta > 0$,使当 $n \to \infty$ 时,$\dfrac{1}{B_n^{2+\delta}} \sum\limits_{k=1}^{n} E$

$|x_k - a_k|^{(2+\delta)} \to 0$,则对任意的 x 有:$P\left\{\dfrac{1}{B_n}\sum_{k=1}^{n}(x_k - a_k) < x\right\} \to \dfrac{1}{\sqrt{2\pi}}\int_{-\infty}^{x} e^{-\frac{t^2}{2}} dt$。

该定理的含义是:如果一个量是由大量相互独立的随机因素影响所造成的,而每一个别因素在总影响中所起的作用不很大,则这个量服从或近似服从正态分布。

4)林德贝尔格定理

设 $x_1, x_2, \cdots, x_n, \cdots$ 是一个相对独立的随机变量序列,它们具有有限的数学期望和方差 $a_k = E(x_k), b_k^2 = D(x_k)$ 满足林德贝尔格条件,则当 $n \to \infty$ 时,对任意的 x,有 $\lim_{n\to\infty} P\left\{\dfrac{1}{B_n}\sum_{k=1}^{n}(x_k - a_k) < x\right\} \to \dfrac{1}{\sqrt{2\pi}}\int_{-\infty}^{x} e^{-\frac{t^2}{2}} dt$。

6.3 抽样误差

6.3.1 抽样误差的概念与种类

1. 抽样误差的概念

当总体指标未知时,往往要安排一次抽样调查,然后用抽样调查所获得的抽样指标的观察值作为总体指标的估计值。这种处理方法是存在一定误差的,我们把抽样指标与所要估计的总体指标之间的差值称为抽样误差。抽样误差的大小能够说明抽样指标估计总体指标是否可行,抽样效果是否理想等调查性问题。常见的抽样误差有:抽样平均数与总体平均数之差($\bar{x} - \bar{X}$),抽样成数与总体成数之差($p - P$)。

在抽样调查中,误差的来源有登记性误差和代表性误差两类。

登记性误差是指在统计调查、整理、计算过程中由于主客观原因而产生的差错。如测量、记录或计算错误等原因造成的误差。这种误差在一切调查中(包括全面调查与非全面调查)都会产生。可以通过提高调查人员的思想水平和业务素质,改进调查方法和组织工作,加强责任制而减少或避免。

代表性误差是指用部分来代表总体时由于代表性不足或不完全而产生的误差。它又分为两种:一种是系统性误差,又称为偏差,是指没有严格遵守随机原则而产生的误差。例如,调查者有意地挑选较好的单位或较坏的单位进行调查,由此计算的抽样指标数值必然要比总体指标数值偏高或偏低,从而影响调查质量。另一种代表性误差是遵守了随机原则,但由于样本的非均匀性,可能抽到各种不同的样本,样本的结构与总体相比有出入,这就会出现误差。这种误差称为随机误差,是不可避免的一种偶然性的代表性误差。

抽样误差指的就是随机误差,即按随机原则抽样时,在没有登记性误差和系统性误差的条件下,仅仅由于不同的随机样本的偶然性而产生的样本指标与总体指标的离差。

抽样误差不是固定不变的量,它随着样本不同而变化,所以它也是随机变量。每一次抽样的确切误差大小是不知道的,除非进行全面调查加以核对。而且抽样误差是抽样本身所固有的,是不可避免的,不能被消除。

2. 抽样误差的种类

抽样误差包括抽样实际误差和抽样平均误差两种。

1) 抽样实际误差

抽样实际误差是指某一样本指标与被它估计的总体指标之间数值的差异,即 $|\bar{x}-X|$、$|p-P|$。我们知道,对于确定的全及总体来说,总体指标数值是确定的值,由于样本是按随机原则抽选的,从同一总体抽取样本容量相同的样本可以有多种不同的抽取办法,每个样本都有自己的样本指标,因此抽样实际误差不是一个确定的值。

2) 抽样平均误差

抽样平均误差是指所有可能出现的样本指标的标准差,也可以说是所有可能出现的样本指标和总体指标的平均离差。

抽样的实际误差是无法知道的,而抽样平均误差是可以计算的。

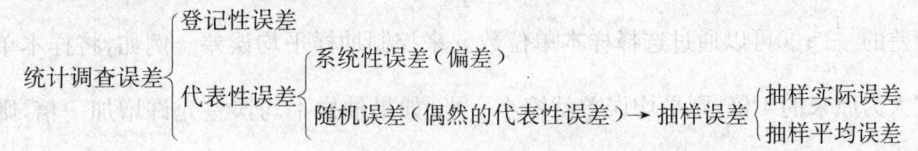

$$\text{统计调查误差}\begin{cases}\text{登记性误差}\\\text{代表性误差}\begin{cases}\text{系统性误差(偏差)}\\\text{随机误差(偶然的代表性误差)}\rightarrow\text{抽样误差}\begin{cases}\text{抽样实际误差}\\\text{抽样平均误差}\end{cases}\end{cases}\end{cases}$$

图 6-1 统计调查误差分类

6.3.2 影响抽样误差的因素

(1) 抽样单位数的多少。由于总体内各元素之间总存在着差异,在其他条件不变的情况下,大量观察总比小量观察易于发现总体规律或特征,因此样本容量越大越能代表总体特征,抽样误差就越小。反之,样本容量越小,抽样误差就可能越大。

(2) 总体各单位标志值的差异程度。总体内各单位标志的差异程度愈小,或总体的标准差愈小,在其他条件给定下,则抽样误差就愈小。反之,抽样误差就愈大。

(3) 抽样方法。抽样方法不同,抽样误差也不同。一般说来,重复抽样的误差比不重复抽样的误差要大。

(4) 抽样的组织形式。选择不同的抽样组织形式,也会有不同的抽样误差。

6.3.3 抽样平均误差

一个总体可能抽取很多个样本,因此样本指标(样本平均数、样本成数等)就有不同的数值,它们与总体指标(总体平均数、总体成数等)的离差(即抽样误差)也就不同。抽样平均误差就是反映抽样误差一般水平的指标,通常用样本平均数(或样本成数)的标准差来表示。

1. 样本平均数的平均误差

以 $\mu_{\bar{x}}$ 表示样本平均数的平均误差,σ 表示总体的标准差。根据定义:

$$\mu_{\bar{x}}^2 = E(\bar{x}-\bar{X})^2 \qquad (6-11)$$

(1) 当抽样方式为重复抽样时,样本标志值 $x_1, x_2, \cdots, x_n$ 是相互独立的,样本变量 x 与总体变量 X 同分布。所以得:

$$\mu_{\bar{x}}{}^2 = \frac{\sigma^2}{n} \tag{6-12}$$

它说明在重复抽样的条件下,抽样平均误差与总体标准差成正比,与样本容量的平方根成反比。

[例 6-1] 从某校 8 000 名学生中随机抽取 400 人,称得其平均体重为 58 千克,标准差为 10 千克,计算抽样平均误差。

$$\sigma = \sqrt{\frac{\sigma^2}{N}} = \sqrt{\frac{10^2}{400}} = 0.5$$

从以上计算过程中我们可以看出几个基本关系:①样本平均数的平均数 $E(\bar{x})$ 等于总体平均数 $\bar{X}$。因而抽样平均误差的实质就是抽样平均数的标准差,所以也称为抽样标准误差;②抽样平均数的标准差(即抽样平均误差)比总体标准差小得多,仅为总体标准差的 $\frac{1}{\sqrt{n}}$;③可以通过选择样本单位数 n 来控制抽样平均误差。例如,将样本单位数扩大为原来的 4 倍,则平均误差就缩小一半;如果抽样平均误差允许增加一倍,则样本单位数只需要原来的 $\frac{1}{4}$。

(2) 在不重复抽样的条件下,抽样平均数的平均误差不但和总体变异程度、样本容量有关,而且还要考虑总体单位数多少,它们的关系如下:

$$\mu_{\bar{x}} = \sqrt{\frac{\sigma^2}{n}\left(\frac{N-n}{N-1}\right)} \tag{6-13}$$

式中 N 为总体单位数。与重复抽样公式对比可以知道,不重复抽样误差等于重复抽样误差在开方内乘以修正因子 $\left(\frac{N-n}{N-1}\right)$。由于这个因子总是小于 1,因此不重复抽样误差总是小于重复抽样误差,但当总体单位数 N 很大时,这个因子就十分接近于 1,因而两种抽样的误差相差就很小。所以不重复抽样平均误差公式就可以近似地表示为:

$$\mu_{\bar{x}} = \sqrt{\frac{\sigma^2}{n}\left(1 - \frac{n}{N}\right)} \tag{6-14}$$

在一般情况下,总体单位数很大,抽样比例 $\frac{n}{N}$ 很小,则 $\sqrt{1-\frac{n}{N}}$ 接近于 1,因此,$\sqrt{\frac{\sigma^2}{n}\left(1-\frac{n}{N}\right)}$ 与 $\sqrt{\frac{\sigma^2}{n}}$ 的数值接近。在实际工作中,在没有掌握总体单位数的情况下或者总体单位数 N 很大时,一般均用重复抽样平均误差公式来计算不重复抽样的平均误差。

[例 6-2] 仍以[例 6-1]为例,在不重复抽样的条件下,计算抽样平均误差。

$$\mu_{\bar{x}} = \sqrt{\frac{\sigma^2}{n}\left(1-\frac{n}{N}\right)} = \sqrt{\frac{10^2}{400}\left(1-\frac{400}{8\,000}\right)} = 0.49$$

在计算抽样平均误差时,通常得不到总体标准差的数值,要用样本标准差 s 来代替

总体标准差 σ。

2. 抽样成数的平均误差

在掌握抽样平均数的抽样平均误差公式的基础上,再来探求抽样成数的抽样平均误差公式是比较简便的。只需要将全及成数的标准差平方代替公式中的全及平均数的标准差的平方,就可以得到抽样成数的平均误差公式。

总体成数 P 可以表现为总体是非标志的平均数。即 $E(X)=P$,它的标准差 $\sigma=\sqrt{P(1-P)}$。

根据样本平均误差和总体标准差的关系,可以得到样本成数的平均误差的计算公式。

(1) 在重复抽样下:

$$\mu_p = \sigma/\sqrt{n} = \sqrt{\frac{P(1-P)}{n}} \tag{6-15}$$

(2) 在不重复抽样下:

$$\mu_p = \sqrt{\frac{\sigma^2}{n}\left(\frac{N-n}{N-1}\right)} = \sqrt{\frac{P(1-P)}{n}\left(\frac{N-n}{N-1}\right)} \tag{6-16}$$

当总体单位数 N 很大时,可近似地写成:

$$\mu_p = \sqrt{\frac{P(1-P)}{n}\left(1-\frac{n}{N}\right)} \tag{6-17}$$

当总体成数未知时,可以用样本成数来代替。

[例 6-3] 某灯泡厂对 10 000 个产品进行使用寿命检验,随机抽取 2% 的样本进行测试,得资料如表 6-1 所示。

表 6-1　　　　　　　　　抽样产品使用寿命资料表

使用时间(小时)	抽查灯泡个数(个)	组中值
900 以下	2	875
900~950	4	925
950~1 000	11	975
1 000~1 050	71	1 025
1 050~1 100	84	1 075
1 100~1 150	18	1 125
1 150~1 200	7	1 175
1 200 以上	3	1 225
合　计	200	—

按照质量规定,电灯泡使用寿命在 1 000 小时以上者为合格品,按以上资料计算抽样平均误差。

电灯泡的平均使用时间：

$$\bar{x} = \frac{\sum xf}{\sum f} = 1\,057(小时)$$

电灯泡合格率：

$$p = \frac{183}{200} = 91.5\%$$

电灯泡平均使用时间标准差：

$$\sigma = \sqrt{\frac{\sum(x-\bar{x})^2}{n}} = 53.63(小时)$$

灯泡使用时间抽样平均误差：

重复抽样的平均误差：

$$\mu_x = \frac{\sigma}{\sqrt{n}} = \frac{53.63}{\sqrt{200}} = 3.79(小时)$$

不重复抽样的抽样平均误差：

$$\mu_x = \sqrt{\frac{\sigma^2}{n}\left(1-\frac{n}{N}\right)} = \sqrt{\frac{53.63^2}{200}\left(1-\frac{200}{10\,000}\right)} = 3.75(小时)$$

灯泡合格率的抽样平均误差：

重复抽样的抽样平均误差：

$$\mu_p = \sqrt{\frac{p(1-p)}{n}} = \sqrt{\frac{0.915 \times 0.085}{200}} = 1.97\%$$

不重复抽样的抽样平均误差：

$$\mu_p = \sqrt{\frac{p(1-p)}{n}\left(1-\frac{n}{N}\right)} = \sqrt{\frac{0.915 \times 0.085}{200}\left(1-\frac{200}{10\,000}\right)} = 1.95\%$$

6.3.4 抽样极限误差

抽样极限误差是表示样本指标与全及指标之间产生抽样误差的最大可能范围，又称允许误差。由于全及指标是一个确定的值，而抽样指标却是随机的，二者之间的离差大小不一，有的为正值，有的为负值。将离差的绝对值所表示的可能范围称为抽样极限误差。设 Δx、Δp 分别代表抽样平均数与抽样成数的误差可能范围。

抽样极限误差，又称置信区间和抽样允许误差范围，是指在一定的把握程度（P）下保证样本指标与总体指标之间的抽样误差不超过某一给定的最大可能范围，记作 Δ。作为样本的随机变量——抽样指标值（$\bar{X}$ 或 p），是围绕以未知的唯一确定的全及指标真值（$\bar{X}$ 或 P）为中心上下波动的，它与全及指标值可能会产生正或负离差，这些离差均是抽样指标的随机变量，因而难以避免，只能将其控制在预先要求的误差范围（Δ_x 或 Δ_p）内。因此：

$$|\bar{x}-\bar{X}|\leqslant \Delta_x, \quad |p-P|\leqslant \Delta_p$$

由于 Δ_x 和 Δ_p 是预先给定的抽样方案中所允许的误差范围,所以利用 Δ_x 和 Δ_p 可以反过来估计未知的全及指标的取值可能的范围。解上述两个绝对值不等式便可得:

$$\bar{x}-\Delta_x \leqslant \bar{X} \leqslant \bar{x}+\Delta_x \tag{6-18}$$

$$p-\Delta_p \leqslant P \leqslant p+\Delta_p \tag{6-19}$$

[例6-4] 要估计某地区粮食亩产量和总产量水平,从8 000亩粮食作物中,用不重复抽样抽取400亩,求得平均亩产为700千克。如果确定抽样误差为5千克,这就要求某镇粮食亩产在 700 ± 5 千克,即在695千克至705千克之间,而粮食总产量在 $8\,000\times(700\pm5)$ 千克,即556万千克至564万千克之间。

抽样平均误差是表明抽样估计的准确度,抽样极限误差则是表明抽样估计准确程度的范围;两者既有区别,又有联系。

6.3.5 抽样估计的概率度、精度和可靠程度

1. 抽样估计的概率度

抽样极限误差 Δ 是单个样本值与总体指标值之间的绝对离差,而抽样平均误差 μ 是所有可能样本值与总体指标值之间的平均离差,用抽样极限误差与抽样平均误差相比,从而使由单一样本值得到的抽样极限误差标准化,这样可称为抽样标准极限误差,但通常称其为概率度(t)或相对误差范围。

$$t = \frac{\Delta_x}{\mu_x} = \frac{|\bar{x}-\bar{X}|}{\sigma/\sqrt{n}} \tag{6-20}$$

$$t = \frac{\Delta_p}{\mu_p} = \frac{|p-P|}{\sqrt{\frac{P(1-P)}{n}}} \tag{6-21}$$

由此可知,标准正态分布变量 t 服从标准正态概率分布。

2. 抽样估计的精度

为了比较不同现象总体的抽样误差程度,必须消除总体规模大小悬殊的影响,通常还需计算抽样误差系数,抽样误差系数记作 Δ',反映了抽样误差的相对程度。其计算公式为:

$$\Delta'_x = \frac{\Delta_x}{\bar{x}} \qquad \Delta'_p = \frac{\Delta_p}{p}$$

则抽样估计精度(A)的计算公式为:

$$A_x = 1 - \Delta'_x \tag{6-22}$$

$$A_p = 1 - \Delta'_p \tag{6-23}$$

3. 抽样估计的可靠程度

1) 抽样估计的可信度

抽样平均误差 μ 是表明抽样估计的准确度;而抽样误差范围即抽样极限误差 Δ 是表明抽样估计准确度的范围。在给定的准确度范围内,抽样估计还要求其估计的可靠

程度,即可信度。抽样估计的可信度就是表明抽样指标和总体指标的误差不超过一定范围的概率保证程度。

基于可信度的概率估计要求,抽样极限误差通常需要以抽样平均误差 $\mu_{\bar{x}}$ 或 μ_p 为标准单位来衡量。把极限误差 $\Delta_{\bar{x}}$ 或 Δ_p 分别除以 $\mu_{\bar{x}}$ 或 μ_p 得相对数 t,表示误差范围为抽样平均误差的 t 倍。t 是测量估计可靠程度的一个参数,称为概率度。

对于抽样平均数:

$$t = \frac{\Delta_{\bar{x}}}{\mu_{\bar{x}}} = \frac{|\bar{x} - \bar{X}|}{\mu_{\bar{x}}} \tag{6-24}$$

因此,抽样平均数的抽样极限误差为:

$$\Delta_{\bar{x}} = t\mu_{\bar{x}} \tag{6-25}$$

对于抽样成数:

$$t = \frac{\Delta_p}{\mu_p} = \frac{|p - P|}{\mu_p} \tag{6-26}$$

因此,抽样成数的抽样极限误差为:

$$\Delta_p = t\mu_p \tag{6-27}$$

这个公式的意义在于,在一定条件下,概率度 t 越大,则抽样误差范围越大,可能样本落在误差范围内的概率越大,从而抽样估计的可信度也就越高;反之,t 越小,则 Δ 越小,可能样本落在误差范围内的概率越小,从而抽样估计的可信度也就越低。

而估计区间又与抽样极限误差有关,在一定的抽样方式下,抽样极限误差又是由概率度 t 决定的。因而其可靠程度与 t 之间成正比关系。

当总体很大时,要依靠列表来求抽样误差的置信度几乎是难以做到的。从理论上已经证明,在样本单位数足够多($n \geq 30$)的条件下,抽样平均数是以总体平均数为中心,两边完全对称分布,就是说抽样平均数的正误差和负误差的可能性是完全相等的。而且抽样平均数愈接近总体平均数,出现的可能性愈大,概率愈大。反之,抽样平均数愈离开总体平均数,出现的可能性愈小,概率愈小,而趋于0。正态分布的图形如图6-2所示。

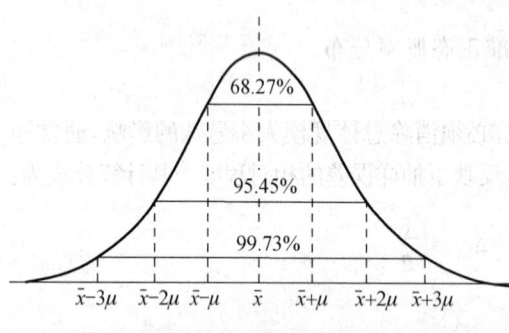

图 6-2 正态分布图

表 6-2 概率度 t 与概率 $F(t)$ 对照表

概率度 t	误差范围(Δ)	概率 $F(t)$	概率度 t	误差范围(Δ)	概率 $F(t)$
0.5	0.5μ	0.382 9	1.96	1.96μ	0.950 0
1.00	1.00μ	0.682 7	2.00	2.00μ	0.954 5
1.50	1.50μ	0.866 4	3.00	3.00μ	0.997 3

(注:若概率为0.95,查表得 $t = 1.96$)

2) 置信区间

置信区间的测定总是在一定的概率保证程度下进行的,因为既然抽样误差是一个随机变量,就不能指望抽样指标落在置信区间内成为必然事件,只能视之为一个可能事件,这样就必定要用一定的概率来给予保证。抽样误差的可能范围是估计的准确性问题,而保证抽样指标落在抽样误差的可能范围之内则是估计的可靠性问题。所以抽样估计可靠程度又称置信度。具体地说,置信区间是以一定的概率把握程度确定总体指标所在的区间。置信度是总体指标落在某个区间的概率把握程度。

抽样估计的可靠程度即概率用 P 表示,P 是 t 的函数。而 $p=F(t)$ 表明概率分布是概率度 t 的函数。确定抽样估计的可靠程度,就是要确定抽样平均数($\bar{x}$)或抽样成数(p)落在置信区间($\bar{x}-\Delta_x,\bar{x}+\Delta_x$)或($P-\Delta_p,P+\Delta_p$)中的概率 P。$F(t)$ 的函数形式为:

$$P(|\bar{x}-\bar{X}|\leqslant t\mu_x)=F(t) \qquad (6-28)$$

$$P(|p-P|\leqslant t\mu_p)=F(t) \qquad (6-29)$$

由此可知,t 增大,Δ 也增大,即 $t\mu$ 增大,这表明所要求的误差范围增大,说明从总体中随机抽取一个样本,其样本值落在这个较大的置信区间内可能性或把握性 P 愈大;反之,t 减小,Δ 也减小,即 $t\mu$ 减小,这表明所要求的误差范围减小,说明从总体中随机抽取一个样本,其样本值落在这个较小的置信区间内的可能性或把握性愈小。

应用标准正态分布概率表,可以得出抽样指标落在置信区间内的置信度。

$$F(1)=P\{|\bar{x}-\bar{x}|\leqslant 1\mu_x\}=68.27\%$$
$$F(2)=P\{|\bar{x}-\bar{x}|\leqslant 2\mu_x\}=95.45\%$$
$$F(3)=P\{|\bar{x}-\bar{x}|\leqslant 3\mu_x\}=99.73\%$$

下面将常用的概率保证程度即概率面积与对应的概率度列入表 6-3 中。

表 6-3　　　　　　　　　常用概率面积、概率度对应表

概率面积 $F(t)$	概率度 t	概率面积 $F(t)$	概率度 t
0.682 7	1.00	0.954 5	2.00
0.799 5	1.28	0.99	2.58
0.866 4	1.50	0.997 3	3.00
0.90	1.64	0.999 94	4.00
0.950 0	1.96	0.999 999	5.00

6.4　参数估计

参数估计就是指通过对样本各单位的实际观察取得样本数据,计算样本统计量的取值作为被估计参数的估计值。总体参数估计有点估计和区间估计两种。

6.4.1　总体参数的点估计

点估计也称定值估计,它是以抽样得到的样本指标作为总体指标的估计量,并以样

本指标的实际值直接作为总体未知参数的估计值的一种推断方法。点估计的方法有矩估计法、顺序统计量法、最大似然法、最小二乘法等。这里仅介绍最为简单、直观又常用的矩估计法。

1. 矩估计法

在统计学中,矩是指以期望为基础而定义的数字特征,一般分为原点矩和中心矩。

设 X 为随机变量,对任意正整数 k,称 $E(X^k)$ 为随机变量 X 的 k 阶原点矩,记为:

$$m_k = E(X^k)$$

当 $k = 1$ 时,

$$m_1 = E(X) = \mu \tag{6-30}$$

可见一阶原点矩为随机变量 X 的数学期望。

我们把 $C_k = E[X - E(X)]^k$ 称为以 $E(X)$ 为中心的 k 阶中心矩。

显然,当 $k = 2$ 时,

$$C_2 = E[X - E(X)]^2 = \sigma^2 \tag{6-31}$$

可见二阶中心矩为随机变量 X 的方差。

[**例 6-5**] 已知某种灯泡的寿命 $X \sim N(\mu, \sigma^2)$,其中,μ, σ^2 都是未知的,今随机取得 4 只灯泡,测得寿命(单位:小时)为 1 502,1 453,1 367,1 650,试估计 μ 和 σ。

解:因为 μ 是全体灯泡的平均寿命,$\bar{x}$ 为样本的平均寿命,很自然地会想到用 $\bar{x}$ 去估计 μ;同理用 S 去估计 σ。由于:

$$\bar{x} = \frac{1}{4}(1\,502 + 1\,453 + 1\,367 + 1\,650) = 1\,493$$

$$S^2 = \frac{(1\,502 - 1\,493)^2 + (1\,453 - 1\,493)^2 + (1\,367 - 1\,493)^2 + (1\,650 - 1\,493)^2}{4 - 1} = 14\,068.7$$

$$S = 118.61$$

故 μ 及 σ 的估计值分别为 1 493 小时及 118.61 小时。

矩估计法简便、直观,比较常用,但是矩估计法也有其局限性。首先,它要求总体的 k 阶原点矩存在,若不存在则无法估计;其次,矩估计法不能充分地利用估计时已掌握的有关总体分布形式的信息。

2. 估计量及其评选标准

通常设 θ 为总体 X 的待估计参数,一般用样本 $X_1, X_2, \cdots, X_n$ 构成一个统计量 $\hat{\theta} = \hat{\theta}(X_1, X_2, \cdots, X_n)$ 来估计 θ,则称 $\hat{\theta}$ 为 θ 的估计量。对于样本的一组数值 $x_1, x_2, \cdots, x_n$,估计量 $\hat{\theta}$ 的值 $\hat{\theta}(x_1, x_2, \cdots, x_n)$ 称 θ 的估计值。于是点估计即是寻求一个作为待估计参数 θ 的估计量 $\hat{\theta}(x_1, x_2, \cdots, x_n)$ 的问题。但是必须注意,对于样本的不同数值,估计值是不相同的。

如在[例 6-5]中,我们分别用样本平均数和样本修正方差来估计总体数学期望和总体均方差,即有:

$$\mu = \mu(X_1, X_2, \cdots, X_n) = \frac{1}{n}\sum_{i=1}^{n} X_i = \bar{x} \tag{6-32}$$

$$\hat{\sigma} = \hat{\sigma}(X_1, X_2, \cdots X_n) = \sqrt{\frac{\sum_{i=1}^{n}(X_i - \bar{x})^2}{n-1}} = S \tag{6-33}$$

其对应于给定的估计值 $\mu = \bar{x} = 1493$ 小时，$\hat{\sigma} = S = 118.61$ 小时。

样本统计量，如样本均值 $\bar{X}$，样本标准差 S，样本成数如何用于对相应总体参数 μ、σ 和 p 的点估计值。直观上，这些样本统计量对相应总体参数的点估计值是很有吸引力的。然而，在用一个样本统计量作为点估计量之前，统计学应检验说明这些样本统计量是否具有某些与好的点估计量相联系的性质。本节我们讨论好的点估计量的性质：无偏性、有效性和一致性。

由于有许多不同的样本统计量用作总体不同参数的点估计量，本节我们采用如下的一般记号：

θ——所感兴趣的总体参数；

$\hat{\theta}$——样本统计量或 θ 的点估计量。

θ 代表一总体的参数，如总体均值、总体标准差和总体比率等；$\hat{\theta}$ 代表相应的样本统计量，如样本均值、样本标准差和样本比率。

估计总体参数，未必只能用一个统计量，也可以用其他统计量。如估计总体平均数，可以用样本平均数，也可以用样本中位数、众数等。应当以哪一种统计量作为总体参数的估计量才是最优的，这就有了评价统计量的优良估计标准问题。

作为优良估计应该符合以下四个标准。

1) 无偏性

即样本统计量的期望值（平均数）等于被估计的总体参数。也就是说，虽然每一次抽样所计算的统计量和总体参数的真值可能有误差，误差可正可负、可大可小，但在多次反复的估计中，所有样本统计量取值的平均数应该等于总体参数本身。即样本统计量的估计，平均来说是没有偏差的。

如果样本统计量的数学期望等于所估计的总体参数的值，该样本统计量称作总体参数的无偏估计量。无偏性的定义如下：

如果 $E(\hat{\theta}) = \theta$，

则称样本统计量 $\hat{\theta}$ 是总体参数 θ 的无偏估计。

式中，$E(\hat{\theta})$ 为样本统计量 $\hat{\theta}$ 的数学期望。

因此，样本无偏统计量的所有可能值的期望值或均值等于被估计的总体参数。

在［例 6-1］中，我们已经证明，样本平均数的期望值等于总体平均数，样本成数的期望值等于总体成数。即：

$$E(\bar{x}) = \bar{X}$$
$$E(p) = P$$

这说明，以样本平均数作为总体平均数的估计量，以样本成数作为总体成数的估计量,是符合无偏性原则的。

2）一致性

即当样本的单位数充分大时,样本统计量也充分靠近总体参数。就是说,随着样本单位数 n 的无限增加,样本统计量和被估计的总体参数之差的绝对值小于任意小的数,它的可能性也趋近于必然性,或者说实际上是几乎肯定的。换言之,大样本比小样本趋于接进一个更好的点估计。注意到对样本均值 $\bar{x}$,我们证明标准差 $\sigma_{\bar{x}} = \sigma/\sqrt{n}$。由于 $\sigma_{\bar{x}}$ 与样本容量相关,较大的样本容量得到的 $\sigma_{\bar{x}}$ 的值更小,我们得出大样本容量趋于给出的点估计更接近于总体均值 μ。在这个意义上,我们可以说,样本均值是总体均值 μ 的一个一致估计量。

从抽样误差的影响中可以看出,在其他因素不变的情况下,抽样误差与样本单位数 n 的平方根呈反比变化,样本单位数愈多则误差就愈小,当样本单位数接近于总体单位数时,抽样误差也就接近于零。也就是说,样本统计量作为总体参数的估计量是符合一致性原则的。即：

$$\lim_{n \to \infty} P\{|\bar{x} - \bar{X}| < \varepsilon\} = 1$$
$$\lim_{n \to \infty} P\{|p - P| < \varepsilon\} = 1$$

式中,ε 为任意小的数。

3）有效性

有效性即作为优良估计量的方差应该比其他估计量的方差小。例如用样本平均数或用总体某一变量值来估计总体平均数,虽然两者都是无偏的,而且在每一次估计中,两种估计量和总体平均数都可能有离差,但是样本平均数更靠近于总体平均数的周围,平均来说其离差比较小。所以对比说来,样本平均数是更为有效的估计量。即：

$$\sigma^2(\bar{x}) < \sigma^2(x)$$

4）充分性

如果一个估计量能够带来样本中大量有用的信息,而且没有别的估计量能够为估计总体参数提供来自样本的更多信息,那么这个估计量就是充分的估计量。

不是所有估计量都符合以上标准。可以说完全符合以上标准的估计量要比不符合或不完全符合以上标准的估计量更为优良。例如在正态分布的情况下,总体平均数和中位数是重合在一起的,样本平均数是总体中位数的无偏估计量和一致估计量,而且样本平均数比样本中位数作为总体中位数的估计量也是更有效的,因为样本平均数的方差比样本中位数的方差更小。在正态分布的情况下,样本中位数是总体平均数的无偏估计量和一致估计量。但对比样本平均数却不是更有效和充分的估计量,因为它的方差比样本平均数的方差大,当然样本中位数也不是总体中位数的有效估计量。

我们在这里介绍优良估计的标准,是为了使初学者了解统计学家在选择估计量时所应遵循的准则。

总体参数点估计的方法简便、易行。但由于在实际抽样调查中一次只是随机抽取一个样本,导致估计值会因样本的不同而不同,甚至产生很大的差异。所以说,点估计是一种估计或推断,其缺点是既没有解决参数估计的精确问题,也没有考虑估计的可靠性程度,只有区间估计才能解决这两个问题。不过,由于点估计直观、简单,对于那些要求不太高的判断和分析,可以使用此种方法。

6.4.2 总体参数的区间估计

区间估计就是以一定的概率保证估计包含总体参数的一个值域,即根据样本指标和抽样平均误差推断总体指标的可能范围。它包括两部分内容:一是这一可能范围的大小;二是总体指标落在这个可能范围内的概率。区间估计既说清估计结果的准确程度,又同时表明这个估计结果的可靠程度,所以区间估计是比较科学的。

区间估计必须同时具备三个要素,即估计值、抽样极限误差和概率保证程度三个基本要素。抽样误差范围决定抽样估计的准确性,概率保证程度决定抽样估计的可靠性,二者密切联系,但同时又互相矛盾,所以,对估计的精确度和可靠性的要求应慎重考虑。

在实际抽样调查中,区间估计根据给定的条件不同,有两种估计方法:第一,给定极限误差,要求对总体指标作出区间估计;第二,给定概率保证程度,要求对总体指标作出区间估计。

总体参数的区间估计不是直接给出总体参数的估计值,而是利用实际样本资料,构造出一个置信区间,用这个区间来表明总体参数可能存在的范围,同时给出这个估计相应的概率保证程度(置信度)。

用公式表示为:

$$\bar{x} - \Delta_{\bar{x}} < \bar{X} < \bar{x} + \Delta_{\bar{x}} \tag{6-34}$$

$$p - \Delta_p < P < p + \Delta_p \tag{6-35}$$

式中,$(\bar{x} + \Delta_{\bar{x}})$ 和 $(\bar{x} - \Delta_{\bar{x}})$ 分别是总体平均数区间的上限与下限;$(p + \Delta_p)$ 和 $(p - \Delta_p)$ 分别为总体成数的上限与下限。

$\bar{X}$、P 分别表示被估计总体参数在区间 $\{\bar{x} - \Delta_{\bar{x}}, \bar{x} + \Delta_{\bar{x}}\}$ 和 $\{p - \Delta_p, p + \Delta_p\}$ 内的概率为 $1 - \alpha$,即:

$$P\{\bar{x} - \Delta_{\bar{x}} < \bar{x} < \bar{x} + \Delta_{\bar{x}}\} = 1 - \alpha \tag{6-36}$$

$$P\{p - \Delta_p < P < p + \Delta_p\} = 1 - \alpha \tag{6-37}$$

于是称 $\{\bar{x} - \Delta_{\bar{x}}, \bar{x} + \Delta_{\bar{x}}\}$ 和 $\{p - \Delta_p, p + \Delta_p\}$ 为置信区间。所谓置信区间,就是联系一定概率保证程度确定的区间,它表达了区间估计的精确性。$1 - \alpha$ 为置信度或概率,表示区间估计的可靠程度。例如,$1 - \alpha = 0.95$,说明有 95% 的可能总体参数包括在估计区间内,而不包括在这个区间的概率为 $\alpha = 5\%$,α 叫显著性水平。

由上可见,科学的区间估计方法要具备三个基本要素:

第一,要有合适的统计量作为估计量。

第二,要有合理的允许误差范围。允许误差范围又称抽样极限误差,指样本统计量与被估计总体参数离差的绝对值可允许变动的上限和下限。由于统计量本身也是随机变量,所以要使所作的估计完全没有误差是难以实现的,但估计误差也不能太大,估计误差如果超过了一定限度,参数估计本身也就会失去价值。误差范围愈小表明抽样估计的准确度愈高;反之,就表明准确度愈差。

第三,要有可靠的概率保证程度。估计的概率保证程度又称估计的置信度,它涉及估计的可靠性问题。由于随机抽样,统计量是随机变量,估计值所确定的估计区间也是随机的,在实际抽样中并不能保证被估计的参数真值都落在允许误差的范围内。这就产生了要冒多大风险相信所作的估计的问题。如果一种估计可信度很低,这就意味着所冒的风险很大,这种估计也就没有什么价值。

由于参数的允许范围涉及估计的准确性问题,而相应的概率保证程度(置信度)涉及估计的可靠性问题。出于本能,在作估计时常常希望尽可能提高准确性,而且可靠性也不能小,但是这两个要求是矛盾的。在样本单位数不变的条件下,要想缩小估计区间,提高估计的准确性,势必要减小置信度,降低估计的可靠性。同样,提高了估计的可靠性,也必然要降低估计的准确性。

因此,在抽样估计的时候,只能对其中的一个要素提出要求,而推断另一个要素的变动情况。如对估计的准确性提出要求,即要求误差范围不超过给定的标准,来推算估计的可靠性,亦即概率保证程度;或对估计的可靠性提出要求,即要求给定的概率保证程度,来推算抽样的误差范围。若所推算的另一要素(抽样误差范围或概率保证程度)不能满足实际工作的需要,就应该增加样本单位改善抽样组织方式,重新进行抽样,直到符合要求为止。

所以总体参数的区间估计根据所给定的条件不同有两种估计方法。

所谓区间估计就是根据给定的概率保证程度把抽样指标和抽样误差结合起来去推断全及指标的可能范围。所以区间估计必须具备估计值(抽样指标)、抽样误差范围和概率保证程度三要素。抽样误差范围决定估计的准确性,而概率保证程度决定估计的可靠性(置信度)。要根据样本的特点,尽可能地作出既有一定的可靠性又有一定的精确性的估计。

1. 根据给定的抽样误差范围,估计概率保证程度

根据给定的抽样误差范围 Δ,估计其概率保证程度 $F(t)$ 的具体步骤是:

第一步,抽取样本,根据样本单位标志值计算样本指标,如计算样本平均数或样本成数,作为总体指标的相应估计值。并计算样本标准差以推算抽样平均误差。

第二步,根据给定的抽样极限误差范围,估计出总体指标(平均数或成数)的下限和上限。

第三步,根据给定的抽样极限误差除以抽样平均误差,求出概率度 t 值,再根据 t 值查《正态分布概率表》,求出相应的概率保证程度 $F(t)$,并对总体参数作区间估计。

这种估计方法分为总体平均数的估计和总体成数的估计两种形式。

1)总体平均数的估计

[例 6-6] 某高校学生每月消费情况调查,随机抽取 400 名学生,调查的年平均消费支出为 900 元,标准差为 200 元。要求抽样极限误差不超过 20 元,试对该高校学生每月消费支出情况作出估计。

第一步,抽取样本,计算样本平均数和标准差,并计算抽样平均误差。

$$\bar{x} = 900 元, S = 200 元$$
$$\mu_{\bar{x}} = \frac{\sigma}{\sqrt{n}} = \frac{200}{\sqrt{400}} = 10(元)$$

在这里总体标准差是用样本标准差来代替的。以下例子相同。

第二步,根据给定的误差范围,计算该高校学生每月消费支出的范围。

$$下限 = \bar{x} - \Delta_{\bar{x}} = 900 - 20 = 880(元)$$
$$上限 = \bar{x} + \Delta_{\bar{x}} = 900 + 20 = 920(元)$$

第三步,计算概率度,并查表估计出置信度。

$$t = \frac{\Delta_{\bar{x}}}{\mu_{\bar{x}}} = \frac{20}{10} = 2$$
$$F(t) = 0.9545$$

我们可以有 95.45% 的概率保证程度,估计该高校学生每月消费支出在 880~920 元之间。

2) 总体成数的估计

[例 6-7] 对某高校学生吃早餐情况进行调查,随机抽取 900 名学生,其中有 675 名学生会按时吃早餐。要求抽样极限误差范围不超过 2.73%,试对该校学生按时吃早餐的比重进行估计。

第一步,抽取样本,计算样本成数和标准差,并推算抽样平均误差。

$$p = \frac{675}{900} = 75\%$$
$$\sigma_p = \sqrt{p(1-p)} = \sqrt{0.75 \times 0.25} = 0.43$$
$$\mu_p = \sqrt{\frac{p(1-p)}{n}} = \sqrt{\frac{0.75 \times 0.25}{900}} = 1.4\%$$

第二步,根据给定的误差范围,计算总体成数的上、下限。

$$下限 = p - \Delta_p = 75\% - 2.73\% = 72.27\%$$
$$上限 = p + \Delta_p = 75\% + 2.73\% = 77.73\%$$

第三步,计算概率度,并查表估计出置信度。

$$t = \frac{\Delta_p}{\mu_p} = \frac{2.73\%}{1.4\%} = 1.96$$
$$F(t) = 0.95$$

我们可以有 95% 的概率保证程度,估计该校学生按时吃早餐的比重在 72.27%~77.73% 之间。

2. 根据置信度的要求,估计总体指标出现的可能范围

根据置信度的要求,估计总体指标出现的可能范围的具体步骤是:

(1) 抽取样本,根据样本单位标志值计算样本指标,如计算样本平均数或样本成数,作为总体指标的相应估计值,并计算样本标准差用以推算抽样平均误差。

(2) 根据给定的置信度 $F(t)$ 的要求,查《正态分布概率表》,求得概率度 t 值。

(3) 根据概率度和抽样平均误差来推算抽样极限误差的可能范围,并据以计算被估计总体指标的上下限,对总体参数作区间估计。

3. 当 σ^2 未知时,求 μ 的置信区间

不知道总体方差时,一个很自然的想法是用样本方差来代替,这时,需要考虑的问题是,用样本方差代替总体方差后,统计量 $T=(\bar{X}-\mu)/\sqrt{S^2/n}$ 服从的是什么分布,以下定理给出了统计量 T 的分布形式。

定理 设 $x_1, x_2, \cdots, x_n, (n \geq 2)$ 是来自总体 $N(\mu, \sigma^2)$ 的一个样本,则:

$$T = \frac{\bar{x}-\mu}{\sqrt{S^2/n}} \sim t(n-1) \tag{6-38}$$

t 分布具有如下特性:

(1) t 分布与标准正态分布相似,是以 $x=0$ 为对称轴的钟形对称分布,取值范围是 $(-\infty, +\infty)$,但是 t 分布的方差大于 1,比标准正态分布的方差大,所以从分布曲线看,t 分布的曲线较标准正态分布平缓。

(2) t 分布的密度函数为:

$$f(x) = \frac{\Gamma\left(\frac{n+1}{2}\right)}{\Gamma\left(\frac{n}{2}\right)\sqrt{n\pi}}\left(1+\frac{x^2}{n}\right)^{-\frac{n+1}{2}}, -\infty < x < +\infty. \tag{6-39}$$

t 分布的密度函数中只有一个参数,称为自由度。如果随机变量 X 具有以上形式的分布密度,则称 X 服从自由度为 n 的 t 分布,记为 $X \sim t(n)$。随着自由度的增大,t 分布的变异程度逐渐减小,其方差逐渐接近 1,当 $n \to \infty$ 时,t 分布成为正态分布。

(3) 随机变量 X 落在某一区域内的概率,等于 t 分布曲线下,相应区域的面积,对于不同的 n,同样的区域下的概率不同,见书后附表:t 分布表。如 $n=10$,X 落入 $[-1.372, +1.372]$ 区间的概率为 0.9,而当 $n=20$ 时,概率为 0.9 所对应的区间为 $[-1.325, +1.325]$;当 $n=30$ 时,概率为 0.9 所对应的区间为 $[-1.31, +1.31]$。

关于 t 分布的特性就讨论到此,现在回到如何应用 t 分布求解置信区间的问题,既然定理已经证明了统计量 $(\bar{x}-\mu)/\sqrt{S^2/n}$ 服从 $n-1$ 个自由度的 t 分布,则对于给定的显著性水平 α,不难找出 $t_{\alpha/2}(n-1)$,使得 $P\{-t_{\alpha/2}(n-1) \leq (\bar{x}-\mu)/\sqrt{S^2/n} \leq t_{\alpha/2}(n-1)\} = 1-\alpha$。于是得到以 $1-\alpha$ 置信水平保证的置信区间:

$$\left[\bar{x} - t_{\alpha/2}(n-1)\sqrt{S^2/n}, \bar{x} + t_{\alpha/2}(n-1)\sqrt{S^2/n}\right]$$

[例 6-8] 从某大学本科生中随机抽选 100 人,调查到他们平均每天参加体育锻炼的时间为 35 分钟,样本标准差为 6 分钟,根据以往调查记录,学生参加体育锻炼的时间近似服从正态分布,试以 99% 的概率估计该校本科生平均参加体育锻炼的时间。

解:已知 X 服从正态分布,且 $\bar{x}=35$,$S=6$,$n=100$,$1-\alpha=0.99$,不知总体方差用样本方差代替,所以统计量服从 $t(n-1)$ 分布,查表得 $t_{0.01/2}(99) \approx 2.63$,则有总体均值的置信区间为:

$$[\bar{x}-t_{\alpha/2}(n-1)\sqrt{S^2/n},\ \bar{x}+t_{\alpha/2}(n-1)\sqrt{S^2/n}]=[35-2.63(6/10),\ 35+2.63(6/10)]=[33.422,36.578]$$

有 99% 的把握认为该校全体本科生平均每天参加体育锻炼的时间在 33.422 分钟到 36.578 分钟之间。

(4) 单个非正态总体或总体分布未知，求 U 的置信区间。

当总体为非正态分布，或不知总体的分布形式时，只要知道总体方差，则根据 Lindeberg-Levy 中心极限定理，当 n 很大时，统计量 $\eta = \dfrac{\bar{X}-E(X_1)}{\sqrt{D(X_1)/n}}$ 就近似服从标准正态分布，经验上，$n>30$ 就可以认为是大样本了。

6.5 样本容量的确定

在参数区间估计的讨论中，估计值 $\hat{\theta}$ 和总体的参数 θ 之间存在着一定的差异，这种差异是由样本的随机性产生的。在样本容量不变的情况下，若要增加估计的可靠度，置信区间就会扩大，估计的精度就降低了。若要在不降低可靠性的前提下，增加估计的精确度，就只有扩大样本容量。当然，增大样本容量要受到人力、物力和时间等条件的限制，所以需要在满足一定精确度的条件下，尽可能恰当地确定样本容量。

6.5.1 影响样本容量的因素

1. 总体的变异程度（总体方差 σ^2）

在其他条件相同的情况下，有较大方差的总体，样本的容量应该大一些，反之则应该小一些。例如，在正态总体均值的估计中，抽样平均误差为 $\sigma/\sqrt{n}$，它反映了样本均值相对于总体均值的离散程度。所以，当总体方差较大时，样本的容量也相应要大，这样才会使较 $\sigma/\sqrt{n}$ 小，以保证估计的精确度。

2. 允许误差的大小

允许误差指允许的抽样误差，记为 $|\hat{\theta}-\theta|=\Delta_\theta$。例如，样本均值与总体均值之间的允许误差可以表示为 $|\bar{X}-\mu|=\Delta_{\bar{x}}$，允许误差以绝对值的形式表现了抽样误差的可能范围，所以又称为误差。

允许误差说明了估计的精度，所以，在其他条件不变的情况下，如果要求估计的精度高，允许误差就小，那么样本容量就要大一些；如要求的精确度不高，允许误差可以大些，则样本容量可以小一些。

3. 概率保证度 $1-\alpha$ 的大小

概率保证度说明了估计的可靠程度。所以，在其他条件不变的情况下，如果要求较高的可靠度，就要增大样本容量；反之，可以相应减少样本容量。

4. 抽样方法不同

在相同的条件下，重复抽样的抽样平均误差比不重复抽样的抽样平均误差大，所需要的样本容量也就不同。重复抽样需要更大的样本容量,而不重复抽样的样本容量则可小一些。

必要的抽样数目还要受抽样组织方式的影响,这也是因为不同的抽样组织方式有不同的抽样平均误差。

6.5.2 样本容量的确定

1. 估计总体均值的样本容量

在总体均值的区间估计里,置信区间是由下式确定的:

$$\bar{X} \pm U_{a/2} \frac{\sigma}{\sqrt{n}} \tag{6-40}$$

例如,对于正态总体以及非正态总体大样本时,都是以它为置信区间的。

从图 6-3 中可以看到,从估计量 x 的取值到点 $U_{a/2} \frac{\sigma}{\sqrt{n}}$ 的距离实际上为置信区间长度的 $\frac{1}{2}$。

这段距离表示在一定置信水平 $1-\alpha$ 下,用样本均值估计总体均值时所允许的最大绝对误差即允许误差 Δ。显然,若以 x 的取值为原点,则允许误差 Δ 可以表示为:

$$\Delta_x = U_{a/2} \frac{\sigma}{\sqrt{n}} \tag{6-41}$$

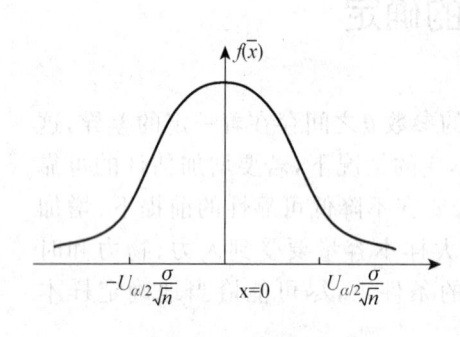

图 6-3 允许误差示意图

公式(6-41)反映了允许误差 Δ、可靠性系数 $U_{a/2}$、总体标准差 σ 与样本容量之间的相互制约关系。只要这四个因素中的任意三个因素确定后,另一个因素也就确定了。

在重复抽样条件下,把允许误差 Δ 的计算公式 $\Delta = U_{a/2} \frac{\sigma}{\sqrt{n}}$ 变形整理,则得到样本容量的计算公式:

$$n = \frac{U_{a/2}^2 \sigma^2}{\Delta_x^2} \tag{6-42}$$

在不重复抽样的条件下,抽样允许误差为 $\Delta_{\bar{x}} = |\bar{X} - \mu| = \mu_{a/2}\sqrt{\frac{\sigma^2}{n}\left(1 - \frac{n}{N}\right)}$,因此变形后得到不重复抽样条件下的样本容量公式为:

$$n = \frac{\mu_{a/2}^2 \sigma^2 N}{(\Delta_x)^2 N + \mu_{a/2}^2 \sigma^2} \tag{6-43}$$

[例 6-9] 某日用品企业要检验本月生产的 10 000 件杯子的高度,根据以往的资料,这种杯子高度的标准差为 25 毫米。如果要求在 95.45% 的置信度下,平均每个杯子的误差不超过 5 克,应抽查多少个产品?

解:由题意可知 $N = 20\ 000$,$\sigma = 25$ 克,$\Delta_{\bar{x}} = 5$ 克,根据置信度 $1-\alpha = 95.45\%$,有

$\mu_{a/2}=2$。在重复抽样的条件下：

$$n=\frac{\mu_{a/2}^2\sigma^2}{(\Delta_x)^2}=\frac{2^2\times25^2}{5^2}=100(个)$$

在不重复抽样条件下：

$$n=\frac{\mu_{a/2}^2\sigma^2 N}{(\Delta_x)^2 N+\mu_{a/2}^2\sigma^2}=\frac{2^2\times25^2\times10\,000}{5^2\times10\,000+2^2\times25^2}=99(个)$$

由计算结果可知：在其他条件相同的情况下，重复抽样所需要的样本容量大于不重复抽样所需要的样本容量。

在计算样本容量时，必须知道总体的方差，而在实际抽样调查前，总体的方差往往是未知的。在实际操作时，可以用过去的资料，若过去曾有若干个方差，应该选择最大的，以保证抽样估计的精确度；也可以进行一次小规模的调查，用调查所得的样本方差来替代总体的方差。

2. 估计总体成数时的样本容量

估计总体成数时样本容量的确定方法与估计总体均值是一样的，设 $\Delta_p=|P-p|$ 为允许误差，在 $1-a$ 的置信度下，重复抽样条件下有：

$$\Delta_p=|P-p|=\mu_{a/2}\sqrt{\frac{P(1-P)}{n}}$$

解上面的方程可得重复抽样条件下样本容量的公式为：

$$n=\frac{\mu_{a/2}^2 P(1-P)}{\Delta_p^2} \tag{6-44}$$

同理可得不重复抽样条件下的样本容量公式为：

$$n=\frac{\mu_{a/2}^2 P(1-P)}{(\Delta_p)^2 N+\mu_{a/2}^2 P(1-P)} \tag{6-45}$$

在估计成数时，计算样本容量时需要总体的成数，但是总体的成数通常是未知的，在实际的抽样调查时，可先进行小规模的试调查求得样本的成数来代替。也可用历史资料，如果有若干个成数可供选择，则应选择最靠近50%的成数，使样本成数的方差最大，以保证估计的精确度。

［例6-10］ 为了检查某轮胎企业生产的10 000个轮胎的合格率，需要确定样本的容量。根据以往经验，合格率为90%、91.7%。如果要求估计的允许误差不超过0.027 5，置信水平为95.45%，求应该取多少条轮胎？

解：根据资料，我们应该选择 $P=0.9$ 计算样本容量，根据置信水平0.954 5，有 $\mu_{a/2}=2$，$\Delta_p=|P-p|=0.027\,5$。

重复抽样条件下，样本容量：

$$n=\frac{\mu_{a/2}^2 P(1-P)}{\Delta_p^2}=\frac{2^2\times0.9\times(1-0.9)}{0.027\,5^2}=476.03\approx477$$

不重复抽样条件样本容量：

$$n = \frac{\mu_{\alpha/2}^2 P(1-P)N}{\Delta_p^2 N + \mu_{\alpha/2}^2 P(1-P)} = \frac{2^2 \times 0.9 \times (1-0.9) \times 1\,000}{0.027\,5^2 \times 10\,000 + 2^2 \times 0.9 \times (1-0.9)} = 454.40 \approx 455$$

从计算的结果可以看出，重复抽样应该抽 477 条轮胎检验，而不重复抽样应该抽 455 条轮胎，可见，在相同条件下，重复抽样需要的样本容量更大。

本章小结

抽样调查是一种十分重要的统计研究方法。抽样调查的概念可以有广义和狭义两种理解。按照广义的理解，凡是抽取一部分单位进行观察，并根据观察结果来推断全体的调查都是抽样调查，其中又可分为非随机抽样和随机抽样两种。

抽样推断是在根据随机原则从总体中抽取部分实际数据的基础上，运用数理统计方法，对总体某一现象的数量性作出具有一定可靠程度的估计判断。

在抽样调查中，有两种不同的总体，即全及总体和抽样总体。

抽样指标与所要估计的总体指标之间的差值称为抽样误差。在抽样调查中，误差的来源有登记性误差和代表性误差两类。抽样误差包括抽样实际误差和抽样平均误差两种。

参数估计就是指通过对样本各单位的实际观察取得样本数据，计算样本统计量的取值作为被估计参数的估计值。总体参数估计有点估计和区间估计两种。

练习与实践

一、单项选择题

1. 一项调查，当数据需从总体每一单位中搜集时，称为（　　）。
   A. 抽样调查　　　B. 重点调查　　　C. 典型调查　　　D. 普查

2. 下列各项中，属于抽样调查的是（　　）。
   A. 经济普查　　　B. 人口普查　　　C. 农业普查　　　D. 1‰人口调查

3. 按照某一标志，先将总体分成若干层（组、类），再在层内按简单随机抽样方法进行抽样，此种抽样方法为（　　）。
   A. 简单随机抽样　　　　　　　　B. 系统随机抽样
   C. 分层随机抽样　　　　　　　　D. 整群抽样

4. 先将总体中各单位按一定的标志排队，然后每隔一定的距离抽取一个单位构成样本，此种抽样方法为（　　）。
   A. 简单随机抽样　　　　　　　　B. 系统随机抽样
   C. 分层随机抽样　　　　　　　　D. 整群抽样

5. 某校高三年级学生共 1 000 人参加考试，将 1 000 份试卷编好号码后，从中随机抽取 30 份计算平均成绩，此种抽样方法为（　　）。
   A. 简单随机抽样　　　　　　　　B. 系统随机抽样

C. 分层随机抽样 　　　　　　　　D. 整群抽样

6. 为获得某批日光灯产品的平均寿命数据,现随机从中抽取100件产品,测得平均寿命为2 000小时,则样本平均数为(　　)小时。
   A. 100　　　　B. 2 000　　　　C. 1 900　　　　D. 2 100

7. 某商品的100件样品中,测得的优质品为98件,则样本优质品成数为(　　)。
   A. 100%　　　B. 98%　　　　C. 2%　　　　D. 无法计算

8. 为了了解某地区职工家庭生活状况,调查时,将职工家庭按居委会分组,并以居委会为单位进行简单随机抽样,再对抽中的居委会所辖每户职工家庭一一进行调查,这种调查组织方式为(　　)。
   A. 多阶抽样 　　　　　　　　　　B. 系统随机抽样
   C. 分层随机抽样 　　　　　　　　D. 整群随机抽样

9. 在其他条件不变的情况下,抽样误差(　　)。
   A. 与样本单位数目无关 　　　　　B. 不受抽样组织方式的影响
   C. 与总体标志变异程度成正比 　　D. 不受抽样方法不同的影响

10. 影响样本单位数的主要因素是:总体标志变异程度;极限误差的大小;抽样方法与组织方式的不同;人力、物力、财力的可能条件;以及(　　)。
    A. 总体单位的分布 　　　　　　　B. 总体单位的个数
    C. 时间期限 　　　　　　　　　　D. 抽样推断的可靠程度

二、多项选择题

1. 抽样调查的特点包括(　　)。
   A. 按照随机原则抽取样本 　　　　B. 根据样本资料推断总体数值
   C. 有时是唯一可选择的调查方法 　D. 费用相对较低
   E. 时效性较差

2. 下列有关抽样误差的叙述中,正确的有(　　)。
   A. 系统误差是不可控制的 　　　　B. 随机误差是不可避免的
   C. 代表性误差越小则样本代表性越高 D. 样本数目越少误差越小
   E. 误差大小受不同抽样组织方式的影响

3. 影响抽样误差的因素有(　　)。
   A. 样本单位数 　　　　　　　　　B. 总体标志变异程度
   C. 投入的经费大小 　　　　　　　D. 抽样方法
   E. 抽样组织方式

4. 若计算抽样平均误差,在总体方差未知时,解决方法有(　　)。
   A. 用样本方差代替 　　　　　　　B. 用估计资料代替
   C. 用过去调查的资料代替 　　　　D. 用小规模试验性调查资料代替
   E. 将其视作1

5. 抽样调查具有的特点有(　　)。
   A. 总体中每个单位被抽中的机会不等
   B. 抽样调查存在一定抽样误差,误差范围可以计算但难以控制

C. 在时间紧的情况下,不可能采用普查方法,抽样调查时效性强
D. 抽样调查与普查相比,可节省调查费用
E. 对一些产品进行破坏试验以检验总体的性能时,只能采取抽样调查
6. 概率抽样是(　　)。
A. 样本单位的抽选以无目的、随意的方式进行
B. 在总体中挑选有代表性的样本单位入样
C. 为了对总体的推断更具代表性,概率抽样在抽取样本时,不带有任何倾向性
D. 总体中每个单位被抽中的机会不等
E. 从总体中随机抽选样本单位

三、判断题

1. 有些调查必须也只能使用抽样调查。　　　　　　　　　　　　　　(　　)
2. 随机原则又称为等可能性原则。　　　　　　　　　　　　　　　　(　　)
3. 对同一个问题进行调查,采用抽样调查比全面调查使用经费要多。　(　　)
4. 抽样调查是从总体中按随机原则抽取部分单位作为样本,进行观察研究,并根据这部分单位的调查结果来推断总体,以达到认识总体的一种统计调查方法。(　　)
5. 抽样极限误差就是指抽样误差的最大值。　　　　　　　　　　　　(　　)
6. 随着研究总体的增大,抽样时样本单位数也一定等比例增大。　　　(　　)
7. 抽样调查存在抽样误差,但可以度量并控制。　　　　　　　　　　(　　)
8. 重复抽样情况下,总体单位数在每一次抽取时都是相同的。　　　　(　　)
9. 抽样调查是从研究的总体中自主抽取部分单位作为样本进行观察研究,并根据这部分单位的调查结果来推断总体,以达到认识总体的一种统计调查方法。(　　)
10. 根据点估计值、概率度就可以对总体平均数作出具有一定可靠程度的区间估计。
　　　　　　　　　　　　　　　　　　　　　　　　　　　　　　　(　　)

拓展实训

请以本校学生为研究对象,选择恰当的抽样方法,从中抽取100名学生,调查其每周上网时间情况及目的,尝试分析并得出有意义的结论。

第 7 章 假设检验

【学习目标】

1. 理解假设检验的基本概念和原理以及假设检验的一般方法和步骤。
2. 掌握两类假设和两类错误。
3. 理解显著性水平、拒绝域和接受域的概念。

【重点掌握】

1. 理解假设检验的基本原理。
2. 掌握区间估计与假设检验的关系。

7.1 假设检验的初步了解

7.1.1 假设检验的基本概念

1. 原假设和备择假设

假设检验是先对研究总体的参数作出某种假设,然后以样本指标为依据来分析总体指标的假设值是否成立。例如,某种袋装食品,每袋重量不得少于 400 克。若从一批该种食品中任意抽取 50 袋,发现有 7 袋低于 400 克。而规定不符合标准的比例达到 5%,食品就不得出厂,问该批食品能否出厂。那么我们就先假设该批食品的不合格率未超过 5%,然后用样本不合格率来检验假设是否正确,这便是一个假设检验问题。

又如,从 2013 年的新生婴儿中随机抽取 50 个,测得其平均体重为 3 350 克。而根据 2012 年的统计资料,新生婴儿的平均体重为 3 360 克,问 2013 年的新生儿与 2012 年相比,体重有无显著变化。

从直观上看,2013 年的新生婴儿的体重较轻,但这种差异可能是由于抽样的随机性带来的,而事实上这两年新生婴儿的体重也许没有显著差异。究竟是否存在显著差异,可以先设立一个假设,不妨为"假设这两年新生儿的体重没有显著差异",然后检验这个假设是否成立,这也是一个假设检验问题。

假设是否成立通常是用样本指标和总体指标假设值之间的差异的显著性来说明。差异性小,假设的真实性就可能大;差异性大,假设的真实性就可能小。因此,假设检验又称为显著性检验。

[例 7-1] 某厂生产一种节能灯管,其使用寿命 X 服从正态分布 $N(\mu, 200^2)$,从过去的生产经验看,灯管的平均寿命为 $\mu = 1 550$ 小时。现在采用新工艺后,在所生产的新灯管中抽取 25 只,测其平均寿命为 1 650 小时。问采用新工艺后,灯管的寿命是否显著提高?这是一个均值的检验问题。灯管的寿命有没有显著变化呢?这有两种可能:一种是没有什么变化。即新工艺对均值没有影响,采用新工艺后,X 仍然服从 $N(1 550, 200^2)$。另一种情况可能是,新工艺的确使均值发生了显著性变化。这样,$\overline{X} = 1 650$ 和 $\mu_0 = 1 550$ 之间的差异就只能认为是采用新工艺的关系。究竟是哪种情况与实际情况相符合,这需要做检验。假如给定显著性水平 $\alpha = 0.05$。

在[例 7-1]中,我们可以把涉及的两种情况用统计假设的形式表示出来。第一个统计假设 $\mu = 1 550$ 表示采用新工艺后灯管的平均寿命没有显著性提高。第二个统计假设 $\mu > 1 550$ 表示采用新工艺后灯管的平均寿命有显著性提高。这第一个假设称为原假设(或零假设),记为 $H_0: \mu = 1 550$;第二个假设 $\mu > 1 550$ 称为备择假设,记为 $H_1: \mu > 1 550$。至于在两个假设中,采用哪一个作为原假设,哪一个作为备择假设,要看具体的研究目的和要求而定。假如我们的目的是希望从子样观察值对某一陈述取得强有力的支持,则把该陈述的否定作为原假设,该陈述本身作为备择假设。例如,在[例 7-1]中,我们的目的当然是希望新工艺对产品寿命确有提高,但又没有更多的数据可以掌握。为此,我们取"寿命没有显著性提高($\mu = 1550$)"作原假设,而以"寿命有显著性提高($\mu > 1550$)"作为备择假设。

2. 检验统计量

假设检验问题的一般提法是:在给定备择假设 H_1 下对原假设 H_0 作出判断,若拒绝原假设 H_0,那就意味着接受备择假设 H_1,否则就接受原假设 H_0。在拒绝原假设 H_0 或接受备择假设 H_1 之间作出某种判断,必须要从子样 ($X_1, X_2, \cdots, X_n$) 出发,制定一个法则,一旦子样的观察值 ($x_1, x_2, \cdots, x_n$) 确定之后,利用我们制定的法则作出判断:拒绝原假设 H_0 还是接受原假设 H_0。那么检验法则是什么呢? 它应该是定义在子样空间上的一个函数为依据所构造的一个准则,这个函数一般称为检验统计量。如上面列举的原假设 $H_0: \mu = \mu_0 (\mu_0 = 1550)$,那么子样均值 $\overline{X}$ 就可以作为检验统计量,有时还可以根据检验统计量的分布进一步加工,如子样均值服从正态分布时将其标准化,$Z = \dfrac{\overline{X} - \mu_0}{\sigma/\sqrt{n}}$ 作为检验统计量,简称 Z 检验量。或者在总体方差 σ^2 未知的条件下, $t = \dfrac{\overline{X} - \mu_0}{S_n/\sqrt{n}}$ 作为检验量,称为 t 检验量。

3. 接受域和拒绝域

假设检验中接受或者拒绝原假设 H_0 的依据是假设检验的小概率原理。所谓小概率原理,是指发生概率很小的随机事件在一次实验中几乎是不可能发生的,根据这一原理就可以作出接受或是拒绝原假设的决定。如,一家厂商声称其某种产品的合格率很高,可以达到 99%,那么从一批产品(如 100 件)中随机抽取一件,这一件恰好是次品的概率就非常之小,只有 1%。如果把厂商的宣称,即产品的次品率仅为 1% 作为一种假设,并且是真的。那么由小概率原理,随机抽取一件是次品的情形就几乎是不可能发生的。如果这种情形居然发生了,这就不能不使人们怀疑原来的假设,即产品的次品率仅为 1% 的假设的正确性,这时就可以作出原假设为伪的判断,于是否定原假设。

接受域和拒绝域是在给定的显著性水平 α 下,由检验法则所划分的样本空间的两个互不相交的区域。原假设 H_0 为真时的可以接受的可能范围称为接受域,另一区域是当原假设 H_0 为真时只有很小的概率发生,如果小概率事件确实发生,就要拒绝原假设,这一区域称为拒绝域(或否定域)。落入拒绝域是个小概率事件,一旦落入拒绝域,就要拒绝原假设而接受备择假设。那么应该确定多大的概率算作小概率呢? 这要根据不同的目的和要求而定,一般选择 0.05 或者 0.01,通常用 α 表示。它说明用多大的小概率来检验原假设。显然 α 愈小愈不容易推翻原假设,而一旦拒绝原假设,原假设为真的可能性就越小。所以在作假设检验时通常要事先给定显著性水平 α ($1-\alpha$ 称为置信水平)。图 7-1 所

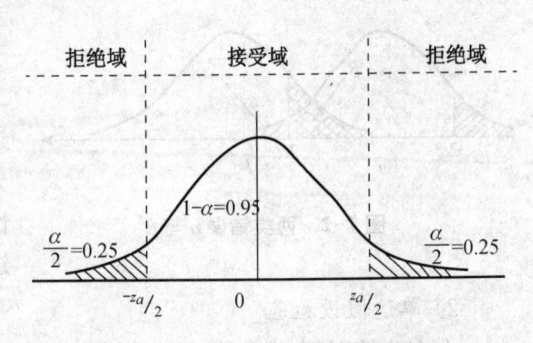

图 7-1 Z 检验接受域或与拒绝域

示 Z 检验时的拒绝域和接受域。

4. 假设检验中的两类错误

由前面已知,假设检验是在子样观察值确定之后,根据小概率原理进行推断的,由于样本的随机性,这种推断不可能有绝对的把握,不免要犯错误。所犯错误的类型有两类:一类错误是原假设 H_0 为真时却被拒绝了。这类错误称为弃真错误,犯这种错误的概率用 α 表示,所以也叫 α 错误或第一类错误。另一类错误是指原假设 H_0 为伪时,却被人们接受而犯了错误。这是一种取伪的错误,这种错误发生的概率用 β 表示,故也称 β 错误或第二类错误。在厂家出售产品给消费者时,通常要经过产品质量检验,生产厂家总是假定产品是合格的,但检验时厂家总要承担把合格产品误检为不合格产品的某些风险,生产者承担这些风险的概率就是 α,所以 α 也称为生产者风险。而在消费者一方却把不合格产品误检为合格品而被接受,这是消费者承担的某些风险,其概率就是 β,因此第二类错误 β 也称为消费者风险。正确的决策和犯错误的概率可以归纳为表 7-1。

自然,人们希望犯这两类错误的概率愈小愈好。但对于一定的子样容量 n,不可能同时做到犯这两类错误的概率都很小。通常的假设检验只规定第一类错误 α,即显著性水平,而不考虑第二类错误 β,并称这样的检验为显著性检验。

表 7-1　　　　　　　　假设检验中各种可能结果的概率

决策结果	接受 H_0	拒绝 H_0,接受 H_1
H_0 为真	$1-\alpha$(正确决策)	α(弃真错误)
H_0 为伪	β(取伪错误)	$1-\beta$(正确决策)

5. 双边假设检验和单边假设检验

根据我们所研究的问题不同,以及所关心的统计量与总体参数的显著性差异的方向不同,可以把假设检验分为双边假设检验和单边假设检验。单边检验又进一步分为右检验和左检验。

1) 双边假设检验

例如,检验的形式为:

$$H_0:\mu = \mu_0$$
$$H_1:\mu \neq \mu_0$$

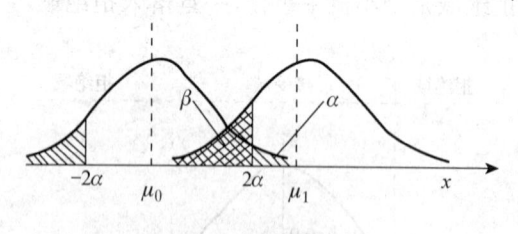

图 7-2　两类错误 α 与 β

由于我们在这里提出的原假设是 μ 等于某一数值 μ_0,所以只要 $\mu > \mu_0$ 或 $\mu < \mu_0$ 二者之中有一个成立,就可以否定原假设,这种假设检验称为双边检验,它的拒绝域分为两个部分,有两个临界值,在给定显著性水平 α 下,每个拒绝域的面积为 $\alpha/2$。双边检验如图 7-2 所示。

2) 单边假设检验

在有些情况下,我们关心的假设问题带有方向性。例如,产品的次品率则要求愈低愈好,它不能高于某一指标,当高于某一指标时,就要拒绝原假设,这就是单边检验。这时拒绝域的图形在右侧,就称作单边右检验。检验的形式可以写为:

$$H_0: \mu \leqslant \mu_0$$
$$H_1: \mu > \mu_0$$

又如,灯管的使用寿命,药物的有效成分这类产品质量指标是愈高愈好,它不能低于某一标准,当低于某一标准时就要拒绝原假设,这时拒绝域的图形在左侧,就称为单边左检验。检验的形式为:

$$H_0: \mu \geqslant \mu_0$$
$$H_1: \mu < \mu_0$$

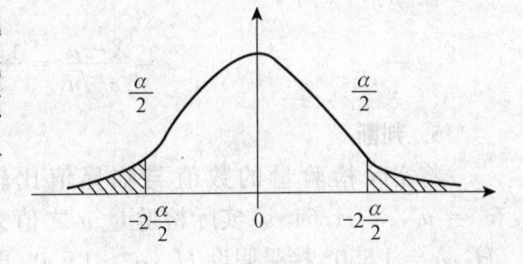

图 7-3 Z 检验双边检验

7.1.2 假设检验的一般步骤

一个完整的假设检验过程,一般包括五个主要步骤:

1. 提出原假设和备择假设

确定是双边检验还是单边检验,例如双边检验为:

$$H_0: \mu = \mu_0, \quad H_1: \mu \neq \mu_0$$

单边左检验为:

$$H_0: \mu \geqslant \mu_0, \quad H_1: \mu < \mu_0$$

单边右检验为:

$$H_0: \mu \leqslant \mu_0, \quad H_1: \mu > \mu_0$$

2. 建立检验统计量

建立检验统计量是假设检验的重要步骤。譬如上例中,在总体 X 服从正态分布 $N(\mu, 200^2)$ 的假定下,当原假设 $H_0: \mu = 1\,550$ 成立时,建立检验统计量 $Z = \dfrac{\overline{X} - 1\,550}{200/\sqrt{n}}$,那么 Z 就服从标准正态分布 $N(0, 1)$。

在具体问题里,选择什么统计量作为检验统计量,需要考虑的因素与参数估计相同。例如,用于进行检验的样本是大样本还是小样本,总体方差是已知还是未知等,在不同条件下应选择不同的检验统计量。

3. 规定显著性水平 α,确定 H_0 的拒绝域

例如,当原假设 $H_0: \mu = \mu_0$ 成立时,检验统计量 U 服从标准正态分布 $N(0,1)$,那么给定显著性水平 $\alpha(0 < \alpha < 1)$,按双边检验,在标准正态分布表中查得临界值 $z_{\frac{\alpha}{2}}$,使得:

$$P\{|Z| \geqslant z_{\frac{\alpha}{2}}\} = \alpha$$

或者

$$P\{-z_{\frac{\alpha}{2}} \leqslant Z \leqslant z_{\frac{\alpha}{2}}\} = 1 - \alpha$$

若由子样 $(X_1, X_2, \cdots, X_n)$ 的一组观察值 $(x_1, x_2, \cdots, x_n)$ 算得统计量 Z 的值 z 落在 $(-\infty, -z_{\frac{\alpha}{2}})$ 或 $(z_{\frac{\alpha}{2}}, \infty)$ 时，则拒绝或否定 H_0，$(-\infty, -z_{\frac{\alpha}{2}})$ 及 $(z_{\frac{\alpha}{2}}, \infty)$ 组成 H_0 的拒绝域，称 $z_{\frac{\alpha}{2}}$ 为临界值。

4. 计算实际检验量

在[例 7-1]中，

$$z = \frac{\overline{X} - \mu_0}{\sigma/\sqrt{n}} = \frac{1\,650 - 1\,550}{200/\sqrt{25}} = 2.5$$

5. 判断

将实际检验量的数值与临界值比较，以确定接受或拒绝 H_0。在本例中，$z_\alpha = u_{0.05} = 1.645$。实际检验量 u 之值大于临界值 1.645，即落入拒绝域，故拒绝 $H_0: \mu = 1\,550$，接受假设 $H_1: \mu > 1\,550$，即可认为采用新工艺后日光灯管的平均寿命有显著性提高。

7.2 正态总体的参数检验

7.2.1 一个正态总体的参数检验

1. 总体均值的检验

1) 正态总体且方差 σ^2 已知

[例 7-2] 某厂生产一种耐高温的零件，根据质量管理资料，在以往一段时间里，零件抗热的平均温度是 12 500℃，零件抗热温度的标准差是 1 500℃。在最近生产的一批零件中，随机测试了 100 个零件，其平均抗热温度为 12 000℃。该厂能否认为最近生产的这批零件仍然符合产品质量要求，而承担的生产者风险为 0.05。

解：从题意分析知道，该厂检验的目的是希望这批零件的抗热温度高于 12 500℃，而低于 12 500℃ 的应予拒绝，因此这是一个左边检验问题。

(1) 提出假设：

$$H_0: \mu \geqslant 1\,250$$
$$H_1: \mu < 1\,250$$

(2) 建立检验统计量为：

$$Z = \frac{\overline{X} - \mu_0}{\sigma/\sqrt{n}}$$

(3) 根据给定的显著性水平 $\alpha = 0.05$，查表得临界值 $-z_{0.05} = -1.645$，因此拒绝域为 $(-\infty, -1.645)$。

(4) 计算检验量的数值：

$$z = \frac{\overline{X} - \mu_0}{\sigma/\sqrt{n}} = \frac{1\,200 - 1\,250}{150/\sqrt{100}} = -3.33$$

(5) 因为 $-3.33 \in (-\infty, -1.645)$，落入拒绝域，故拒绝原假设或接受备择假设，认为最近生产的这批零件的抗高温性能低于 12 500℃，不能认为产品符合质量要求。

2) 大样本，总体分布和总体方差 σ^2 未知

在大样本的条件下，不论总体是否服从正态分布，由中心极限定理可知，样本均值 $\overline{X}$ 近似服从正态分布 $N\left(\mu, \dfrac{\sigma^2}{n}\right)$，（$\mu$ 为总体均值，σ^2 为总体方差，n 为样本容量）。总体方差未知时，可用大样本方差 $S_{n-1}^2 = \dfrac{1}{n-1}\sum\limits_{i=1}^{n}(X_i - \overline{X})^2$ 代替总体方差 σ^2 来估计。所以总体均值的检验量为：

$$Z = \frac{\overline{X} - \mu_0}{S_{n-1}/\sqrt{n}}$$

3) 小样本，正态总体且方差 σ^2 未知

当总体服从正态分布 $N(\mu, \sigma^2)$，μ 和 σ^2 为未知参数，小样本时，要检验 H_0 时的统计量是自由度为 $n-1$ 的 t-分布：

$$t = \frac{\overline{X} - \mu_0}{S_{n-1}/\sqrt{n}}$$

2. 总体比例的检验

在实际问题中，检验总体中具有某种特征的个体所占的比例是否为某个假设值 p_0，是经常遇到的：

$$Z = \frac{\hat{p} - p_0}{\sqrt{\dfrac{p_0(1-p_0)}{n}}}$$

[例 7-3] 一项社会调查结果指出，某地区本科学生继续考研升学的比重为 14.7%，为了检验调查结果的可靠程度，随机抽选了该地区 400 名本科学生，其中有 57 名学生选择继续升学。在给定显著性水平 $\alpha = 0.05$ 下，调查结果是否支持该地区本科学生考研升学比重为 14.7% 的看法？

解：这是一个有关总体比例的双边检验问题。

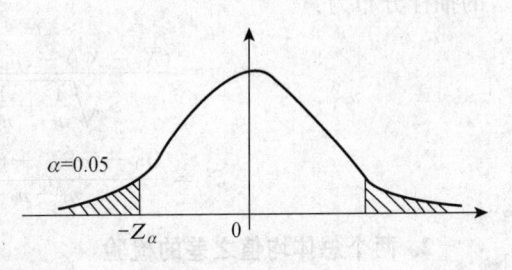

图 7-4 单边左检验

(1) 提出假设：

$$H_0: p = 14.7\%$$
$$H_1: p \neq 14.7\%$$

(2) 计算子样比例 $\hat{p} = \dfrac{57}{400} = 14.25\%$ 及实际检验量：

$$z = \frac{\hat{p} - p_0}{\sqrt{\dfrac{p_0(1-p_0)}{n}}} = \frac{0.1425 - 0.147}{\sqrt{\dfrac{0.147(1-0.147)}{400}}} = -0.254$$

(3) 当 $\alpha = 0.05$ 时,查正态分布表,得临界值 $z_{0.05/2} = \pm 1.96$。

(4) 由于 $|z| \leqslant |z_{\alpha/2}|$,故接受 H_0,所以认为调查结果有 95% 的把握支持该地区本科学生考研升学比重为 14.7% 的看法。

7.2.2 两个正态总体的参数检验

在许多实际问题和科学研究中,人们需要比较两个总体的参数,看它们是否有显著性的差别。例如,两个试验品种的农作物产量是否有明显的差异;在相同的年龄组中,高学历和低学历的职工收入是否有差异;两种农药杀虫效果的比较,等等。对此,可以利用两个正态总体的参数检验寻求答案。

1. 两个总体均值之差的抽样分布

两个总体均值之差的分布一般有三种情形:

(1) 当两个正态总体方差已知时,两总体均值之差的抽样分布为:

$$Z = \frac{(\overline{X}_1 - \overline{X}_2) - (\mu_1 - \mu_2)}{\sqrt{\frac{\sigma_1^2}{n_1} + \frac{\sigma_2^2}{n_2}}} \sim N(0, 1)$$

(2) 当两个总体分布和总体方差未知,两个均为大样本时,两总体均值之差的抽样分布为:

$$Z = \frac{(\overline{X}_1 - \overline{X}_2) - (\mu_1 - \mu_2)}{\sqrt{\frac{S_{1n_1}^2}{n_1} + \frac{S_{2n_2}^2}{n_2}}} \sim N(0, 1)$$

(3) 当两个正态总体方差未知(但方差相等),两个均为小样本时,两总体均值之差的抽样分布为:

$$t = \frac{(\overline{X}_1 - \overline{X}_2) - (\mu_1 - \mu_2)}{S_w \sqrt{\frac{1}{n_1} + \frac{1}{n_2}}} \sim t(n_1 + n_2 - 2)$$

$$S_w^2 = \frac{(n_1 - 1)S_{1n_1}^2 + (n_2 - 1)S_{2n_2}^2}{n_1 + n_2 - 2}, \quad S_w = \sqrt{S_w^2}$$

2. 两个总体均值之差的检验

在对两个总体均值之差进行假设检验时,假设的形式一般有以下三种:

$$H_0: \mu_1 = \mu_2 \quad H_1: \mu_1 \neq \mu_2$$
$$H_0: \mu_1 \leqslant \mu_2 \quad H_1: \mu_1 > \mu_2$$
$$H_0: \mu_1 \geqslant \mu_2 \quad H_1: \mu_1 < \mu_2$$

[例 7-4] 在一项社会调查中,要比较两个地区居民的人均年收入。根据以往的资料,甲、乙两类地区居民人均年收入的标准差分别为 $\sigma_1 = 5\,365$ 元和 $\sigma_2 = 4\,740$ 元。现从两地区的居民中各随机抽选了 100 户居民,调查结果为:甲地区人均年收入 $\overline{X}_1 = 30\,090$ 元,乙地区人均年收入为 $\overline{X}_2 = 28\,650$ 元。试问,当 $\alpha = 0.05$ 时,甲、乙两类地区居民的人均年收入水平是否有显著性的差别。

解:这是两个总体均值之差的显著性检验,没有涉及方向,所以是双边检验。由于两个样本均为大样本且总体方差已知,因而可用检验统计量:

$$Z = \frac{(\overline{X}_1 - \overline{X}_2) - (\mu_1 - \mu_2)}{\sqrt{\frac{\sigma_1^2}{n_1} + \frac{\sigma_2^2}{n_2}}} \sim N(0, 1)$$

(1) 提出假设:

$$H_0 : \mu_1 = \mu_2$$
$$H_1 : \mu_1 \neq \mu_2$$

(2) 根据子样计算实际检验量的值:

$$z = \frac{(\overline{X}_1 - \overline{X}_2) - (\mu_1 - \mu_2)}{\sqrt{\frac{\sigma_1^2}{n_1} + \frac{\sigma_2^2}{n_2}}} = \frac{(30\,090 - 28\,650)}{\sqrt{\frac{5\,365^2}{100} + \frac{4\,740^2}{100}}} = 2.05$$

(3) 当 $\alpha = 0.05$ 时,查正态分布表得 $z_{\alpha/2} = \pm 1.96$。

(4) 因为 $z = 2.05 > 1.96$,故拒绝 H_0,认为甲、乙两类地区居民的人均年收入有显著性差异。

3. 两个总体比例之差的检验

两个总体比例之差的检验与两个总体均值之差的检验一样,所不同的只是比较的两个总体都是两点(0−1)分布的总体,即两个总体中具有某种特征的个体的比例进行比较。设这两个总体中具有某种特征的个体的比例分别为 p_1 和 p_2,但 p_1 和 p_2 未知,可用子样比例 $\hat{p}_1$ 和 $\hat{p}_2$ 代替。为近似地服从以 $p_1 - p$ 为期望,以 $\frac{p_1(1-p_1)}{n_1} + \frac{p_2(1-p_2)}{n_2}$ 为方差的正态分布。当检验两个总体比例之差等于 0,或不等于 0 时,检验统计量的公式略有变化。

(1) 假设为:

$$H_0 : p_1 - p_2 = 0$$
$$H_1 : p_1 - p_2 \neq 0$$

则检验统计量为:

$$Z = \frac{(\hat{p}_1 - \hat{p}_2) - (p_1 - p_2)}{\sqrt{\hat{p}(1-\hat{p})\left(\frac{1}{n_1} + \frac{1}{n_2}\right)}}$$

其中 $\hat{p}_1 = \frac{X_1}{n_1}$,$\hat{p}_2 = \frac{X_2}{n_2}$,$\hat{p} = \frac{X_1 + X_2}{n_1 + n_2}$,两个子样比例均为大样本,且 $n_1 p_1$,$n_1(1-p_1)$,$n_2 p_2$,$n_2(1-p_2)$ 均大于 5。

(2) 当假设为:

$$H_0 : p_1 - p_2 = d_0$$
$$H_1 : p_1 - p_2 \neq d_0$$

则检验统计量为：

$$Z = \frac{(p_1 - p_2) - d_0}{\sqrt{\frac{p_1(1-p_1)}{n_1} + \frac{p_2(1-p_2)}{n_2}}}$$

本章小结

假设检验是先对研究总体的参数作出某种假设,然后以样本指标为依据来分析总体指标的假设值是否成立。

假设是否成立通常是用样本指标和总体指标假设值之间的差异的显著性来说明。差异性小,假设的真实性就可能大;差异性大,假设的真实性就可能小。因此,假设检验又称为显著性检验。

接受域和拒绝域是在给定的显著性水平 α 下,由检验法则所划分的样本空间的两个互不相交的区域。原假设 H_0 为真时的可以接受的可能范围称为接受域,另一区域是当原假设 H_0 为真时只有很小的概率发生,如果小概率事件确实发生,就要拒绝原假设,这一区域称为拒绝域(或否定域)。

所犯错误的类型有两类:一类错误是原假设 H_0 为真时却被拒绝了。这类错误称为弃真错误,犯这种错误的概率用 α 表示,所以也叫 α 错误或第一类错误。另一类错误是指原假设 H_0 为伪时,却被人们接受而犯了错误。这是一种取伪的错误,这种错误发生的概率用 β 表示,故也称 β 错误或第二类错误。

假设检验分为双边假设检验和单边假设检验。单边检验又进一步分为右检验和左检验。

练习与实践

一、单项选择题

1. 将由显著性水平所规定的拒绝域平分为两部分,置于概率分布的两边,每边占显著性水平的1/2,这是(　　)。
   A. 单侧检验　　B. 双侧检验　　C. 右侧检验　　D. 左侧检验

2. 检验功效定义为(　　)。
   A. 原假设为真时将其接受的概率　　B. 原假设不真时将其舍弃的概率
   C. 原假设为真时将其舍弃的概率　　D. 原假设不真时将其接受的概率

二、多项选择题

1. 显著性水平与检验拒绝域的关系是(　　)。
   A. 显著性水平提高(α变小),意味着拒绝域缩小
   B. 显著性水平降低,意味着拒绝域扩大
   C. 显著性水平提高,意味着拒绝域扩大

D. 显著性水平降低,意味着拒绝域缩小
E. 显著性水平提高或降低,不影响拒绝域的变化
2. β 错误( )。
A. 是在原假设不真实的条件下发生的
B. 是在原假设真实的条件下发生的
C. 取决于原假设与真实值之间的差距
D. 原假设与真实值之间的差距越大,犯 β 错误的可能性就越小
E. 原假设与真实值之间的差距越小,犯 β 错误的可能性就越大

拓展实训

请以本专业毕业生为调查对象,了解连续两年毕业生的就业情况,比较两者之间是否存在显著差异。可以先设立一个假设,不妨为"假设这两年毕业生就业情况没有显著差异",然后检验这个假设是否成立。

第 8 章 统计指数

【学习目标】

1. 理解统计指数的含义和作用。
2. 掌握综合指数和平均数指数的编制方法和编制特点。
3. 能够运用指数体系进行两因素分析。
4. 了解和掌握统计指数在社会经济问题中的应用。

【重点掌握】

1. 总指数的编制方法。
2. 两指数体系的分析应用。

8.1 统计指数的概念和分类

8.1.1 统计指数的概念

统计指数作为一个经济概念和一种统计方法,有一个产生、发展和完善的过程。统计指数是在研究社会经济现象数量关系,分析社会经济现象在不同时间、空间、条件下数量变动情况,测定有关因素影响的方向、程度的过程中产生的。指数的应用范围不断扩大,其含义和内容也随之发生了变化。从内容上看,指数由单纯反映一种现象的相对变动,到反映多种现象的综合变动;从对比的场合上看,指数由单纯的不同时间的对比分析,到不同空间的对比分析等。

统计指数有广义和狭义之分。从广义上说,凡是说明同类现象数量变动情况的相对数都称为统计指数。它包括简单现象数量变动的相对数和复杂现象数量变动的相对数。简单现象数量指的是有共同的计量单位,其标志值可以直接加总计算的数量。如某一产品的价格、产量、成本等。复杂现象数量指的是没有共同计量单位,其标志值不能直接加总计算的数量。如某一企业所有不同产品的价格、产量、成本等。我们通常所说的统计指数是狭义概念的指数,它是反映不能直接加总计算的多种事物或现象数量综合变动情况的相对数。

统计指数是一种特殊的相对数,它具有以下性质:

(1) 综合性。指数是反映一组变量在不同场合下的综合变动水平。在一组变量内,各变量的变化方向可能一致,也可能不一致,即使是同一变化方向的也有变化快慢之分。总指数就是将这一组变量进行有机结合,反映其总体的综合变动状况。

(2) 相对性。指数是反映一组变量在不同场合下对比形成的相对数,它可以用于一组变量在不同时间上的动态对比,也可用于反映一组变量在不同空间上的静态比较。

(3) 平均性。指数是反映一组变量相对变动的代表性水平。这种平均性是以综合性为基础、与相对性相结合的,依据各变量的变动及其影响进行加权平均,用以揭示现象相对变动的一般水平。

8.1.2 统计指数的作用

统计指数有以下几点作用。

1. 统计指数能综合反映复杂现象总变动方向及变动幅度

统计指数是用百分数来表示的相对数,这个百分数大于或小于100%,反映社会经济现象数量上升或下降的变动方向;比100%大多少或小多少,则反映经济现象升或降的程度是多少。

2. 统计指数能分析和测定复杂现象总体中各因素对总量变动的影响方向和影响程度

利用指数体系理论可以测定复杂社会经济现象总变动中,各构成因素的变动对现象总变动的影响情况,并对经济现象变化作综合评价。任何一个复杂社会经济现象的总体一般总是由多种因素构成的,例如,销售额＝价格×销售量。又如,影响利润变化的各种因素有产品产量、产品销售量、产品成本、产品销售价格等。运用指数法编制商品零售价格指数和零售量指数,可以分析它们的变动对商品零售额变动的影响。编制产品产量指数、产品销售量指数、产品成本指数和产品销售价格指数等并分别对它们进行测定,根据各因素变动影响,可综合评价利润总额变动的情况。

3. 统计指数能用来研究复杂现象总体的长期变动趋势

编制一系列反映同类现象变动情况的指数形成指数数列,可以反映被研究现象的变动趋势。例如,根据 2000—2014 年共 15 年的 GDP 资料,编制 15 个环比指数,从而构成指数数列。这样,就可以揭示 GDP 的变动趋势,研究 GDP 的变动对经济建设和人民生活水平的影响程度。

此外,利用统计指数还可以进行地区经济综合评价、对比、研究计划执行情况。

8.1.3 统计指数的分类

1. 按研究范围不同,统计指数可分为个体指数和总指数

个体指数是表明复杂经济总体中个别要素变动情况的相对数。例如,某种商品销售量指数、个别商品的价格指数、单个产品的成本指数。个体指数通常记作 K,例如:

$$个体产品产量指数\ K_q = \frac{q_1}{q_0}$$

$$个体产品成本指数\ K_z = \frac{z_1}{z_0}$$

$$个体物价指数\ K_p = \frac{p_1}{p_0}$$

式中,q 代表产量;z 代表单位产品成本;p 代表商品或产品的单价;下标 1 代表报告期;下标 0 代表基期。

总指数是反映不能直接相加的多要素所构成的现象总体的数量综合变动的相对数。例如,说明多种商品价格综合变动的物价总指数,说明多种产品生产量综合变动的工业产品产量总指数,商品销售量总指数,成本总指数等。

2. 按指数性质不同,可分为数量指标指数和质量指标指数

数量指标指数是用来反映社会经济现象的数量或规模变动方向程度的指数。例如,产品产量指数、商品销售量指数等。质量指标指数是用来反映社会经济现象质量、内涵变动情况的指数。例如,成本指数、物价指数、劳动生产率指数等。

指数的研究对象习惯上称其为指数化指标。质量指标指数是用来直接反映社会经济现象总体的质量变动情况的指数。例如,劳动生产率指数、成本指数、物价指数等。数量指标指数只用来反映社会经济现象总体的数量或规模变动方向和变动程度的指数。例如,职工人数指数、产品产量指数、商品销售量指数等。

3. 按照采用基期的不同,统计指数可分为定基指数和环比指数

指数的编制一般的说是连续进行的,因而依据时间先后形成指数数列。定基指数是指在指数数列中,每一个指数都以某一固定时期作为基期。编制定基指数数列可以反映现象总体的长期变化动态及发展过程情况。而环比指数是指在指数数列中,每一个指数都以与其相邻的前一个时期作为基期。编制环比指数数列可以反映现象总体的逐期变动情况。

4. 按编制方法的不同,统计指数可分为综合指数、平均数指数和平均指标指数

综合指数是通过同度量因素,将两个时期不能同度量的现象指标过渡到能够同度量的指标,然后再计算出的指数。它是总指数编制的基本形式。平均指数是从个体指数出发通过对个体指数加权平均计算而编制的指数。平均指标指数是通过两个有联系的加权算术平均指标对比而计算出来的指数。

5. 按反映的时间状况不同,统计指数可分为动态指数和静态指数

指数本来的含义都是指动态的指数,即由两个不同时间上的经济量对比形成的,它反映的是同类现象在不同时间上的发展变化情况。由于实践中指数法应用的不断发展,指数也包括了静态指数,静态指数是指两个同一时间、不同空间上的经济量对比所形成的相对数;或者,为同一空间范围内实际指标与计划指标相对比而形成的相对数也称为静态指数。例如,同年甲地工业劳动生产率与乙地对比,即为工业劳动生产率(静态)指数。

8.2　综合指数的编制

统计研究的对象主要是总体现象。因此,从研究对象的范围来看,主要是指总指数的编制。总指数有两种形式:一种是综合指数。它是直接从对总体的经济分析出发来编制总指数的一种形式,是编制总指数的基本形式。另一种是平均数指数。它是从个体指数出发,把许多个体指数进行平均来编制总指数的一种形式,也是编制总指数的一种重要形式。

8.2.1　综合指数的概念与编制原则

1. 综合指数的概念

综合指数是计算总指数的基本形式,它是将两个同类不能同度量的复杂现象数量转化为可同度量的数量,然后再进行对比所计算的说明复杂现象数量变动的相对数。综合指数是很多事物由于计量单位不同,其数据不能直接加总,为了反映它们的总变动情况,就要把不能直接相加的总体过渡到能相加的总体。综合指数就是把不能直接相加的复杂现象,变成两个能够相加的总量指标,然后再进行对比而求得的总指数。

2. 综合指数的编制原则

综合指数的编制是先综合后对比。先综合就是对不同度量不能直接加总,没有共同度量单位的各种不同事物的数量,过渡到能够度量、有共同度量单位、可以直接加总计算的过程。后对比就是将综合后的两个同类现象数量的总量进行比较计算的过程。这两个同类现象总量都是可以分解为两个或两个以上因素的量。这些众多因素又都可归纳为两类因素,一类是指数化因素,这是指数所要研究的对象,突出表现其变动情况的一个因素。另一类是同度量因素,这是指计算综合指数时,为了解决不能直接加总而引入使用的一个中介因素。

综合指数有两种,即数量指标综合指数和质量指标综合指数。两种综合指数在计算形式上的基本道理是一样的,但是在处理方法上既有联系也有区别。

8.2.2 综合指数的编制方法

1. 数量指标综合指数的编制

当编制综合指数的指数化因素是数量指标时,这就是数量指标综合指数(简称数量指数)。常见的有:商品销售量指数、工业产品产量指数等。

[例 8-1] 某公司三种商品生产资料如表 8-1 所示,试据此资料编制数量指标综合指数。

表 8-1　　　　　　　　　某公司三种商品销售资料表

商品名称	计量单位	生产量 基期 q_0	生产量 报告期 q_1	价格(元) 基期 p_0	价格(元) 报告期 p_1
A	吨	130	150	400	600
B	件	5 000	6 000	10	8
C	个	2 000	2 500	24	26

解:根据表 8-1 中资料,要测定 A、B 和 C 三类产品生产量的总变动情况,就必须计算生产量总指数。由于三类产品的度量单位分别为吨、件和个,显然不能直接加总,必须借助于同度量因素这一媒介,也就是本例中的价格因素,分别计算出报告期和基期的产品价值总额,然后将两个时期产品价值总额加以对比。由于产品价值的变化包括两个因素的变化,因此,只能固定其中的同度量因素即价格,才能观察另一因素即生产量的变化。其一般公式为:

$$\overline{K}_q = \frac{\sum q_1 p}{\sum q_0 p}$$

式中,$\overline{K}_q$ 代表商品销售量综合指数;p 代表商品销售价格。

作为运算中的同度量因素,p 应固定在同一时期。但价格有基期价格 p_0 和报告期价格 p_1,采用不同时期的价格计算出的商品销售量指数会有不同的结果,且有不同的经济内容。

(1) 用基期价格作为同度量因素,其计算公式为:

$$\overline{K}_q = \frac{\sum q_1 p_0}{\sum q_0 p_0} \text{(拉氏物量指数)}$$

此公式是德国学者拉斯拜尔于 1864 年首次提出的,故称之为"拉氏公式"。

下面根据表 8-1 中的数据编制综合指数,计算过程如表 8-2 所示。

表 8-2　　　　　　　　　　　产品生产量综合指数计算表

产品类别	计量单位	生产量 q 基期 q_0	生产量 q 报告期 q_1	价格 p（元）基期 p_0	产品产值额 pq（元）p_0q_0	产品产值额 pq（元）p_0q_1
A	吨	130	150	400	52 000	60 000
B	件	5 000	6 000	10	50 000	60 000
C	个	2 000	2 500	24	48 000	60 000
合计	—	—	—	—	150 000	180 000

本例的销售量指数为：

$$\overline{K}_q = \frac{\sum q_1 p_0}{\sum q_0 p_0} = \frac{180\,000}{150\,000} \times 100\% = 120\%$$

$$\sum q_1 p_0 - \sum q_0 p_0 = 180\,000 - 150\,000 = 30\,000(元)$$

（2）用报告期价格作为同度量因素，其计算公式为：

$$\overline{K}_q = \frac{\sum q_1 p_1}{\sum q_0 p_1}（派氏物量指数）$$

此式是德国学者派斯切于1874年首先提出的，故称之为"派氏公式"。

本例的派氏销售量指数为：

$$\overline{K}_q = \frac{\sum q_1 p_1}{\sum q_0 p_1} = \frac{203\,000}{170\,000} \times 100\% = 119.4\%$$

$$\sum q_1 p_1 - \sum q_0 p_1 = 203\,000 - 170\,000 = 33\,000(元)$$

由此可见，拉氏指数和派氏指数的经济内容不同。那么，实践中究竟采用哪一个公式呢？这是由实际资料和分析研究目的来确定的。

在编制数量指标指数时，国内外统计学界较为一致的看法是用基期的质量指标作为同度量因素。

2. 质量指标综合指数的编制

当编制的综合指数的指数化因素是质量指标时，这就是质量指标综合指数（简称质量指数）。常见的有：商品价格指数、工业产品出厂价格指数、产品成本指数等。

[例 8-2] 根据表 8-3 中的数据编制综合指数，计算该公司三种商品销售价格指数，说明质量指标综合指数的编制方法。

表 8-3　　　　　　　　　　　综合指数计算表

商品名称	计量单位	销售量 q 基期 q_0	销售量 q 报告期 q_1	价格 p（万元）基期 p_0	价格 p（万元）报告期 p_1	销售额 pq（万元）p_0q_0	销售额 pq（万元）p_1q_1	销售额 pq（万元）p_0q_1	销售额 pq（万元）p_1q_0
甲	台	160	200	0.20	0.25	32	50	40	40
乙	件	200	180	0.80	0.80	160	144	144	160
丙	吨	500	600	0.20	0.16	100	96	120	80
合计	—	—	—	—	—	292	290	304	280

解:根据社会经济现象的内在联系,商品价值量指标即商品销售额可以直接加总,而商品销售额又是商品销售价格与商品销售量的乘积,在计算商品销售价格综合指数中,商品销售价格是指数化因素,这时就应引进商品销售量作为同度量因素,把不能直接加总的商品销售价格过渡为可以加总的商品销售额指标。计算商品销售价格综合指数只能突出商品销售价格的变动影响,就得将商品销售量这一同度量因素固定下来,其计算公式是:

$$\overline{K}_p = \frac{\sum p_1 q}{\sum p_0 q}$$

式中,$\overline{K}_p$ 代表商品销售价格综合指数。

公式中的 q,就是商品销售量,作为运算中的同度量因素应固定在同一时期。但销售量有基期销售量 q_0 和报告期销售量 q_1,采用不同时期的销售量计算出的商品销售价格指数会有不同的结果,且有不同的经济内容。

(1) 用基期销售量作为同度量因素,其计算公式为:

$$\overline{K}_p = \frac{\sum p_1 q_0}{\sum p_0 q_0}(拉氏物价指数)$$

将表 8-3 中的数据代入公式,计算得:

$$\overline{K}_p = \frac{\sum p_1 q_0}{\sum p_0 q_0} = \frac{280}{292} \times 100\% = 95.89\%$$

$$\sum p_1 q_0 - \sum p_0 q_0 = 280 - 292 = -12(万元)$$

计算结果表明,当商品销售量固定在基期时,三种商品销售价格指数为 95.89%,即在三种商品基期销售量不变的情况下,该公司三种商品销售价格报告期比基期下降了 4.11%;由于销售价格下降而使得销售额相应减少了 12 万元。

(2) 用报告期价格作为同度量因素,其计算公式为:

$$\overline{K}_p = \frac{\sum p_1 q_1}{\sum p_0 q_1}(派氏物价指数)$$

本例的派氏销售价格指数为:

$$\overline{K}_p = \frac{\sum p_1 q_1}{\sum p_0 q_1} = \frac{290}{304} \times 100\% = 95.39\%$$

$$\sum p_1 q_0 - \sum p_0 q_0 = 290 - 304 = -14(万元)$$

计算结果表明,当商品销售量固定在报告期时,三种商品销售价格指数为 95.39%,即在三种商品报告期销售量不变的情况下,该公司三种商品销售价格报告期比基期下降了 4.61%;由于销售价格下降而使得销售额相应减少了 14 万元。

用两个指数公式计算,所得的结果不同,是因为拉氏指数用基期销售量作为同度量因素,而派氏指数用报告期销售量作为同度量因素所致。拉氏指数是说明假定销售量为基期水平不变时价格的变动情况。派氏指数是说明假定销售量为报告期水平不变时价格的变动情况。换言之,拉氏指数反映的是在基期销售量结构条件下的物价变化,而派氏指数反映的是在当前(报告期)销售量结构条件下的物价变化。

8.3 平均数指数编制

平均数指数是总指数的另一种计算形式。它是以个体指数为基础,采用加权形式编制总指数,以测定总体现象的平均变动程度。平均数指数和综合指数同是计算总指数的方法。在一定条件下,两种公式可以相互转化。综合指数是从复杂社会经济现象的总量出发,依靠同度量因素,来观察指数化因素的变动。平均数指数却是从独立的社会经济现象出发,通过对个体变化率(即个体指数)加权平均的方法,来观察总体平均变动。这两种计算总指数的方法各有其实用价值。

平均数指数有两种形式:一种是加权调和平均数指数形式;另一种是加权算术平均数指数形式。下面分别进行研究。

8.3.1 加权算术平均数指数

加权算术平均数指数,是以个体指数为变量值,以一定时期的总值指标为权数,对个体指数加权算术平均以计算总指数的一种方法。加权算术平均数指数多用于数量指标指数的编制,权数多为基期总指标。

[例 8-3] 某公司三种商品销售情况如表 8-4 所示,计算三种商品销售量总指数。

表 8-4　　某公司三种商品销售情况及销售量指数计算表

商品名称	计量单位	销售量 基期 q_0	销售量 报告期 q_1	个体指数 $k_q = q_1/q_0$	基期销售额 $q_0 p_0$ (万元)	$k_q \cdot q_0 p_0$ (万元)
甲	台	160	200	1.25	32	40
乙	件	200	180	0.90	160	144
丙	吨	500	600	1.20	100	120
合计	—	—	—	—	292	304

解:编制销售量总指数,一般采用拉氏物量指数公式 $\overline{K}_q = \dfrac{\sum q_1 p_0}{\sum q_0 p_0}$,但公式中的分母已知,而分子未知,无法直接运用该公式计算销售量总指数,需将公式变形使用。

设:k_q 为三种商品的销售量个体指数,即:

$$k_q = \frac{q_1}{q_0}, \quad q_1 = k_q q_0$$

则有：

$$\overline{K}_q = \frac{\sum q_1 p_0}{\sum q_0 p_0} = \frac{\sum k_q q_0 p_0}{\sum q_0 p_0}$$

公式 $\overline{K}_q = \dfrac{\sum q_1 p_0}{\sum q_0 p_0}$ 与第四章所述的加权算术平均数的形式相似，个体指数 k_q 是变量值，$q_0 p_0$ 是权数，所以用该公式计算总指数的方式称为加权算术平均法。由此可知，在权数为 $q_0 p_0$ 的情况下，加权算术平均数指数是拉氏综合指数的变形。

根据表 8-4 的资料，三种商品销售量总指数为：

$$\overline{K}_q = \frac{\sum k_q q_0 p_0}{\sum q_0 p_0} = \frac{304}{292} \times 100\% = 104.11\%$$

$$\sum k_q q_0 p_0 - \sum q_0 p_0 = 304 - 292 = 12(万元)$$

计算结果与前面的拉氏综合指数结果完全一致，经济内容也完全一致，只是采用的公式及利用资料不同。

需要指出的是，采用加权算术平均数指数公式计算产品产量指数，应以基期实际产值作为权数。如果采用其他资料作权数，其计算就会与采用综合指数公式不同，或者说不能充分反映客观实际。由此得出一个原则：综合指数变形为加权算术平均数指数形式时，应以综合指数的分母作为权数。因此，在编制数量指标指数时所掌握的资料只有个体指数和综合指数分母的情况下，则应该采用加权算术平均数指数的公式来编制指数。

8.3.2 加权调和平均数指数

加权调和平均数指数，是以个体指数为变量值，以一定时期的总值为权数，对个体指数加权调和平均以计算总指数的一种方法。加权调和平均数指数多用于质量指标指数的编制，权数多为计算期总值指标。

[例 8-4] 某零售商店 5 种商品销售量及销售价格情况如表 8-5 所示，计算销售价格总指数。

表 8-5　　　　　　　　某零售商店销售量及销售价格情况表

商品名称	计量单位	销售价格 p（元） 基期 p_0	销售价格 p（元） 报告期 p_1	个体价格指数 $k_p = p_1/p_0$	报告期销售额 $p_1 q_1$（元）	$\dfrac{p_1 q_1}{k_p}$（元）
甲	米	42	41	0.976 2	36 080	36 960
乙	件	75	75	1.00	270 000	270 000
丙	千克	60	65	1.083 3	136 500	126 000
丁	双	18	20	1.111 1	20 000	18 000
戊	台	100	120	102	54 000	45 000
合计	—	—	—		516 580	495 960

解：价格加权调和平均数指数为：

$$K_P = \frac{\sum p_1 q_1}{\sum p_0 q_1} = \frac{\sum p_1 q_1}{\sum \frac{p_1 q_1}{k_p}} = \frac{516\,580}{495\,960} \times 100\% = 104.16\%$$

$$\sum p_1 q_1 - \sum \frac{p_1 q_1}{k_p} = 516\,580 - 495\,960 = 20\,620(元)$$

计算结果表明,5 种商品价格总指数为 104.16%,即报告期价格比基期价格平均上涨 4.16%,由于价格上涨而增加的销售额为 20 620 元。

在客观经济领域中,许多重要经济指数的编制工作都广泛应用平均数指数。这些平均数指数的编制往往使用重点产品或代表产品的个体指数,权数则根据实际资料作进一步推算确定。

8.3.3 固定权数加权算术平均数指数

固定权数平均数指数是以指数化因素的个体指数为基础,使用固定权数对个体指数或类指数进行加权平均计算的一种总指数。所谓固定权数是指加权平均法计算中的权数用比重的形式固定下来,一段时间内不作变动,固定使用的权数。

从理论上讲,固定权数加权平均数指数也应有固定权数加权算术平均数指数和固定权数加权调和平均数指数之分,但在实际应用中极少采用固定权数加权调和平均数指数,故在这里仅介绍固定权数加权算术平均数指数。其计算公式为：

$$\overline{K} = \frac{\sum k\omega}{\sum \omega}$$

式中,k 是个体(类)指数；ω 是固定权数。

在我国统计实际业务中,各种物价指数常用固定权数加权算术平均数指数编制。现以我国零售物价指数为例,说明固定权数加权算术平均数指数的应用。

我国商品零售物价指数是在商品分类的基础上编制的。其一般做法是：首先,将全部零售商品分成若干个大类,在每个大类下分若干种类,中类下分为若干个小类,再在各小类下选出若干代表规格品。其次,根据家计调查(居民家庭抽样调查)或统计报表资料结合社会商品零售额统计资料,计算各类商品零售额在社会商品零售总额中所占比重 ω ($\omega = \frac{p_0 q_0}{\sum p_0 q_0}$)作权数并将其固定下来,若干年不变。再次,根据调查取得选出的代表规格品价格资料,计算不同层次的价格个体(类)指数。最后,用固定权数加权算术平均数指数计算全部商品零售物价总指数。

8.3.4 综合指数与平均指数的关系

综合指数与平均指数的区别如下：

(1) 出发点不同。综合指数是从总量的因素分解出发,先确定同度量因素,把不同度量的总体过渡成为同度量的总体,然后固定同度量因素不变,以测定另一个因素的变动情况。而平均数指数则是从个体指数出发,对个体指数进行不同加权平均,避开了总体内各要素的量不能直接加总对比的问题。综合指数法的关键问题是同度量因素及时期选择问题,而平均法指数的主要问题是权数的选择及加权公式的确定问题。

(2) 对资料的要求及经济内容不同。综合指数要求一一对应的全面原始资料,其结果的经济意义十分明显,既可说明现象变动的方向和程度,也可说明现象变动所产生的实际效果。平均数指数可使用代表性资料、抽查资料等非全面资料,权数可用现成资料或比重权数资料等计算总指数,灵活简便,但其结果一般只能说明现象变动的方向和程度,而不能说明现象变动所产生的实际效果。

综合指数与平均数指数的联系如下:

(1) 从指数的来源考察,这两种编制总指数的方法有客观联系。指数是从研究商品物价变动产生的。由于各种商品在市场销售中所占的份额不同,在综合反映物价变动时,这种不同必然对总指数产生不同的影响。因而权数的概念被引进指数。权数的引进同时还包含了另一个作用,即把不同商品简单加总的因素排除了。这以后就产生了各种各样计算总指数的公式。但大致可以分为两类,即平均数指数法和综合指数法。

(2) 在一般情况下,综合指数法要求掌握全面统计资料。但即使有全面资料,用综合指数法计算总指数,其工作量也很大。有些总指数只能根据非全面资料进行计算。如果同时用综合指数法和平均数指数法计算总指数,当它们所采用的材料口径完全一致时,平均数指数法可以理解为综合指数法的变形。这时可以根据综合指数法的要求决定平均数指数的形式和权数。

总指数的常用计算公式如表 8-6 所示。

表 8-6　　　　　　　　总指数的常用计算公式

总指数	加权综合法	加权平均法	
		算术平均法	调和平均法
数量指数	$\overline{K}_q = \sum q_1 p_0 / \sum q_0 p_0$	$\overline{K}_q = \sum k_q p_0 q_0 / \sum p_0 q_0$	
	$\overline{K}_q = \sum q_1 p_1 / \sum q_0 p_1$		$\overline{K}_q = \sum p_1 q_1 / \sum (p_1 q_1 / k_q)$
质量指数	$\overline{K}_p = \sum p_1 q_0 / \sum p_0 q_0$	$\overline{K}_p = \sum k_p p_0 q_0 / \sum p_0 q_0$	
	$\overline{K}_p = \sum p_1 q_1 / \sum p_0 q_1$		$\overline{K}_p = \sum p_1 q_1 / \sum (p_1 q_1 / k_p)$

(3) 在资料口径完全一致时,二者的计算结果及经济内容完全相同。

8.4 指数体系和因素分析

8.4.1 指数体系

1. 指数体系的概念

社会经济现象之间的相互联系、相互影响的关系是客观存在的。构成指数体系的指数必须满足两个条件：
第一，各因素指数的乘积等于总变动指数。
第二，各因素指数分子与分母差额的总和等于总量指数实际发生的总差额。
有些社会经济现象之间的联系可以用经济方程表现出来，如：

$$商品销售额 = 商品销售量 \times 商品销售价格$$
$$产品产值 = 产品出厂价格 \times 产品产量$$

上述的这种关系，按指数形式表现时，同样也存在这种对等关系。即：

$$商品销售额指数 = 商品销售量指数 \times 商品销售价格指数$$
$$产品产值指数 = 产品出厂价格指数 \times 产品产量指数$$

这种数量对等关系也表现在绝对数之间。即：

$$商品销售额实际增减额 = 销售量变动的影响额 + 价格变动的影响额$$
$$产品产值实际增减额 = 出厂价格变动的影响额 + 产量变动的影响额$$

在统计分析中，将三个或三个以上具有内在联系即经济上有联系，数量上保持一定对等关系统计指数所构成的整体称为指数体系。指数体系一般保持两个对等关系，一是各影响因素指数的连乘积等于总变动指数；二是各因素对总额变动影响差额的总和等于实际发生的总差额。

上述指数体系，按编制综合指数的一般原理，以符号用公式可写成：

$$\frac{\sum p_1 q_1}{\sum p_0 q_0} = \frac{\sum p_1 q_1}{\sum p_0 q_1} \times \frac{\sum p_0 q_1}{\sum p_0 q_0}$$

$$\sum p_1 q_1 - \sum p_0 q_0 = \left(\sum p_1 q_1 - \sum p_0 q_1\right) + \left(\sum p_0 q_1 - \sum p_0 q_0\right)$$

2. 指数体系的作用

统计指数体系具有科学的依据、客观的联系、简便的等式，在统计工作和经济活动中起着重要的作用，具体是：

（1）推算指数体系中的某一未知指数。指数体系表现为一个数量对等关系式，根据已经掌握的若干个指数，可以依据其组成的体系等式，推算出体系中的某一个未知指数。

（2）便于展开因素分析。指数体系是经济量分解成几个因素所组成的等式，从等式可以看出受哪些因素影响，还可以依据指数体系进一步计算、测定各因素影响的方向和程度。

（3）用综合指数法编制总指数时，指数体系也是确定同度量因素时期的根据之一。因为指数体系是进行因素分析的根据，要求各指数之间在数量上保持一定的联系。因此，编制产品产量指数时，如用基期价格作同度量因素，那么编制产品价格指数时就必须用报告期的产品产量作为同度量因素；如果编制产品产量指数用报告期价格作为同度量因素，那么编制产品价格指数时就必须用基期的产品产量作为同度量因素。

8.4.2 因素分析

1. 因素分析法概念和分类

指数的因素分析法就是指在统计分析中以指数体系为根据测定经济现象总变动中受各个因素变动影响的方向、程度和数额的方法。利用指数体系,进行因素分析,其最基本的方法是对现象变动情况进行测定时假定其他因素数量相同,从而测定其中某一个因素变动影响的方向、程度和数额。如果有三个因素,则假定其中两个因素的数量影响相同来测定另一个因素的影响无论个体指数还是总指数,均由构成影响因素多少,分为两因素分析和多因素分析。个体指数和总指数的因素分析方法基本相同。

1) 两因素分析和多因素分析

因素分析法按分析对象包含的因素多少可分为两因素分析和多因素分析。两因素分析是指研究对象仅包含两个因素的变动分析,它是因素分析的基本方法。如销售额受销售价格和销售量的影响分析。多因素分析是指研究对象包含有两个以上因素变动的分析。如原材料消耗额受产量、原材料单耗、原材料价格的影响。

2) 总量指标因素分析和平均指标因素分析

因素分析法按分析的指标种类不同可分为总量指标因素分析和平均指标因素分析。总量指标因素分析是指对总量指标变动中各影响因素的影响方向和影响程度的分析。如对产值变动中产量、出厂价格变动影响的分析。平均指标因素分析就是对平均指标变动中各影响因素影响方向和影响程度的分析。如同一单位不同时期职工平均工资受各类职工工资水平和职工人数构成因素影响的分析。

2. 总量指标因素分析

1) 总量指标的两因素分析

总量指标有两因素分析和多因素分析,两因素分析最关键的是确定同度量因素的时期,一般应遵循的原则是:一个因素指数的同度量因素固定在报告期,则另一个因素指数的同度量因素固定在基期,即两个指数的同度量因素不能同时固定在报告期或同时固定在基期。

[例 8-5] 某地报告期商品销售额为 4 200 万元,比基期上升 12%,扣除物价上涨因素后为 3 500 万元,试用指数法从相对数和绝对数两方面结合分析商品销售额的变动情况及其原因。

解:已知:

$$\sum q_1 p_0 = 3\,500(万元)$$

$$\sum q_1 p_1 = 4\,200(万元)$$

$$K_{qp} = \frac{\sum q_1 p_1}{\sum q_0 p_0} = 112\%$$

$$\sum q_0 p_0 = \frac{\sum q_1 p_1}{k_{qp}} = 3\,750(万元)$$

商品零售额增量为：

$$\sum q_1 p_0 - \sum q_0 p_0 = 4\,200 - 3\,750 = 450(万元)$$

零售价指数：

$$k_p = \frac{\sum q_1 p_0}{\sum q_0 p_0} = \frac{3\,500}{3\,750} = 93.33\%$$

由于零售量减少而引起的商品零售额减少为：

$$\sum q_1 p_0 - \sum q_0 p_0 = 3\,750 = -250(元)$$

价格指数：

$$k_p = \frac{\sum q_1 p_1}{\sum q_1 p_0} = \frac{4\,200}{3\,500} = 120\%,$$

由于价格上升引起零售额增加额为：

$$\sum p_1 q_1 - \sum p_0 q_1 = 4\,200 - 3\,500 = 700(元)$$
$$112\% = 93.33\% \times 120\%$$
$$450\,万元 = (-250)万元 + 700\,万元$$

计算结构表明：某地1994年商品零售额比上年增加了12%，即增加了450万元。其原因是：商品零售量减少了6.67%，使商品零售额减少了250万元；商品的价格平均上升了20%，使商品零售额增加了700万元。

2）总量指标的多因素分析

对三个以上因素的现象进行分析所采用的方法就叫做多因素分析法。

例如，以下指数体系，就是三个因素的变动分析。

工业净产值指数＝职工人数指数×劳动生产率指数×净产值占总产值的比重指数
工业产品原材料支出总额指数＝产量指数×单位产品原材料消耗量指数×单位原材料价格指数
产值指数＝职工人数指数×工人占职工人数比重指数×工人劳动生产率指数

总量指标多因素分析过程中应注意的问题：

第一，在因素变动分析中，为了分析某一因素指数的变动影响，需要使其他两个或两个以上的因素同度量固定不变。被固定的因素应固定在哪个时期，必须依据综合指数的编制原则来选定。即在测定数量指标因素的变动影响时应以基期质量指标作为固定因素；而在测定质量指标因素变动时，应以报告期数量指标作为同度量因素。

第二，根据现象各因素相互之间的内在联系，正确地确定各因素的替换程序。一般可用下列原则来加以检验：①数量指标在前，质量指标在后的原则。如果相邻的两个指标同时都是数量指标或质量指标，则把相对看来属于数量指标的因素放在前面。②两个相邻指标相乘，必须具有实际经济意义。

综上所述，根据以上原则，将构成所要分析的总量指标的各个因素按顺序排列，数量指标在前,质量指标在后。

例如:

原材料支出总额＝产品产量×单位产品原材料消耗量×原材料价格

产品产量相对于单位产品原材料消耗量和原材料价格来说,为数量指标;原材料价格相对于产品产量和单位产品原材料消耗量来说,则是质量指标;而单位产品原材料消耗量相对于产品产量来说是质量指标;相对于原材料价格来说,则为数量指标。因此对应指数体系为:

原材料支出总额指数＝产量指数×单位产品原材料消耗量指数×原材料价格指数

$$\frac{\sum q_1 m_1 p_1}{\sum q_0 m_0 p_0} = \frac{\sum q_1 m_0 p_0}{\sum q_0 m_0 p_0} \times \frac{\sum q_1 m_1 p_0}{\sum q_1 m_0 p_0} \times \frac{\sum q_1 m_1 p_1}{\sum q_1 m_1 p_0}$$

变化的绝对差额为:

$$\sum q_1 m_1 p_1 - \sum q_0 m_0 p_0 = \left(\sum q_1 m_0 p_0 - \sum q_0 m_0 p_0\right)$$
$$+ \left(\sum q_1 m_1 p_0 - \sum q_1 m_0 p_0\right) + \left(\sum q_1 m_1 p_1 - \sum q_1 m_1 p_0\right)$$

式中,q_1 为报告期产品产量;q_0 为基期产品产量;m_1 为报告期单位产品原材料消耗量;m_0 为基期单位产品原材料消耗量;p_1 为报告期原材料价格;p_0 为基期原材料价格。

[例 8-6] 以表 8-7 为例:

表 8-7 原材料支出总额计算表

产品名称	产量(台) 基期 q_0	产量(台) 报告期 q_1	原材料名称	每台消耗量(千克) 基期 m_0	每台消耗量(千克) 报告期 m_1	原材料价格(元) 基期 p_0	原材料价格(元) 报告期 p_1	原材料费用总额(元) $q_0 m_0 p_0$	原材料费用总额(元) $q_0 m_0 p_0$	原材料费用总额(元) $q_0 m_0 p_0$	原材料费用总额(元) $q_0 m_0 p_0$
甲	90	100	A	40	36	40	48	144 000	160 000	144 000	172 800
乙	70	85	B	30	26	40	48	84 000	102 000	88 400	106 080
丙	60	70	C	15	14	32	37	28 800	33 600	31 360	36 260
合计	—	—					—	256 800	295 600	263 760	315 140

根据表 8-7 资料计算得:

$$\frac{\sum q_1 m_1 p_1}{\sum q_0 m_0 p_0} = \frac{315\ 140}{256\ 800} = 122.7\%$$

$$\sum q_1 m_1 p_1 - \sum q_0 m_0 p_0 = 315\ 140 - 256\ 800 = 58\ 340(元)$$

$$\frac{\sum q_1 m_0 p_0}{\sum q_0 m_0 p_0} = \frac{315\ 140}{256\ 800} = \frac{295\ 600}{256\ 800} = 115.1\%$$

$$\sum q_1 m_0 p_0 - \sum q_0 m_0 p_0 = 295\ 600 - 256\ 800 = 38\ 800(元)$$

$$\frac{\sum q_1 m_1 p_0}{\sum q_1 m_0 p_0} = \frac{263\,760}{295\,600} = 89.2\%$$

$$\sum q_1 m_1 p_0 - \sum q_1 m_0 p_0 = 263\,760 - 295\,600 = -31\,840(元)$$

$$\frac{\sum q_1 m_1 p_1}{\sum q_1 m_1 p_0} = \frac{315\,140}{263\,760} = 119.5\%$$

$$\sum q_1 m_1 p_1 - \sum q_1 m_1 p_0 = 315\,140 - 263\,760 = 51\,380(元)$$

则指数关系为：

$$122.7\% = 115.1\% \times 89.2\% \times 119.5\%$$

绝对额的变动为：

$$58\,340 = 38\,800 + (-31\,840) + 51\,380$$

从以上计算结果可以看出：原材料支出总额增长 22.7%，增加 58 340 元，是由于产量增长 15.1%，增加 38 800 元；单位产品原材料消耗降低 10.8%，减少支出 31 840 元；原材料价格上涨 9.5%，增加支出 51 380 元三方面共同影响的结果。

3. 平均指标的因素分析

我们知道加权算术平均数 $\bar{x} = \frac{\sum xf}{\sum f} = \sum x\left(\frac{f}{\sum f}\right)$ 受两个因素的影响：一是各组水平 x；二是各组结构 $\frac{f}{\sum f}$。如果平均指标发生变化（$\frac{\bar{x}_1}{\bar{x}_0}$），显然是 x 和 $\frac{f}{\sum f}$ 变动的结果。因此，我们可以采用类似前面总量指标两因素分析的方法对平均指标的变动作因素分析，即利用指数体系从各组水平 x 和各组结构 $\frac{f}{\sum f}$ 的变动对平均指标变动的影响情况进行分析。

平均指标的变动也就是平均指标指数，又称为可变构成指数，它反映平均指标的实际变动方向和程度。记为：

$$可变构成指数 = \frac{\sum x_1 f_1}{\sum f_1} \div \frac{\sum x_0 f_0}{\sum f_0}$$

分子与分母的差额：

$$\frac{\sum x_1 f_1}{\sum f_1} - \frac{\sum x_0 f_0}{\sum f_0}$$

表示平均指标增加或减少的数额。

为了分析各组水平 x 和各组结构 $\frac{f}{\sum f}$ 两因素的变动对平均指标变动的影响情况，每次分别固定一个因素，考虑另一个因素的变化。

首先分析各组水平 x 的变动对平均指标变动的影响，这时将各组结构 $\dfrac{f}{\sum f}$ 固定在报告期，由此得到的指数称为固定构成指数，它反映了各组水平 x 的变动方向和程度。记为：

$$\text{固定构成指数} = \frac{\sum x_1 f_1}{\sum f_1} \div \frac{\sum x_0 f_1}{\sum f_1},$$

分子与分母的差额：

$$\frac{\sum x_1 f_1}{\sum f_1} - \frac{\sum x_0 f_1}{\sum f_1}$$

表示由于各组水平变动而使平均指标变化的数额。

其次分析各组结构 $\dfrac{f}{\sum f}$ 的变动对平均指标变动的影响，这时将各组水平固定在基期，由此得到的指数称为结构影响指数。记为：

$$\text{结构影响指数} = \frac{\sum x_0 f_1}{\sum f_1} \div \frac{\sum x_0 f_0}{\sum f_0},$$

分子与分母的差额：

$$\frac{\sum x_0 f_1}{\sum f_1} - \frac{\sum x_0 f_0}{\sum f_0}$$

表示由于各组结构变动而使平均指标变化的数额。

上述三个指数在相对数上构成下列等式：

$$\text{可变构成指数} = \text{固定构成指数} \times \text{结构影响指数}$$

即：

$$\frac{\dfrac{\sum x_1 f_1}{\sum f_1}}{\dfrac{\sum x_0 f_0}{\sum f_0}} = \frac{\dfrac{\sum x_1 f_1}{\sum f_1}}{\dfrac{\sum x_0 f_1}{\sum f_1}} \times \frac{\dfrac{\sum x_0 f_1}{\sum f_1}}{\dfrac{\sum x_0 f_0}{\sum f_0}}$$

绝对量上存在如下等式：

$$\frac{\sum x_1 f_1}{\sum f_1} - \frac{\sum x_0 f_0}{\sum f_0} = \left(\frac{\sum x_1 f_1}{\sum f_1} - \frac{\sum x_0 f_1}{\sum f_1}\right) + \left(\frac{\sum x_0 f_1}{\sum f_1} - \frac{\sum x_0 f_0}{\sum f_0}\right)$$

可变构成指数、固定构成指数与结构影响指数组成一个指数体系。我们称之为平均指标指数体系。

［例 8-7］ 某商品销售情况如表 8-8 所示。试分析商品销售水平和商品结构的变

动对总销售额的影响。

表 8-8　　　　　　　　　平均销售额因素分析表

商品类别	月平均价格(元) 基期 x_0	月平均价格(元) 报告期 x_1	销售量(件) 基期 f_0	销售量(件) 报告期 f_1	销售额（元） $x_0 f_0$	销售额（元） $x_0 f_1$	销售额（元） $x_1 f_1$
A	450	500	60	180	27 000	81 000	90 000
B	500	600	180	270	90 000	135 000	162 000
C	1 000	1 100	240	150	240 000	150 000	165 000
合　计	—	—	480	600	357 000	366 000	417 000

解：(1) 总平均销售额的变动如下：

$$可变构成指数 = \frac{\dfrac{\sum x_1 f_1}{\sum f_1}}{\dfrac{\sum x_0 f_0}{\sum f_0}} = \frac{\dfrac{417\,000}{600}}{\dfrac{357\,000}{480}} = \frac{695}{743.75} = 93.45\%$$

$$\frac{\sum x_1 f_1}{\sum f_1} - \frac{\sum x_0 f_0}{\sum f_0} = 695 - 743.75 = -48.75(元)$$

计算结果表明该公司月平均销售额报告期比基期下降 6.55%，减少 48.75 元。

(2) 总平均工资受各因素影响的情况如下：

$$固定构成指数 = \frac{\dfrac{\sum x_1 f_1}{\sum f_1}}{\dfrac{\sum x_0 f_1}{\sum f_1}} = \frac{\dfrac{417\,000}{600}}{\dfrac{366\,000}{600}} = \frac{695}{610} = 113.93\%$$

$$\frac{\sum x_1 f_1}{\sum f_1} - \frac{\sum x_0 f_1}{\sum f_1} = 695 - 610 = 85(元)$$

计算结果表明由于各产品价格上涨 13.93%，而使平均销售额增加 85 元。

$$结构影响指数 = \frac{\dfrac{\sum x_0 f_1}{\sum f_1}}{\dfrac{\sum x_0 f_0}{\sum f_0}} = \frac{\dfrac{366\,000}{600}}{\dfrac{357\,000}{480}} = \frac{610}{743.75} = 82.02\%$$

$$\frac{\sum x_0 f_1}{\sum f_1} - \frac{\sum x_0 f_0}{\sum f_0} = 610 - 743.75 = -133.75(元)$$

计算结果表明，由于销售量结构变动价格下降 17.98%，而使平均销售额减少 133.75 元。

(3) 用指数体系反映：

在相对数上：$93.45\% = 113.93\% \times 82.02\%$

在绝对数上:－48.75(元)＝85＋(－133.75)

上式表明:由于各产品价格水平上涨 13.93%,总平均价格增加 85 元;由于销售量结构变动价格下降 17.98%,总平均销售额减少 133.75 元。两因素共同影响使总平均销售额下降 6.55%,减少 48.75 元。

8.5 几种常用的经济指数

我国统计实践中,常用的经济指数主要有商品零售价格指数、居民消费价格指数、农产品收购价格指数、农业生产资料指数、工业生产指数、工农业商品综合比价指数、工业品出厂价格指数、固定资产投资价格指数、生产价格指数、股票价格指数、货币购买力和进出口商品价格指数与贸易条件指数等。其中,与人民生活关系最为密切的是商品零售价格指数和居民消费价格指数。

8.5.1 物价指数

按加权算术平均指数计算零售物价指数的步骤:首先计算每种商品的个体价格指数,再对每个个体指数乘以相应的权数,而后计算平均指数。在计算零售物价指数时,作为权数的价值指标就是商品销售额。现在我们仍以 $K_p = p_1/p_0$ 表示个体价格指数,以 V 表示商品销售额,则按加权算术平均计算的零售物价指数可用下式表示:

$$\overline{K}_{p(p)} = \frac{\sum K_p V}{\sum V}$$

当 $V = p_0 q_0$ 时,则:

$$\overline{K}_p = \frac{\sum K_p p_0 q_0}{\sum p_0 q_0}$$

当 $V = p_0 q_0$ 时,则:

$$\overline{K}_p = \frac{\sum K_p p_0 q_1}{\sum p_0 q_1}$$

上两式都是按加权算术平均法计算零售物价指数的公式,但采用的权数不同,第一式中的 $p_0 q_0$ 是基期实际商品销售额,第二式中的 $p_0 q_1$ 是按基期价格计算的报告期销售额。将两个公式再作适当变换:

$$\overline{K}_p = \frac{\sum K_p p_0 q_0}{\sum p_0 q_0} = \frac{\sum (p_1/p_0) p_0 q_0}{\sum p_0 q_0} = \frac{\sum p_1 q_0}{\sum p_0 q_0} = \overline{K}_{p(I)}$$

即以 $p_0 q_0$ 为权数计算的加权算术平均零售物价指数等于按综合指数计算的零售物价指数。

当 $V = p_0q_1$ 时,则有：

$$\bar{K}_p = \frac{\sum K_p p_0 q_1}{\sum p_0 q_1} = \frac{\sum (p_1/p_0) p_0 q_1}{\sum p_1 q_1} = \frac{\sum p_1 q_1}{\sum p_0 q_1} = \bar{K}_{p(p)}$$

即以 $V = p_0q_1$ 为权数计算的加权算术平均零售物价指数等于按综合指数计算的零售物价指数。

以上结果表明,在加权算术平均指数与综合指数之间存在着内在的联系,这种联系在其他的经济指数中也同样存在。但必须是按照指定时期的价格及数量计算的情况下,这种联系才能被保持下来。

8.5.2 工业品产量指数

工业品产量指数是数量指标指数,这类指数既可以用综合指数计算,也可以用加权算术平均法计算,按加权算术平均法计算工业品产量指数公式是：

$$\bar{K}_q = \frac{\sum K_q V}{\sum V}$$

当 $V = p_0q_0$ 时,则有：

$$\bar{K}_q = \frac{\sum K_q p_0 q_0}{\sum p_0 q_0}$$

式中, $K_q = q_1/q_0$ 代表个体数量指数; p_0q_0 代表基期实际产品价值。

可以证明,按此式计算的工业品产量指数与按 L 式计算的工业品产量指数完全一致,即：

$$\bar{K}_q = \frac{\sum K_q p_0 q_0}{\sum p_0 q_0} = \frac{\sum (p_1/p_0) p_0 q_0}{\sum p_0 q_0} = \frac{\sum p_1 q_0}{\sum p_0 q_0} = \bar{K}_{p(L)}$$

8.5.3 居民消费价格指数

在中国价格指数体系中,居民消费价格指数、商品零售价格指数占有很重要的地位,并受到多方面的重视。这两种指数都是按加权算术平均法计算的,但与上面的加权法不同,这两种指数采用的是固定权数。

居民消费价格指数是用于反映城乡居民所购买的消费品价格和生活服务价格的变动趋势和变动程度的指数。根据这一指数计算的数值,可用于分析、了解消费品零售价格和生活服务价格变动对居民生活费用支出的影响程度,为各级领导机关研究和制定居民消费价格政策、工资政策以及为新国民经济核算体系中消除价格变动因素的核算提供科学依据。居民消费价格指数也是计算货币购买力的主要依据。

在各省(自治区),居民消费价格指数按城市、农村分别计算,而后按照城乡居民消费额比率分别加权汇总,成为全省(自治区)居民消费价格指数。在计算指数时,除了要经常掌握市场上主要消费品及各项生活服务价格及其变动外,也要广泛利用居民住户调查资料,以掌握居民生活消费支出的数额及构成的变动,这些资料都是计算居民消费价格指数的基础资料。

居民消费价格指数的内容十分广泛,既包括购买各项生活消费品的价格,也包括邮电、交通、文娱等各项生活服务项目的价格。在生活消费品中按其性质和用途不同,又可以分成许多不同的类别和商品集团。

8.5.4 农产品收购价格指数

农产品收购价格指数,是反映国家农产品收购价格变动趋势和程度的相对数。它既是研究农产品收购价格变化对农民收入、国家财政支出等的影响,又是计算工农业产品综合比价指数的依据。由于农产品收购季节性强,时间比较集中,产品品种比较少。这样,在年末能够较快地取得各类农产品实际收购金额和各代表规格品价格的资料,从而可以用报告期农产品实际收购金额作为权数,对各类代表规格品价格个体指数采用加权调和平均法计算农产品收购价格指数。

8.5.5 股票价格指数

股票价格变动是股票市场(或称证券市场)最重要的经济现象之一,它既可以为投资者带来利益,也可以使投资者遭受损失。股票价格指数是用来表示多种股票价格一般变化趋势的相对数。

股票价格指数一般由证券交易所、金融服务机构、咨询研究机构或者新闻单位编制和发布。其编制的步骤如下:

(1) 根据上市公司的行业分布、经济实力、资信等级等因素,选择适当数量的有代表性的股票,作为编制指数的样本股票。样本股票可以随时更换或作数量上的增减,以保持良好的代表性。

(2) 按期到股票市场上采集样本股票,简称采样。

(3) 利用科学的方法和先进的手段计算出指数值。

(4) 通过新闻媒体向社会公众公开发布。

为保持股价指数的连续性,使各个时期计算出来的股价指数相互可比,有时还需要对指数作相应的调整。

编制股票价格指数的主要方法是加权综合法。即以样本股票的发行量或交易量为同度量因素(或称权数)计算的股价指数。

8.5.6 货币购买力指数

所谓货币购买力,是指单位货币所能购买商品和服务的数量。货币购买力的变化,直接反映币值的变化。根据货币流通的规律,如果货币发行量过多,货币就会贬值,货币购买力就会下降。对人民生活来说,货币购买力的变化,直接影响生活水平的变化。影响人民生活水平提高的不只是货币收入的多少,而且还有货币购买力的大小。因此,反映货币购买力的变化,对分析货币流通量是否正常,对研究人民生活水平的变动都有重要的意义。

由于物价的变动影响货币购买力,因此,不同时期等量的货币收入,其实际收入就存在着差异。所以,在观察居民收入水平变化时,必须考虑到物价变动或货币购买力的变化。

本章小结

统计指数是在研究社会经济现象数量关系,分析社会经济现象在不同时间、空间、条件下数量变动情况,测定有关因素影响的方向、程度的过程中产生的。统计指数有广义和狭义之分。从广义上说,凡是说明同类现象数量变动情况的相对数都称为统计指数。我们通常所说的统计指数是狭义概念的指数,它是反映不能直接加总计算的多种事物或现象数量综合变动情况的相对数。

统计指数的主要作用是:①综合反映复杂现象总变动方向及变动幅度;②分析和测定复杂现象中各因素变动对总量变动的影响方向和影响程度;③研究复杂现象的长期变动趋势。

统计指数的分类:按研究范围不同,统计指数可分为个体指数、类(组)指数和总指数;按指数性质不同,可分为数量指标指数和质量指标指数;按照采用基期的不同,统计指数可分为定基指数和环比指数;按编制方法的不同,统计指数可分为综合指数、平均数指数和平均指标指数;按反映的时间状况不同,统计指数可分为动态指数和静态指数。

统计指数的编制有综合指数和平均指数两种方法。综合指数有数量指标指数和质量指标指数;平均指数有算术平均数指数和调和平均数指数。

因素分析就是利用指数体系,分析现象总变动中各因素变动的影响方向和影响程度的统计分析方法。常用的有总量指标的因素和平均指标的因素分析。

练习与实践

一、单项选择题

1. 统计指数按其反映的对象范围不同分为( )。
   A. 简单指数和加权指数　　　　　　B. 综合指数和平均指数
   C. 个体指数和总指数　　　　　　　D. 数量指标指数和质量指标指数
2. 总指数编制的两种形式是( )。
   A. 算术平均指数和调和平均指数　　B. 个体指数和综合指数
   C. 综合指数和平均指数　　　　　　D. 定基指数和环比指数
3. 综合指数是一种( )。
   A. 简单指数　　B. 加权指数　　C. 个体指数　　D. 平均指数
4. 在掌握基期产值和各种产品产量个体指数资料的条件下,计算产量总指数要采用( )。

A. 综合指数 B. 可变构成指数
C. 加权算术平均数指数 D. 加权调和平均数指数

5. 在由三个指数组成的指数体系中,两个因素指数的同度量因素通常( )。
   A. 都固定在基期
   B. 都固定在报告期
   C. 一个固定在基期,另一个固定在报告期
   D. 采用基期和报告期的平均数

6. 单位产品成本报告期比基期下降6%,产量增长6%,则生产总费用( )。
   A. 增加 B. 减少 C. 没有变化 D. 无法判断

7. 某商店2001年1月份微波炉的销售价格是350元,6月份的价格是342元,指数为97.71%,该指数是( )。
   A. 综合指数 B. 平均指数 C. 总指数 D. 个体指数

8. 编制数量指标指数一般是采用( )作同度量因素。
   A. 基期质量指标 B. 报告期质量指标
   C. 基期数量指标 D. 报告期数量指标

二、多项选择题

1. 指数的作用包括( )。
   A. 综合反映事物的变动方向 B. 综合反映事物的变动程度
   C. 利用指数可以进行因素分析 D. 研究事物在长时间内的变动趋势
   E. 反映社会经济现象的一般水平

2. 拉氏综合指数的基本公式有( )。
   A. $\dfrac{\sum p_1 q_1}{\sum p_0 q_1}$ B. $\dfrac{\sum q_1 p_0}{\sum q_0 p_0}$ C. $\dfrac{\sum p_1 q_0}{\sum p_0 q_0}$ D. $\dfrac{\sum p_1 q_1}{\sum p_0 q_1}$
   E. $\dfrac{\sum p_1 q_1}{\sum p_0 q_0}$

3. 派氏综合指数的基本公式有( )。
   A. $\dfrac{\sum p_1 q_1}{\sum p_0 q_1}$ B. $\dfrac{\sum p_1 q_0}{\sum p_0 q_0}$ C. $\dfrac{\sum p_1 q_1}{\sum p_0 q_1}$ D. $\dfrac{\sum p_0 q_1}{\sum p_0 q_0}$
   E. $\dfrac{\sum p_1 q_1}{\sum p_0 q_1}$

4. 某企业为了分析本厂生产的两种产品产量的变动情况,已计算出产量指数为112.5%,这一指数是( )。
   A. 综合指数 B. 总指数
   C. 个体指数 D. 数量指标指数
   E. 质量指标指数

5. 平均数变动因素分析的指数体系中包括的指数有( )。

A. 可变组成指数 B. 固定构成指数
C. 结构影响 D. 算术平均指数
E. 调和平均指数

6. 同度量因素的作用有(　　)。
A. 平衡作用 B. 权数作用
C. 稳定作用 D. 同度量作用
E. 调和作用

7. 若 p 表示商品价格，q 表示商品销售量，则公式 $\sum p_1 q_1 - \sum p_0 q_1$ 表示的意义是(　　)。
A. 综合反映销售额变动的绝对额
B. 综合反映价格变动和销售量变动的绝对额
C. 综合反映多种商品价格变动而增减的销售额
D. 综合反映由于价格变动而使消费者增减的货币支出额
E. 综合反映多种商品销售量变动的绝对额

8. 指数按计算形式不同可分为(　　)。
A. 简单指数 B. 总指数
C. 数量指标指数 D. 质量指标指数
E. 加权指数

9. 当权数为 $p_0 q_0$ 时，以下说法中正确的有(　　)。
A. 数量指标综合指数可变形为加权算术平均指数
B. 数量指标综合指数可变形为加权调和平均指数
C. 质量指标指数可变形为加权算术平均指数
D. 质量指标指数可变形为加权调和平均指数
E. 综合指数与平均指数没有变形关系

10. 指数体系中(　　)。
A. 一个总值指数等于两个(或两个以上)因素指数的代数和
B. 一个总值指数等于两个(或两个以上)因素指数的乘积
C. 存在相对数之间的数量对等关系
D. 存在绝对变动额之间的数量对等关系
E. 各指数都是综合指数

三、判断题

1. 指数的实质是相对数，它能反映现象的变动和差异程度。　　(　　)
2. 只有总指数可划分为数量指标指数和质量指标指数，个体指数不能作这种划分。
　　(　　)
3. 质量指标指数是固定质量指标因素，只观察数量指标因素的综合变动。　(　　)
4. 算术平均指数是反映平均指标变动程度的相对数。　　(　　)
5. 综合指数是一种加权指数。　　(　　)
6. 从狭义上说，指数体系的若干指数在数量上不一定存在推算关系。　(　　)

7. 数量指标指数和质量指标指数的划分具有相对性。　　　　　　　　　　（　）
8. 拉氏价格指数和派氏价格指数的计算结果不同,是因为拉氏价格指数主要受报告期商品结构的影响,而派氏价格指数主要受基期商品结构的影响。　　（　）
9. 在平均数变动因素分析中,可变组成指数是用以专门反映总体构成变化这一因素影响的指数。　　　　　　　　　　　　　　　　　　　　　　　（　）
10. 本年与上年相比,若物价上涨10%,则本年的1元只值上年的0.9元。　（　）

四、综合分析题

1. 某厂三种产品的产量情况如表8-9所示。

表8-9　　　　　　　　某厂三种产品的产量情况

产品	计量单位	出厂价格(元) 基期	出厂价格(元) 报告期	产量 基期	产量 报告期
A	件	8	8.5	13 500	15 000
B	个	10	11	11 000	10 200
C	公斤	6	5	4 000	4 800

试计算出厂价格指数和产量指数,并对该厂产值的变动作因素分析。

2. 某地区三种水果的销售情况如表8-10所示。

表8-10　　　　　　　某地区三种水果的销售情况

水果品种	本月销售额(万元)	本月比上月价格增减
苹果	68	−10%
草莓	12	12%
橘子	50	2%

试计算该地区三种水果的价格指数及由于价格变动对居民开支的影响。

拓 展 实 训

请了解淘宝指数,并运用淘宝指数分析某一商品的长周期走势、市场细分、人群特性、成交排行等情况,尝试利用淘宝指数为网店制定经营策略。

第9章 相关与回归分析

【学习目标】
1. 掌握函数关系、相关关系及回归分析的基本概念与区别。
2. 能够利用相关系数对相关关系进行测定,并且掌握相关系数的性质。
3. 明确相关分析与回归分析的特点以及它们的区别与联系。
4. 掌握相关系数的计算与检验的方法,建立一元线性回归模型,并利用模型进行预测。

【重点掌握】
1. 相关分析的方法。
2. 回归分析的分析方法及其应用。

9.1 相关分析的概念与内容

相关与回归是现代统计学中非常重要的内容,相关与回归分析是处理变量数据之间相关关系的一种统计方法。通过相关分析,可以判断两个或两个以上的变量之间是否存在相关关系、相关关系的方向、形态及相关关系的密切程度;回归分析是对具有相关关系现象间数量变化的规律性进行测定,确立一个回归方程式,即经验公式,并对所建立的回归方程式的有效性进行分析、判断,以便进一步进行估计和预测。现在,相关与回归分析已经广泛应用到企业管理、商业决策、金融分析以及自然科学和社会科学等许多研究领域。

9.1.1 相关关系的概念

宇宙中任何现象都不是孤立地存在的,而是普遍联系和相互制约的。这种现象间的相互联系、相互制约的关系即为相关关系。

在研究自然现象和社会经济现象的过程中,发现许多随机变量之间往往存在着相互联系、相互依存、相互制约的关系。例如,在家庭收入与消费支出之间,施肥量与农作物的收获量之间,广告费支出与商品销售额之间等。现象间的变量关系可以分为严格的确定型的函数关系和不严格的非确定型的相关关系。研究这些现象之间的依存关系,找出它们之间的变化规律,是对经搜集、整理过的统计数据进行数据分析,为客观、科学地统计提供依据。

现象间的依存关系大致可以分成两种类型:一类是函数关系;另一类是相关关系。

1. 函数关系

函数是指现象之间是一种严格的确定性的依存关系。表现为某一现象发生变化另一现象也随之发生变化,而且有确定的值与之相对应。

函数关系是现象之间存在着确定性的数量依存关系。在这种关系中,某一个变量(x)的每一个数值,都有另一个变量(y)的一个或多个确定的数值与之相对应。变量(x)叫做自变量,而变量(y)叫做函数或因变量。x,y 两个变量间的这种对应关系就是函数关系的实质。可以用函数表达式 $Y = f(x)$ 来表示。

如果商品价格不变,若商品销售量发生变化,则有一个确定的商品销售额与之相对应,即商品销售额的大小随着商品销售量的多少而变动。

2. 相关关系

相关关系是指客观现象之间确实存在的,但数量上不是严格对应的依存关系。在这种关系中,对于某一现象的每一数值,可以有另一现象的若干数值与之相对应。在这些数值之间表现出一定的波动性,但又总是围绕它们的期望值遵循一定规律而波动。例如,收入水平不同的家庭,其食品支出比重也不一样。一般说,收入愈高的家庭,其食品支出的比重愈低,而收入愈低的家庭则食品支出的比重愈高,但(高低)多少,不是确定不变的,而是有规律可循的。因此,可以说,相关关系是一种客观存在的依存关系;但又是一种非严格的不确定性的依存关系。这种关系不能通过个别现象体现其关系的规律性,必须在大量现象中才能得到体现。在市场经济条件下,由于利益主体多元化和决策的分散化,在价值规律支配下,社会和经济变量受随机因素的影响很大,它们之间的关系主要表现为相关关系。

具有相关关系的某些现象可表现为因果关系,即某一或若干现象的变化是引起另一现象变化的原因,它是可以控制、给定的值,将其称为自变量;另一个现象的变化是自变量变化的结果,它是不确定的值,将其称为因变量。如资金投入与产值之间,前者为自变量,后者为因变量。但具有相关关系的现象并不都表现为因果关系,如生产费用和生产量、商品的供求与价格等。这是由于相关关系比因果关系包括的范围更广泛。

相关关系与函数关系是有区别的。相关关系的范围比函数关系的范围更大,函数关系可以说是相关关系的一个特例。但是它们之间存在着一定的联系。

首先,现象间有些该属函数关系,但由于观察或测量误差等原因,其函数关系不够明确,往往通过相关关系反映出来;而有些现象之间的相关关系,因某些偶然因素的影响,也可能表现为函数关系。

其次,在研究相关关系进行数量分析时,常常用函数表达式来近似地反映现象间的数量依存关系值及其规律性,这就为研究相关关系提供了数学依据。

9.1.2 相关关系的种类

现象之间的相关关系从不同的角度可以区分为不同类型。

1. 按照相关关系涉及变量(或因素)的多少分为单相关、复相关和偏相关

单相关。单相关又称一元相关,是指两个变量之间的相关关系,如广告费支出与产品销售量之间的相关关系。

复相关。复相关又称多元相关,是指三个或三个以上变量之间的相关关系,如商品销售额与居民收入、商品价格之间的相关关系。

偏相关。在一个变量与两个或两个以上的变量相关的条件下,当假定其他变量不变时,其中两个变量的相关关系称为偏相关。例如,在假定商品价格不变的条件下,该商品的需求量与消费者收入水平的相关关系即为偏相关。

2. 按照相关形式不同分为线性相关和非线性相关

线性相关。线性相关又称直线相关,是指当一个变量变动时,另一变量随之发生大致均等的变动,从图形上看,其观察点的分布近似地表现为一条直线。例如,人均消费水平与人均收入水平通常呈线性关系。

非线性相关。一个变量变动时,另一变量也随之发生变动,但这种变动不是均等的,从图形上看,其观察点的分布近似地表现为一条曲线,如抛物线、指数曲线等,因此也称曲线相关。例如,农产品产量与施肥量的关系,在一定范围内,增加施肥量,农产品产量会产生大致均等的增长,即线性相关;但继续不断地增加施肥量,农产品产量的增长是不均等的,或者逐步减少,即非线性相关。

此外,相关关系还可按变量之间关系的密切程度区分。当变量之间的依存关系密切到函数关系时,称为完全相关;当变量之间不存在依存关系,即自变量变动,因变量完全不随之作相应的变动,则称为零相关;大多数相关关系介于二者之间,称为不完全相关。当不完全相关达到相当的密切程度时,才具有进行相关分析的意义。

3. 按照相关现象变化的方向不同分为正相关和负相关

若两个变量的变化方向相同,即当一个变量 x 由小到大,与之相关的变量 y 也相应地由小变大,反之亦然,称此相关为正相关。例如,统计资料表明,当居民的收入水平逐步提高时,生活费用支出也相应地增加。若两个变量的变化方向相反,即当一个变量由小变大,与之相关的变量 y 也相应地由大变小;反之亦然,则称此种相关为负相关。如银行存款利率提高,则股票价格随之相应地降低等。

4. 按相关程度分为完全相关、不完全相关和不相关

完全相关。当一个变量的数量完全由另一个变量的数量变化所决定时,二者之间即为完全相关。例如,在价格不变的条件下,销售额与销售量之间的正比例函数关系即为完全相关,此时相关关系便成为函数关系,因此也可以说函数关系是相关关系的一个特例。

不完全相关。不完全相关又称零相关,当变量之间彼此互不影响,其数量变化各自独立时,则变量之间为不相关。例如,股票价格的高低与气温的高低一般情况下是不相关的。

不相关。如果两个变量的关系介于完全相关和不相关之间,称为不完全相关。由于完全相关和不相关的数量关系是确定的或相互独立的,因此统计学中相关分析的主要研究对象是不完全相关。

9.1.3 相关分析的内容

相关分析是对客观经济现象间存在的相关关系进行分析研究的一种统计方法。其目的在于对现象间所存在的依存关系以及所表现出的规律性进行数量上的推断和认识,以便作出预测和决策。相关分析的内容包括以下两个方面。

1. 判别现象间有无相关关系

现象间有无相关关系,这是相关分析的出发点。只有现象间确实存在相关关系,才可能进行相关分析。所以进行相关分析时,首先要通过定性分析,借助相关表和相关图来判别现象间是否确实存在相关关系,否则就会产生认识上的偏差,得出错误的分析结论。

2. 测定相关关系的表现形态和密切程度

相关关系是一种数量上不严格的相互依存关系。只有当变量间确实存在高度密切的相关关系时,才可能进行相关分析,对现象进行预测、推算和决策。因此,判定现象间存在相关关系后,需要进一步测定相关关系的表现形态和密切程度。统计上,一般是通过编制相关表、绘制相关图和计算相关系数来作出判断。

9.1.4 相关分析的任务

相关分析的目的,就是要在错综复杂的客观现象中,通过大量观察的统计资料,探讨现象之间相互依存关系的形式和相关的密切程度,并找出合适的表达形式,为推算未知和预测未来提供数据,具体任务有以下几方面。

1. 揭示现象之间是否具有相关关系

这是相关分析的出发点,也是相关分析的先决条件。其主要通过绘制相关图、表来判定现象间是否存在相关关系以及相关关系的形态(线性、非线性),进而采用相应的分析方法。因此,相关关系分析可以作为一种因素分析法使用。

2. 测定现象相关关系的密切程度

相关关系是一种不严格的数量关系,统计分析的任务之一就是要确定这种数量关系的密切程度,通常是计算相关系数或相关指数以反映相关关系的密切程度。

3. 构建现象相关关系数学模型

在相关关系中,自变量变化可能有若干个因变量的数值与之相对应。要测量它们之间的统计关系,就必须建立相关关系的表达式,然后采用数学分析的方法求解。如果现象间变量关系表现为线性相关,则采用拟合线性方程的方法;如果现象间变量关系表现为曲线相关,则应采用拟合相关曲线方程的方法,所拟合的方程俗称回归方程式。通过方程的求解和计算分析,能反映现象间相关关系数量方面的规律性,并据此进行统计推断与预测。

4. 测定因变量估计值的误差程度

根据已确定的变量之间相关的直线方程或曲线方程,在给定若干个自变量值时,可求出因变量相应的估计值。一般来说,估计值与实际值是有一定出入的,相关分析要通过科学方法测定估计值与实际的误差程度,从而确认相关与回归分析的可靠性大小。

9.2 相关关系的判断与测定

9.2.1 相关关系的判断

进行相关关系分析,首先要判断现象之间是否存在相关关系,这是相关分析的出发点。判断现象之间是否存在相关关系,一般是对现象进行定性分析、编制相关表和绘制相关图等。

1. 定性分析

对现象进行定性分析,就是根据现象质的规定性,运用理论知识、专业知识、实际经验来进行判断和分析。

2. 定量分析

这就是利用相关图或相关表,进一步判断经过定性分析确认具有相关关系的现象之间相关的方向、形式和密切程度。

(1) 相关表。相关表是一种反映变量之间相关关系的统计表。将某一变量按其取值的大小排列,然后将与其相关的另一变量的对应值平等排列,便可得到简单的相关表。

根据对自变量是否分组,相关表分为简单相关表和分组相关表。表9-1即为简单相关表。

表 9-1　　　　　　　　　　产量和单位产品成本原始资料

产量(件)	20	20	20	20	20	20	20	20	20	30	30	30	30	30	40
单位产品成本(元)	15	16	16	16	16	18	18	18	18	15	15	16	16	16	14
产量(件)	40	40	40	40	50	50	50	50	50	50	60	60	60	60	60
单位产品成本(元)	15	15	15	16	14	14	15	15	15	16	14	14	14	14	15

分组相关表是将原始数据进行分组编制而成的相关表。分组相关表又分为单变量分组相关表和双变量分组相关表。单变量分组相关表是将两个变量中的一个变量进行分组,而另一个变量不分组,并对分组的变量计算各组的次数,而不分组的变量则计算平均数。

以表 9-1 原始资料为例,将同类型 30 个企业的产量(x)与单位产品成本(y)原始资料,按产量分组编制单变量分组表,结果如表 9-2 所示。

表 9-2　　　　　　　　　　产量和单位产品成本简单相关表

产量 x(件)	企业数 n(个)	单位产品成本 y(元)
20	9	16.8
30	5	15.6
40	5	15.0
50	6	14.8
60	5	14.2

从表 9-2 中可以较明显地看出二者之间存在正相关关系。

(2) 双变量分组表。对两种有关变量都进行分组,交叉排列,并列出两种变量各组间的共同次数,这种统计表称为双变量分组相关表。这种表格形似棋盘,故又称棋盘式相关表。

仍以表 9-1 原始资料为例,将同类型 30 个企业的产量(x)与单位产品成本(y)原始资料,编制双变量分组相关表,结果如表 9-3 所示。

表 9-3　　　　　　　　　　产量和单位产品成本双变量分组相关表

| 单位产品成本 y(元) | 产量 x(件) ||||| 合计(件) |
	20	30	40	50	60	
18	4	—	—	—	—	4
16	4	3	1	—	1	9
15	1	2	3	3	1	10
14	—	—	1	2	4	7
合计	9	5	5	6	5	30

从表9-3中可以看出,产量集中在左上角到右下角的对角斜线上,表明产量与单位产品成本是负相关关系。

制作双变量分组相关表,须注意自变量为纵栏标题,按变量值从小到大自左向右排列,因变量为横行标题,按变量值从大到小自上而下排列。这样做的目的是将相关表与相关图结合起来,便于一致性判断相关关系的性质。

在编制双变量分组相关表时,自变量和因变量的数值都进行分组。将自变量各组标志值放在各行,其排列顺序由大到小;将因变量各组标志值放在各列,其排列顺序由小到大。

3. 相关图

从相关表中往往很难看出现象之间的相关形式。因此,常将相关表上的数据描在平面直角坐标系中形成相关图(见图9-1)。相关图也称相关散点图或散点图,是将具有相关关系的两个变量值描绘在坐标图上,以横轴表示自变量 x,纵轴表示因变量 y,按两变量的对应值标出坐标点的分布状况的统计图。相关图上的点称为相关点。相关图是粗略观察现象之间相关程度和相关形态的一种有效工具,同时为测定相关关系奠定了基础。

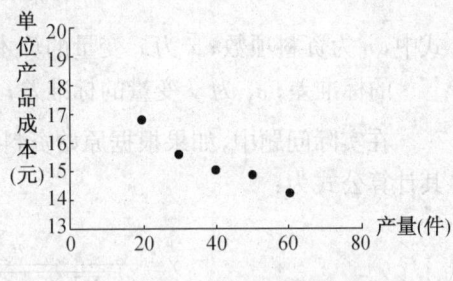

图9-1 产量和单位产品成本相关图

从图9-1中可以看出,单位产品成本随着产量增加而降低,并且散布点的分布近似地表现为一条直线。由此可以判断产量与单位产品成本两个变量之间存在着直线负相关关系。

9.2.2 相关关系的测定

测定现象之间的相关关系有相关系数、相关指数等统计分析指标,下面介绍相关系数及其计算方法。

1. 相关系数的概念及特点

1) 相关系数的概念

相关系数是指在直线相关的条件下,说明两个现象之间相关关系紧密程度的统计分析指标,用 r 表示。相关系数的取值范围和意义可概括为以下几点:

(1) r 的取值范围为: $-1 \leqslant r \leqslant 1$。

(2) r 的绝对值越接近于1,表明相关关系越密切;越接近于0,表明相关关系越不密切。

(3) $r=+1$ 或 $r=-1$,表明两现象完全相关。

(4) $r=0$,表明两变量无直线相关关系。

(5) $r>0$,现象呈正相关;$r<0$,现象呈负相关。实践中,一般将现象的相关关系分为四个等级:$|r|<0.3$ 表示不相关,$0.3 \leqslant |r| <0.5$ 表示低度相关;$0.5 \leqslant |r| <0.8$ 表示显著相关;$|r| \geqslant 0.8$ 表示高度相关。

2) 相关系数的特点

(1) 两变量为对等关系,可以不区分自变量和因变量,其相关系数只有一个值。

(2) 相关系数有正负号,反映正相关或负相关关系。

(3) 若以抽样调查取得资料,则两变量均应有相同的随机性,这也是对等关系的要求。对全面统计资料而言,不存在随机性的问题,均为确定性资料。

2. 简单相关系数的计算

相关系数的计算公式为:

$$\gamma = \frac{\sigma_{xy}^2}{\sigma_x \sigma_y} = \frac{\frac{1}{n}\sum(x-\bar{x})\sum(y-\bar{y})}{\sqrt{\frac{1}{n}\sum(x-\bar{x})^2}\sqrt{\frac{1}{n}\sum(y-\bar{y})^2}} \tag{9-1}$$

式中,n 为资料项数;$\bar{x}$ 为 x 变量的算术平均数;$\bar{y}$ 为 y 变量的算术平均数;σ_x 为 x 变量的标准差;σ_y 为 y 变量的标准差;σ_{xy} 为 xy 变量的协方差。

在实际问题中,如果根据原始资料计算相关系数,可运用相关系数的简捷法计算,其计算公式为:

$$\gamma = \frac{n\sum xy - \sum x \sum y}{\sqrt{n\sum x^2 - (\sum x)^2}\sqrt{n\sum y^2 - (\sum y)^2}} \tag{9-2}$$

[例9-1] 根据表9-4中的资料,可知居民家庭月收入与消费支出之间为直线相关,计算居民家庭月收入与消费支出的相关系数。

表9-4 居民家庭月收入与消费支出的关系表

编 号	月收入 x（百元）	消费支出 y（百元）	x^2	y^2	xy
1	15	12	225	144	180
2	18	15	324	225	270
3	20	18	400	324	360
4	25	20	625	400	500
5	30	28	900	784	840
6	40	36	1 600	1 296	1 440
7	62	42	3 844	1 764	2 604
8	75	53	5 625	2 809	3 975
9	88	60	7 744	3 600	5 280
10	92	65	8 464	4 225	5 980
合计	465	349	29 751	15 571	21 429

$$\gamma = \frac{10 \times 21\,429 - 465 \times 349}{\sqrt{10 \times 29\,751 - 465^2} \times \sqrt{10 \times 15\,571 - 349^2}} = 0.99$$

此外还有其他变形公式:

利用相关系数积差法公式可推导出相关系数的其他计算公式：

$$r = \frac{\sum xy - n\overline{x}\overline{y}}{\sqrt{\sum x^2 - n\overline{x}^2}\sqrt{\sum y^2 - n\overline{y}^2}} \qquad (9-3)$$

或

$$r = \frac{\overline{xy} - \overline{x}\,\overline{y}}{\sqrt{\frac{1}{n}\sum(x-\overline{x})^2}\sqrt{\frac{1}{n}\sum(y-\overline{y})^2}}$$

9.3 一元线性回归分析

9.3.1 回归分析的概念与特点

1. 回归分析的概念

"回归"一词是由英国生物学家高尔顿在研究人体身高的遗传问题时首先提出的。现代回归分析虽然沿用了"回归"一词，但其内容已有很大变化，它是一种应用于许多领域的广泛的分析研究方法，在经济理论研究和实证研究中也发挥着重要的作用。相关系数可以说明在直线相关条件下两个现象变量相关关系的方向和度，但是不能说明两个现象变量之间的因果数量关系，即给出某一个变量时，无法用相关系数来估计预测另一个变量的可能发生值。为了测定现象变量之间变化的因果关系，必须建立某种数学模型，采用数学方法。这种模型和方法就是回归模型及其分析方法。

进行回归分析是将变量之间的相关关系在一定情况下转化为函数关系而展开，用这一函数公式来反映自变量和因变量之间的数量关系。

回归分析建立的数学表达式称为回归方程(或回归模型)，根据回归方程配合的曲线，称配合曲线，其表现形式有直线和曲线等。

2. 回归分析的特点

(1) 回归分析的两个变量是非对等关系。在回归分析中，两个变量之间哪一个是因变量哪一个是自变量要根据研究目的的具体情况来确定。自变量、因变量不同，所得出的分析结果也不相同。而在相关分析中，相关关系的两个变量是对等的，不必区分哪一个是自变量，哪一个是因变量。

(2) 回归分析中，因变量 Y 是随机变量，自变量 X 是可控变量。可依据研究的目的分别建立对于 X 的回归方程或对于 Y 的回归方程；而相关分析中，被研究的两个变量都是随机变量，它只能通过计算相关系数来反映两个变量之间的密切程度。

(3) 在直线回归方程中的回归系数，是表明因变量 y 对自变量 x 的回归关系，它有正负之分，与相关系数的正负是一致的。正的系数表明上升直线，两个变量同方向变化；负的系数表明下降直线，两个变量反方向变化。

(4) 直线回归方程中，要求自变量是非随机的，是给定的值，将自变量值引入方程，求出估计的因变量值，这个估计值，就是众多因变量实际值的一个平均值，又称理论值或趋势值。因此,可以计算估计值的标准误差。

3. 回归分析的类型

回归分析研究两个及两个以上的变量时,根据变量的地位、作用不同分为自变量和因变量。一般把作为估测根据的变量叫做自变量,把待估测的变量叫做因变量。反映自变量和因变量之间联系的数学表达式叫做回归方程,某一类回归方程的总称为回归模型。在回归分析中,根据研究的变量多少可以分为一元回归和多元回归。只有一个自变量和一个因变量的回归称为一元回归或简单回归。若自变量的数目在两个或两个以上,因变量只有一个,则称为多元回归。根据所建立的回归模型的形式,又可以分为线性回归和非线性回归。

4. 回归分析的内容

(1) 建立回归方程。依据研究对象变量之间的关系建立回归方程。

(2) 进行相关关系的检验。相关关系检验就是选择恰当的相关指标,判定所建立的回归方程中变量之间关系的密切程度。相关程度越高,就表明回归方程与实际值的偏差越小,拟合效果越好。如果回归方程变量间的相关关系不好,所建立的回归方程就失去了意义。

(3) 利用回归模型进行预测。如果回归方程拟合得好,就可以用它来作变量的预测,根据自变量取值来估计因变量的值。由于回归方程与实际值之间存在误差,预测值不可能就是由回归方程计算所得的确定值,其应该处于一个范围或区间。这个区间称为预测值的置信区间,它说明回归模型的适用范围或精确程度。实际值位于该区间的可靠度一般应在95%以上。

5. 相关分析与回归分析的区别与联系

回归分析和相关分析都是对客观事物数量依存关系的分析。与相关分析相比,回归分析在理论基础和方法上具有一致性。只有存在相关关系的变量才能进行回归分析,相关程度愈高,回归测定的结果愈可靠。因此,相关系数也是判定回归效果的一个重要依据。另外,相关系数同回归模型中的参数可以相互换算,特别是多元线性和非线性(曲线)相关的相关系数必须利用回归模型才能求得。

但是回归分析与相关分析也有区别。其主要是:

(1) 回归分析中变量之间是不对等的,必须根据研究的目的和对象的性质确定哪个是自变量,哪个是因变量;而相关分析是研究变量间的共变关系,这些变量相互对应,可以互为自变量和因变量。

(2) 在回归分析中,确定回归方程时只要求因变量是随机变量,而自变量为给定的值;在相关分析中,计算相关系数时,要求相关的变量必须都是随机变量。

(3) 回归分析可以对具有相关关系的变量建立一个回归模型,描述变量之间具体的变动关系,通过控制或给定自变量的数值来估计或预测因变量可能的数值;相关分析主要是测定变量之间关系的密切程度和变量变化的方向。

相关分析与回归分析既有联系又有区别,实际统计研究中,通常是把它们结合在一起应用的。

回归分析根据实际资料建立的回归模型也有多种形式。按自变量的多少可以分为一元回归模型和多元回归模型;按变量之间的具体变动形式可以分为线性回归模型和非线性回归模型。其中,一元线性回归模型是最简单的也是最基本的一种回归模型。

9.3.2 一元线性回归分析

1. 一元线性回归模型

一元线性回归模型也称简单线性回归模型,是分析两个变量之间相互关系的数学方程式,其一般表达式为:

$$\hat{y} = a + bx$$

式中,$\hat{y}$ 代表因变量 y 的估计值;x 代表自变量;a、b 称为回归模型的待定参数,其中 b 又称为回归系数,它表示自变量每增加一个单位时,因变量的平均增减量。

用 x_i 表示自变量 x 的实际值,用 y_i 表示因变量 y 的实际值($i = 1, 2, 3, \cdots, n$),因变量的实际值与估计值之差用 e_i 表示,称为估计误差或残差,即:$e_i = y_i - \hat{y}_i$。

依据最小平方法理论可得:

$$\sum_{i=1}^{n} y_i = na + b \sum_{i=1}^{n} x_i \tag{9-4}$$

$$\sum_{i=1}^{n} x_i y_i = a \sum_{i=1}^{n} x_i + b \sum_{i=1}^{n} x_i^2 \tag{9-5}$$

由(9-4)、(9-5)两式即可求出 a、b 的计算公式:

$$b = \frac{\sum_{i=1}^{n} x_i y_i - \frac{1}{n} \sum_{i=1}^{n} x_i \sum_{i=1}^{n} y_i}{\sum_{i=1}^{n} x_i^2 - \frac{1}{n} (\sum_{i=1}^{n} x_i)^2} = \frac{\sum_{i=1}^{n} x_i y_i - n \cdot \overline{xy}}{\sum_{i=1}^{n} x_i^2 - n \cdot \overline{x}^2} \tag{9-6}$$

$$a = \frac{\sum_{i=1}^{n} y_i - b \sum_{i=1}^{n} x_i}{n} = \overline{y} - b\overline{x} \tag{9-7}$$

上述的回归方程式在平面坐标系中表现为一条直线,即回归直线。当 $b > 0$ 时,y 随 x 的增加而增加,两变量之间存在着正相关关系;当 $b < 0$ 时,y 随 x 的增加而减少,两变量之间为负相关关系;当 $b = 0$ 时,y 为一常量,不随 x 的变动而变动。这为判断现象之间的相互关系,分析现象之间是否处于正常状态提供了标准。

根据表 9-1 中的数据,拟合某社区居民家庭月收入水平(x)与消费支出(y)的回归直线方程。

根据表 9-1 中的计算结果,得:

$$b = \frac{10 \times 21429 - 465 \times 349}{10 \times 29751 - 465^2} = 0.6398$$

$$a = \frac{349}{10} - 0.6398 \times \frac{465}{10} = 5.1493$$

将 a 和 b 代入回归方程式得：

$$\hat{y} = 5.1493 + 0.6398x$$

式中，$\hat{y}$ 代表消费支出；x 代表家庭月收入。回归系数 $b=0.6398$，表示家庭月收入每提高 1 个单位(百元)，消费支出平均增加 0.6398 个单位(百元)。$a=5.1493$ 代表即使月收入为 0 的情况下，消费支出也需要 5.1493(百元)。利用直线方程可以进行预测。如某家庭月收入为 150(百元)，在其他条件相对稳定时，可以预测其消费支出为

$$\hat{y} = 5.1493 + 0.6398 \times 150 = 101.1193(百元) = 10111.93(元)$$

2. 一元回归模型的检验

1) 相关系数及其显著性检验

一般说来，相关系数可以反映自变量 x 和因变量 y 之间的线性相关程度，相关系数 r 的绝对值越接近于 1，则 x 与 y 之间的线性关系越密切。但相关系数通常是根据总体的样本数据计算得出，带有一定的随机性，会出现误差，因而有必要对相关系数进行显著性检验，以此来说明建立的回归模型有无实际意义。

为保证回归方程具有最低的线性关系，人们将相关系数 r 的临界值列成专门的表，即相关系数检验表。在给定的显著性水平 α 值以及自由度 n，查相关系数检验表，即可找到对应的 r 的最低临界值 r_α，据此就可以判断线性关系是否成立。在社会经济现象中显著性水平 α 通常取 0.05(95%以上建立的回归模型方才可靠、精确)。自由度指的是样本容量 n 与回归模型中待定参数的个数 m 之间的差，即自由度 $= n-m$。如[例 9-1]中样本容量 $n=10$，回归模型中待定参数个数 $m=2$，则自由度 $= n-m = 10-2 = 8$。若 $|r| \geq r_{\alpha(n-m)}$，表明在显著性水平 α 条件下，变量间的线性关系是显著的，建立的回归方程是有意义的；若 $|r| < r_{\alpha(n-m)}$，表明在显著性水平 α 条件下变量间的线性关系不显著，建立的回归模型实际意义待定。

2) 估计标准误差检验

回归方程根据自变量的已知值推算出的因变量的估计值和实际值之间是有离差的。估计标准误差就是衡量 y 的实际值和估计值离差一般水平的分析指标。它可以说明回归方程推算结果的准确程度，或者说是反映回归直线代表性的大小。

估计标准误差是用来说明回归方程代表性大小的统计分析指标，它与标准差的性质相近。但不同的是，估计标准误差是说明平均线的代表性，而标准差是说明平均数的代表程度。

估计标准误差也称为估计标准差或估计标准误，是残差平方和的算术平均数的平方根，用 S_y 表示。其计算公式为：

$$S_y = \sqrt{\frac{\sum_{i=1}^{n} e_i^2}{n-m}} \tag{9-8}$$

式中，S_y 为估计标准误差；e_i 为估计残差(实际值与估计值之差)；n 为样本容量；m 为回归模型中待定参数的个数。

$$\sum_{i=1}^n e_i^2 = \sum_{i=1}^n (y_i - \hat{y})^2 = \sum_{i=1}^n (y_i - a - bx_i)^2 \tag{9-9}$$

残差的平方和可以反映出实际值与回归直线的离散程度。而计算其平均数，可以消除求和项数对残差平方和的影响。因而，在此基础上计算出的估计标准误差更能反映出实际值与回归直线的平均离散程度。估计标准差是一项误差分析指标，用于判断回归模型拟合的优劣程度。

(9-9)式计算估计标准差较繁琐，可以采用简捷计算方法计算估计标准差。其简捷计算公式为：

$$S_y = \sqrt{\frac{\sum_{i=1}^n y_i^2 - a\sum_{i=1}^n y_i - b\sum_{i=1}^n x_i y_i}{n-m}} \tag{9-10}$$

依据表9-4的资料，计算估计标准误差。

$$S_{yx} = \sqrt{\frac{\sum y^2 - a\sum y - b\sum xy}{n-2}} = \sqrt{\frac{15\,571 - 5.149\,3 \times 349 - 0.639\,8 \times 21\,429}{10-2}}$$
$$= 2.82(元)$$

运用(9-9)、(9-10)式计算出的估计标准差从理论上说应该是相等的，但在实际计算过程中，由于回归方程的待定系数 a 和 b 也是利用公式计算出来的，在计算的过程中通常会涉及四舍五入的情况，从而导致两种计算公式的结果不一致。但其偏差往往很小，不会影响对问题的分析。

3. 估计标准误差与相关系数的关系

二者在数量上具有如下的关系：

$$\gamma = \sqrt{1 - \frac{S_{yx}^2}{\sigma_y^2}} \tag{9-11}$$

$$S_{yx} = \sigma_y \sqrt{1-\gamma^2} \tag{9-12}$$

式中，γ 为相关系数；σ_y 为因变量数列的标准差；S_{yx} 为估计标准误差。

从(9-11)、(9-12)式中可以看出 γ 和 S_{yx} 的变化方向是相反的。当 γ 越大时，S_{yx} 越小，这时相关密切程度较高，回归直线的代表性较大；当 γ 越小时，S_{yx} 越大，这时相关密切程度较低，回归直线的代表性较小。

9.4 多元线性回归分析

一元线性回归分析所反映的是一个自变量与一个因变量之间的关系。但在现实生活中,某一社会经济现象的变化通常是受多项因素变动影响的。例如,企业的年销售额要受销售数量、销售单价、市场供求状况、广告投入等多种因素的影响。对这种预测对象受多个因素影响的社会经济现象就需要采用多元线性回归分析来解释变量之间的关系。多元线性回归分析是利用回归分析的原理,寻找因变量与多个自变量之间的变化规律,以建立回归模型,并利用所建立的回归模型进行预测。多元回归分析可分为线性和非线性两种,这里仅以二元线性回归为例来说明多元线性回归分析的原理与方法。

9.4.1 二元线性回归分析

1. 二元线性回归模型

一个因变量 Y 与两个自变量 x_1、x_2 呈线性相关,则可建立二元线性回归模型:

$$\hat{y} = a + b_1 x_1 + b_2 x_2 \tag{9-13}$$

式中,$\hat{y}$ 为因变量的估计值;a 为回归常数;b_1、b_2 为回归系数;x_1、x_2 为自变量。

在一元线性回归分析中,我们利用最小二乘法推导出待定参数 a、b 的计算公式。同样,也可根据最小二乘法推导出二元线性回归方程的参数 a, b_1, b_2 的值。依据最小二乘法,要使实际值与对应估计值之间的残差平方和($Q = \sum_{i=1}^{n} e_i^2$)最小,参数 a、b_1、b_2 应满足的条件是:

$$\begin{cases} \frac{\partial Q}{\partial a} = 2\sum_{i=1}^{n}(y_i - a - b_1 x_{1i} - b_2 x_{2i}) = 0 \\ \frac{\partial Q}{\partial b_1} = 2\sum_{i=1}^{n}(y_i - a - b_1 x_{1i} - b_2 x_{2i})(-x_{1i}) = 0 \\ \frac{\partial Q}{\partial b_2} = 2\sum_{i=1}^{n}(y_i - a - b_1 x_{1i} - b_2 x_{2i})(-x_{2i}) = 0 \end{cases}$$

将上式整理,可得到关于 a、b_1、b_2 的正规方程组:

$$\begin{cases} \sum_{i=1}^{n} y_i = na + b_1 \sum_{i=1}^{n} x_{1i} + b_2 \sum_{i=1}^{n} x_{2i} \\ \sum_{i=1}^{n} x_{1i} y_i = a \sum_{i=2}^{n} x_{1i} + b_1 \sum_{i=1}^{n} x_{1i}^2 + b_2 \sum_{i=1}^{n} x_{1i} x_{2i} \\ \sum_{i=1}^{n} x_{2i} y_i = a \sum_{i=1}^{n} x_{2i} + b_1 \sum_{i=1}^{n} x_{1i} x_{2i} + b_2 \sum_{i=1}^{n} x_{2i}^2 \end{cases}$$

[例 9-2] 某商品的需求量主要受商品价格及居民收入水平的影响,近十年该商品的需求量与商品价格及居民收入的有关资料如表 9-5 所示,试建立二元线性回归方程。

表 9-5　　某商品需求量、价格及居民收入统计表

年份	需求量(kg)	价格(元)	居民收入(万元)
1	5	8	30
2	6	9	30
3	6.5	7	40
4	7	6	50
5	7.5	7	60
6	8	6	120
7	9	5	130
8	10	4	110
9	10	5	100
10	11	3	130

解：设 Y 表示需求量，x_1 表示价格，x_2 表示居民收入，则回归方程为：

$$\hat{y} = a + b_1 x_1 + b_2 x_2$$

回归方程的参数计算如下：

$$\bar{y} = \frac{80}{10} = 8, \quad \bar{x}_{1i} = \frac{60}{10} = 6, \quad \bar{x}_{2i} = \frac{800}{10} = 80$$

由正规方程组得 a、b_1、b_2 的线性方程组：

$$\begin{cases} 80 = 10a + 60b_1 + 800b_2 \\ 450 = 60a + 390b_1 + 4\,210b_2 \\ 7\,050 = 800a + 4\,210b_1 + 79\,800b_2 \end{cases}$$

解此方程组，得：

$$a = 11.228 \quad b_1 = -0.725 \quad b_2 = 0.014$$

故二元线性回归方程为：

$$\hat{y} = 11.228 - 0.725x_1 + 0.014x_2$$

这一模型表明，当居民收入不变时，价格每上涨 1 元，该商品的需求量将平均减少 0.724 千克；当商品价格不变时，居民收入每增加 1 万元，该商品的需求量将平均增加 0.014 千克。

2. 二元回归模型的检验

1）相关系数及显著性检验

复相关系数是反映一个因变量与其他多个自变量之间的线性相关程度的指标，用 R 表示。其计算公式为：

$$R = \sqrt{\frac{\sum_{i=1}^{n}(\hat{y}_i - \bar{y})^2}{\sum_{i=1}^{n}(y_i - \bar{y})^2}} = \sqrt{1 - \frac{\sum_{i=1}^{n}(y_i - \hat{y}_i)^2}{\sum_{i=1}^{n}(y_i - \bar{y}_i)^2}} \tag{9-14}$$

此公式只能在因变量的估计值求得以后才能运用。其简捷计算公式为:

$$R = \sqrt{1 - \frac{\sum_{i=1}^{n} y_i^2 - a\sum_{i=1}^{n} y_i - b_1 \sum_{i=1}^{n} x_{1i} y_i - b_2 \sum_{i=1}^{n} x_{2i} y_i}{\sum_{i=1}^{n} y_i^2 - n(\bar{y}_i)^2}} \qquad (9-15)$$

[例 9-3] 依据表 9-6 资料计算复相关系数。

表 9-6　　　　　某商品需求量依价格、居民收入回归计算表

年份	需求量 (y_i)	价格 (x_{1i})	居民收入 (x_{2i})	$x_{1i}y_i$	$x_{2i}y_i$	$x_{1i}x_{2i}$	x_{1i}^2	x_{2i}^2
1	5	8	30	40	150	240	64	900
2	6	9	30	54	180	270	81	900
3	6.5	7	40	45.5	260	280	49	1 600
4	7	6	50	42	350	300	36	2 500
5	7.5	7	60	52.5	450	420	49	3 600
6	8	6	120	48	960	720	36	14 400
7	9	5	130	45	1 170	650	25	16 900
8	10	4	110	40	1 100	440	16	12 100
9	10	5	100	50	1 000	500	25	10 000
10	11	3	130	33	1 430	390	9	16 900
合计	80	60	800	450	7 050	4 210	390	79 800

解:计算得复相关系数如表 9-7 所示。

表 9-7　　　　　　　复相关系数计算表

年份	需求量(y_i)	$\hat{y}_i$	$(y_i - \hat{y}_i)^2$	$(y_i - \bar{y}_i)^2$	y_i^2
1	5	5.9	0.81	9	25
2	6	5.1	0.81	4	36
3	6.5	6.7	0.04	2.25	42.25
4	7	7.6	0.36	1	49
5	7.5	7.0	0.25	0.25	56.25
6	8	8.6	0.36	0	64
7	9	9.4	0.16	1	81
8	10	9.9	0.01	4	100
9	10	9.0	1.00	4	100
10	11	1.9	0.01	9	121
合计	80	80.1	3.81	34.5	674.5

$$R = \sqrt{1 - \frac{3.81}{34.5}} \approx 0.943$$

若显著性水平 $\alpha = 0.05$ 时,自由度 $= 10 - 3 = 7$,查"相关系数检验表"得, $R_{0.05(10-3)} = 0.785$,由相关系数及其显著性水平检验数值可知,上述二元线性方程具

有高度相关关系。

复相关系数的取值范围为 $0 \leqslant R \leqslant 1$。复相关系数为 1,表明因变量与自变量之间存在严密的线性关系,复相关系数为 0,则表明因变量与自变量之间不存在任何线性相关关系。一般情况下,复相关系数的取值在 0 和 1 之间,表明变量之间存在一定程度的线性相关关系。

2)估计标准误检验

二元线性回归分析中,估计标准误也是残差平方和的算术平均数的平方根。其一般计算公式为:

$$S_y = \sqrt{\frac{\sum_{i=1}^{n}(y_i - \hat{y}_i)^2}{n-m}}$$

其简捷计算公式为:

$$S_y = \sqrt{\frac{\sum_{i=1}^{n} y_i^2 - a\sum_{i=1}^{n} y_i - b_1\sum_{i=1}^{n} x_{1i}y_1 - b_2\sum_{i=1}^{n} x_{2i}y_i}{n-m}}$$

$$S_y = \sqrt{\frac{\sum_{i=1}^{n} y_i^2 - a\sum_{i=1}^{n} y_i - b_1\sum_{i=1}^{n} x_{1i}y_1 - b_2\sum_{i=1}^{n} x_{2i}y_i}{n-m}} \qquad (9-16)$$

用例中的数据计算估计标准误差:

$$S_y = \sqrt{\frac{674.5 - 11.228 \times 80 - (-0.725) \times 450 - 0.014 \times 7\,050}{10-3}} = 0.738$$

估计标准误为 0.738,说明建立的二元线性回归方程拟合度较好。

3. 利用已建立的二元回归模型进行预测

[**例 9-4**] 以[例 9-2]建立的二元线性回归方程预测当商品价格为 8 元,居民收入为 100 万元时,某商品的需求量。

解:将 $x_1 = 8, x_2 = 100$ 代入二元线性回归方程:$\hat{y} = 11.228 - 0.725x_1 + 0.014x_2$ 得 $\hat{y} = 11.228 - 0.725 \times 8 + 0.014 \times 100 = 6.83$(千克)。若其置信度为 95%($t = 1.96$),则其置信区间为 $(6.83 - 1.96 \times 0.738, 6.83 + 1.96 \times 0.738)$,即当价格为 8 元,居民收入为 100 万元时,商品需求量预测值在 5.384 千克至 8.276 千克之间。

9.4.2 运用回归分析应注意的问题

相关与回归分析是重要的统计分析方法,在统计学知识体系中占有重要的地位。它对于我们加深对现象间相互依存关系的认识,促使这种认识由定性阶段进入定量阶段都具有重要意义。但是,在运用回归分析的过程中还应注意以下几点:

(1)注意现象的复杂性,因而在选择对因变量的影响因素时要选择影响因变量的主要因素。一种现象产生的结果往往受多种因素的影响,在进行回归分析时,自变量越多,计算工作量越大,分析也越复杂,从而影响工作的效率。因此,应选择主要自变量来进行分析研究。

(2) 正确理解回归系数。回归系数的值不表示变量之间相关关系的密切程度,只是表示自变量与因变量变动的比率。

(3) 注意相关系数与回归方程有效性的检验。在进行相关与回归分析中所得出的相关系数、回归直线模型、估计标准误差等都是根据样本数据计算出来的,但所作的结论却是针对总体的。因而,在进行回归分析时,应检验回归模型的有效性。

(4) 充分发挥计算机的作用。当变量较多,数据较大时,用手工方法进行定量分析,往往难度很大。计算机的应用与发展,为进行回归分析提供了便利。可以使用专门开发的统计回归分析软件来建立回归模型、求解参数、测定相关系数、计算估计标准误差等工作。

本章小结

现象间的依存关系大致可以分成两种类型:一类是函数关系,另一类是相关关系。函数是指现象之间是一种严格的确定性的依存关系,表现为某一现象发生变化另一现象也随之发生变化,而且有确定的值与之相对应;相关关系是指客观现象之间确实存在的,但数量上不是严格对应的依存关系。

相关关系与函数关系是有区别的。相关关系的范围比函数关系的范围更大,函数关系可以说是相关关系的一个特例。但是它们之间存在着一定的联系。

相关分析的内容包括两个方面:①判别现象间有无相关关系;②测定相关关系的表现形态和密切程度。

判断现象之间是否存在相关关系,一般是对现象进行定性分析、编制相关表和绘制相关图等。

回归分析是将变量之间的相关关系在一定情况下转化为函数关系而展开,用这一函数公式来反映自变量和因变量之间的数量关系。回归分析建立的数学表达式称为回归方程(或回归模型),根据回归方程配合的曲线,称配合曲线,其表现形式有直线和曲线等。

回归分析的内容:①建立回归方程;②进行相关关系检验;③利用回归模型进行预测。回归分析根据自变量多少,可分为一元回归和多元回归;根据现象间依存关系的形式,可分为线性回归和非线性回归。这里要求重点掌握一元线性回归分析。

练习与实践

一、单项选择题

1. 相关分析和回归分析相辅相成,又各有特点,下面描述中正确的是( )。
   A. 在相关分析中,相关的两变量都不是随机的
   B. 在回归分析中,自变量是随机的,因变量不是随机的
   C. 在回归分析中,因变量和自变量都是随机的

D. 在相关分析中,相关的两变量都是随机的
2. 一元一次回归方程 $Y = a + bx$ 中的 a 表示( )。
   A. 斜率　　　　　　B. 最小平均法　　　　C. 回归直线　　　　D. 截距
3. 回归估计的估计标准误差的计量单位与( )相同。
   A. 自变量　　　　　B. 因变量　　　　　　C. 两个变量　　　　D. 相关系数
4. 估计标准误与相关系数的关系是( )。
   A. 估计标准误越大,相关系数越小
   B. 估计标准误越大,相关系数越大
   C. 估计标准误与相关系数没有任何关系
   D. 估计标准误与相关系数没有必然的联系
5. 直线回归分析中( )。
   A. 自变量是可控制量,因变量是随机的
   B. 两个变量不是对等的关系
   C. 利用一个回归方程,两个变量可以互相推算
   D. 根据回归系数可判定相关的方向
   E. 对于没有明显因果关系的两个线性相关变量可求得两个回归方程
6. 直线回归方程 $yc = a + bx$ 中的 b 称为回归系数,回归系数的作用是( )。
   A. 可确定两变量之间因果的数量关系
   B. 可确定两变量的相关方向
   C. 可确定两变量相关的密切程度
   D. 可确定因变量的实际值与估计值的变异程度
   E. 可确定当自变量增加一个单位时,因变量的平均增加量
7. 两变量 X 和 Y 的相关系数为 0.8,则其回归直线的判定系数为( )。
   A. 0.50　　　　　　B. 0.80　　　　　　　C. 0.64　　　　　　D. 0.90
8. 在完成了对一个回归模型的构造与评价后,我们可以( )。
   A. 估计未来所需样本的容量
   B. 计算相关系数和判定系数
   C. 以给定的因变量的值估计自变量的值
   D. 以给定的自变量的值估计因变量的值
9. 一元线性回归模型和多元线性回归模型的区别在于只有一个( )。
   A. 因变量　　　　　B. 自变量　　　　　　C. 相关系数　　　　D. 判定系数
10. 以下指标中,恒为正的是( )。
    A. 相关系数 r　　　B. 截距 a　　　　　C. 斜率 b　　　　D. 复相关系数

二、多项选择题

1. 判定现象之间有无相关系数的方法有( )。
   A. 对客观现象作定性分析　　　　　B. 编制相关表
   C. 绘制相关图　　　　　　　　　　D. 计算相关系数
   E. 计算估计标准误

2. 回归分析和相关分析的关系有（　　）。
   A. 回归分析可用于估计和预测
   B. 相关分析研究变量之间的相互依存关系的密切程度
   C. 回归分析中自变量和因变量可以互相推导并进行预测
   D. 相关分析需区分自变量和因变量
   E. 相关分析是回归分析的基础

3. 简单线性回归分析的特点有（　　）。
   A. 两个变量之间不是对等关系
   B. 回归系数有正负号
   C. 两个变量都是随机的
   D. 利用一个回归方程，两个变量可以互相推算
   E. 有可能求出两个回归方程

4. 模拟回归方程进行分析适用于（　　）。
   A. 变量之间存在一定程度的相关系数
   B. 不存在任何关系的几个变量之间
   C. 变量之间存在线性相关
   D. 变量之间存在曲线相关
   E. 时间序列变量和时间之间

5. 一元线性回归分析中的回归系数 b 可以表示（　　）。
   A. 两个变量之间相关关系的密切程度
   B. 两个变量之间相关关系的方向
   C. 当自变量增减一个单位时，因变量平均增减的量
   D. 当因变量增减一个单位时，自变量平均增减的量
   E. 回归模型的拟合优度

6. 关于回归系数 b，下面说法中正确的有（　　）。
   A. b 也可以反映 X 和 Y 之间的关系强度
   B. 回归系数不解释两变量间的因果关系
   C. b 公式中的两个变量都是随机的
   D. b 的取值在 1 和 −1 之间
   E. b 也有正负之分

7. 配合回归直线方程对资料的要求有（　　）。
   A. 因变量是给定的数值，自变量是随机的
   B. 自变量是可控变量，因变量是随机的
   C. 自变量和因变量都是随机的
   D. 自变量和因变量都不是随机的

8. 直线回归分析中（　　）。
   A. 自变量和因变量都是随机的
   B. 两个变量是对等的关系

C. 利用一个回归方程,两个变量可以互相推算

D. 根据回归系数可判定相关的方向

三、判断题

1. 不论是相关分析还是回归分析,都必须确定自变量和因变量。( )
2. 从分析层次上讲,相关分析更深刻一些。因为相关分析具有推理的性质,而回归分析从本质上讲,只是对客观事物的一种描述,知其然而不知其所以然。( )
3. 在回归分析中,通常假定 $\varepsilon \sim N(0, \sigma^2)$。( )
4. 只有当两个变量之间存在较高程度的相关关系时,回归分析才有意义。( )
5. 回归系数 b 和相关系数 r 都可用以判断现象之间相关的密切程度。( )
6. 回归系数可用来判断现象之间的相关方向。( )
7. 对于一个没有确定因果关系的两变量,可以求得两个回归方程。( )
8. 利用一个回归方程,两个变量可以互相推算。( )
9. 估计标准误的数值越小,说明回归直线的实用价值越小。( )
10. 只有在两变量之间确实存在线性相关关系,而且相关的密切程度显著时,才能拟合回归方程 $y_c = a + bx$。( )

四、计算题

1. 已知直线回归方程 $y_c = a + bx$ 中,$b = 17.5$;又知 $n = 30$,$\sum y = 13\,500$,$\bar{x} = 12$,则可知 $a = $ _____。

2. 已知回归方程 $y_c = 10 + 0.5x$,$n = 40$,$\sum y = 460$,$\sum xy = 7\,800$,$\sum y^2 = 8\,652$,试计算估计标准误差。

3. 某原始资料如表 9-8 所示。

表 9-8　　　　变量 X 和变量 Y 的原始资料

X	65	73	91	88	76	53	96	67	82	85
Y	5	7	13	13.5	7	4.5	15	6.7	10	11

要求:(1)求回归方程。

(2)这是正相关还是负相关。

(3)求估计标准误差。

(4)用积差法求相关系数。

4. 某 10 户家庭样本具有下列收入(元)和食品支出(元/周)数据,如表 9-9 所示。

表 9-9　　　　居民家庭收入和食品支出原始资料

收入(X)	20	30	33	40	15	13	26	38	25	43
支出(Y)	7	9	8	11	5	4	8	10	9	10

要求:(1)写出最小平方法计算的回归直线方程。

(2)在 95.46% 的把握下,当 $X = 45$ 时,写出 Y 的预测区间。

5. 某县城研究居民月家庭人均生活费支出和月家庭收入的相互关系,随机抽样 10 户进行调查,其结果如表 9-10 所示。

表 9-10　　　某县城居民家庭人均生活费支出和收入原始资料

月人均生活费(元)	85	88	90	94	96	100	106	118	120	124
月人均收入(元)	100	110	120	130	140	150	160	170	180	190

要求:(1)绘制散点图并观察两变量之间是否存在线性关系。
(2)计算相关系数和回归方程。
(3)计算估计标准误差。
(4)测算人均收入为 200 元时,其人均生活费应为多少元?

拓展实训

为了解学生每周的学习时间与期末综合成绩之间的关系,请以本校学生为调查对象,发放问卷、建立回归方程、计算学生的学习时间与成绩之间的相关系数,并找到学习时间与综合成绩的最佳契合点。

第 10 章 国民经济核算

【学习目标】

1. 了解国民经济核算体系的基本框架。
2. 了解国民经济核算的主要分类。
3. 掌握国内生产总值及相关总量指标的概念、计算方法及其数量关系。
4. 掌握有关统计分析指标的含义,能够对有关宏观经济问题进行分析。

【重点掌握】

1. 掌握国内生产总值及相关总量指标的概念与计算。
2. 掌握国民经济核算体系的意义及常用指标。

10.1 国民经济核算的一般问题

10.1.1 国民经济核算体系的概念和作用

1. 国民经济核算体系的概念

1) 国民经济核算

国民经济核算是以整个国民经济和社会再生产为对象的宏观核算。它以一定的经济理论为指导,综合应用统计、会计和数学等方法,对某一国或某一地区在一定时间内的经济活动及其结果进行全面、系统的计算、测定和描述。它通过具有内在联系的指标体系和科学的核算方法,从数量上反映国民经济运行状况及社会再生产过程中生产、分配、交换、使用各个环节之间以及国民经济各个部门之间的内在联系,为国家宏观经济管理和决策提供依据。

2) 国民经济核算体系

国民经济核算体系是对国民经济运行或社会再生产过程进行全面、系统的计算、测定和描述的宏观经济信息系统,它是整个经济信息系统的核心。国民经济核算体系有两层含义:

一是指为进行国民经济核算而制定的标准和规范。这个标准和规范是由国家和国际组织制定的,它以一定的经济理论为基础,明确规定一系列核算概念、定义和核算原则,制定一套反映国民经济运行的 指标体系、分类标准和核算方法以及相应的表现形式(平衡表、账户、矩阵等),形成一套逻辑一致和结构完整的核算框架。这些标准和规范是保证国民经济核算的科学性、统一性和可比性所不可缺少的,同时也是正确地理解和使用国民经济核算资料并进行国际比较所必需的。

二是指全面、系统反映国民经济运行的数据体系。它是根据上述标准和规范对国民经济进行核算的结果,是一整套国民经济核算资料,是形成宏观经济信息系统,成为国家宏观经济决策和调控的重要基础。

以上两层含义是统一的,第一层含义是前提,第二层含义是结果。

2. 国民经济核算体系的作用

国民经济核算体系是国家对国民经济进行现代化管理的重要工具,它的作用主要表现在以下几方面:

(1) 为宏观决策和制定国民经济发展计划提供科学依据。正确的决策和计划必须建立在对实际情况全面认识和对未来发展科学预测的基础上,国民经济核算体系既是全面、系统、综合地反映国民经济运行和结果的数据体系,又可为各项预测提供宏观经济模型。

(2) 对国民经济运行进行监测。国民经济核算体系按年、按季定时提供各种信息,能经常反映国民经济运行总体情况及各个环节、各个部门的动态,据以及时监测国民经济发展是否正常,以及哪些环节和部门有不协调的现象,从而能及时进行调控,促使国民经济持续、协调发展。

（3）为宏观经济分析提供基础数据。有关部门及研究人员根据国民经济核算体系资料，可以对整个国民经济发展的规模、速度、结构、比例及效益等进行分析和评价，并对宏观经济活动中各有关方面的平衡关系及各部门之间的相互依存关系进行定量和定性分析，为改善宏观经济管理提供依据。

（4）为国际对比提供依据。按照国际标准核算出来的数据，具有广泛的可比性，是国际间进行经济交流的一种共同语言。

3. 国民经济核算体系在经济统计体系中的地位

经济统计体系包括四个体系内容，即统计指标体系、统计分类与编码标准体系、统计调查方法体系和国民经济核算体系。其中，国民经济核算体系在整个统计体系中处于核心地位，对其他体系发挥统帅和导向的作用，具体表现为：

（1）国民经济核算体系界定了社会生产的范围（包括货物和服务的生产），同时也决定了分配、交换、消费的范围，这就给经济统计提供了明确的界限，使统计指标体系、统计分类与编码标准体系、统计调查方法体系有共同的研究范围。

（2）国民经济核算体系规定了国民经济核算的基本单位为常住单位，这也就相应决定了经济统计调查的基本单位。

（3）国民经济核算体系统一确定了从宏观上反映社会再生产全过程的指标体系，具体包括投入、产出、收入、分配、消费、积累、金融交易、国际收支、资产负债等，这些方面最重要的综合指标就构成了各项经济统计指标体系的骨架。

（4）国民经济核算体系使用的协调一致的国民经济各项分类标准，为统计分类体系提供了统一的分类标准，包括机构部门分类、产业部门分类、产品分类、资产分类、居民消费按用途分类、政府职能分类、生产支出分类等。

（5）国民经济核算体系对经济统计的调查方法提出一定的要求，这是由于其资料来源于各项经济统计和部分社会统计。

10.1.2 核算体系的形成和发展

国民经济核算体系是20世纪30年代以来随着国家对宏观经济管理的加强，在国民收入统计的基础上逐步发展起来的。国民经济核算体系作为国际标准是到20世纪50年代才开始形成的。由于各国经济运行机制和经济管理体制不同，形成了两种不同的国民经济核算体系，即物质产品平衡表体系和国民账户体系。这两种体系都是依照一定的经济理论和经济管理职能的特点而建立的，它们曾在相当长的时期里并存发展。下面分别介绍并进行比较。

1. 物质产品平衡表体系

从20世纪20年代中期开始，前苏联为适应高度集中的计划经济管理的需要，开始编制国民经济平衡表，在30年代初步形成了体系，到了50年代末基本定型。以后逐渐为东欧各国、古巴、蒙古等国所采用。物质产品平衡表体系（MPS）是以物质产品的生产、分配、交换和使用为主线，侧重反映物质产品再生产过程的主要方面。核算范围主要包括农业、工业、建筑业、货物运输业及邮电业、商业等物质生产部门；核算方法主要采用平衡表法,由一系列平衡表所组成。MPS的主要总量指标有社会总产品(社会总产值)、物质消耗和国民收入等。近年来,俄罗斯和东欧各国为适应向市场经济的过渡,已放弃继续使用物质产品平衡表体系。

2. 国民账户体系

国民账户体系是适用于市场经济条件下的国民经济核算体系(SNA),首创于英国,继而在经济发达国家推行,现已为世界上绝大多数国家和地区所采用。国民账户体系以全面生产的概念为基础,把整个国民经济的各行各业都纳入核算范围,将社会产品分为货物和服务两种表现形态,完整地反映全社会生产活动成果及其分配和使用的过程,并注重社会再生产过程中的投入产出核算、资金流量核算和资产负债核算。SNA的核算方法是运用复式记账法的原理,建立一系列宏观经济循环账户和核算表式,组成结构严谨、逻辑严密的体系。SNA的主要总量指标有总产出、国内生产总值、国民生产总值等。

3. 两大核算体系的比较

MPS和SNA都是适应国家宏观经济管理需要而建立和发展起来的国民经济核算体系,但两者是不同的经济体制和经济运行机制下的产物。由上面的介绍可知,MPS是与前苏联和东欧各国高度集中的计划经济体制相适应的,而SNA则是与市场经济条件下的国家宏观管理要求相适应的。因而两者在核算的范围、内容和方法上都存在很大的差异,具体表现为:

(1) 在核算范围上,MPS只限于对物质产品的核算,而把非物质生产性质的服务活动排除在生产领域之外;SNA的核算范围覆盖整个国民经济,不受物质生产领域的局限,所以,SNA保证了对国民经济总量核算的完整性和再生产各环节核算的协调一致。

(2) 在核算内容上,MPS是主要反映物质产品的生产、分配、交换和使用的实物运动;SNA除了对货物和服务的实物流量进行核算外,还注重收入、支出和金融交易等资金流量以及资产负债存量的核算,因此,能更深入和更好地反映社会再生产中实物运动与价值运动交织在一起的复杂的运动过程。

(3) 在核算方法上,MPS主要采用平衡表法,侧重各平衡表内的平衡,而各平衡表之间缺乏有机的联系,整个结构不够紧密;SNA主要采用复式记账法,通过账户体系把社会再生产各环节、国民经济各部门紧密衔接起来,能更好地反映国民经济运行中的内在联系,提高了国民经济核算的科学水平。MPS和SNA,都是长期以来各国理论研究和实践经验的结晶,是国际性的科研成果。从各国的实际情况看,SNA的应用日益广泛。近几年来,随着世界市场经济的迅速发展,国际上加快了国民经济核算体系一体化的进程,1993年联合国统计委员会通过了新修订的SNA,它将成为适用于世界各国的统一的国民经济核算国际标准。

10.1.3 建立国民经济核算体系的必要性

新中国成立以来,我国所采用的国民经济核算制度基本属于MPS,而且很不完整。它是与高度集中的计划管理体制相适应的,在过去的经济管理中曾发挥过重要的作用。

但自改革开放以来,我国经济体制格局和经济运行机制发生了深刻变化,原有的核算制度的缺陷日益突出。为加强宏观决策和宏观调控,必须改革原有核算制度,建立新的国民经济核算体系。其必要性具体表现在:

(1) 原有的国民经济核算制度不能适应实现我国经济发展战略目标的要求。中共中央根据社会主义现代化建设的全局要求,科学地提出了我国经济发展的战略目标和分三步走的战略部署。这是从整个国民经济的发展出发,包括物质生产活动和非物质生产活动两个方面。所以,以国内生产总值作为衡量指标,要求在不断促进物质生产增长的同时,加快发展以非物质生产活动为主要内容的第三产业,而我国原有的国民经济核算制度却主要反映物质产品的生产和使用,不能全面反映国民经济的发展情况,从而不能适应实现我国经济发展战略目标的要求,因此必须改革原有制度,建立新的国民经济核算体系。

(2) 原有的国民经济核算制度不能适应深化改革的需要。随着社会主义市场经济体制的建立,我国所有制结构、分配方式、流通渠道以及整个经济管理体制和经济运行机制都发生了深刻的变化。国家管理经济主要是借助市场机制,运用经济杠杆和经济政策,间接引导企业的决策和经营方向。为此,必须加强国家间接运行的以价值形式表现的总量指标的核算,特别是反映社会资金运动的资金流量核算和资产负债核算。然而,原有的核算制度侧重于实物流量核算,不能完整地反映社会资金运动和社会分配、再分配的情况。因此,为了有利于国家通过财政、金融、物价、税收、工资等经济杠杆对经济运行进行调控;为了全面反映社会再生产各个环节、国民经济各个部门之间的衔接和总体的平衡;为了深化改革,必须建立符合实际需要的新的国民经济核算体系。

(3) 原有的国民经济核算制度不能适应扩大对外开放的需要。我国实行对外开放以来,同世界各国的对外贸易、非贸易往来、资金融通和技术交流合作的规模日益扩大,这些对外交易活动对我国国民经济的促进作用和影响程度越来越明显,这就要求加强我国与其他国家和地区的经济、技术往来的核算,以综合反映我国的国际收支状况,为制定对外经济政策和战略提供重要依据。同时还要求将我国的核算体系与国际标准接轨,便于进行国际对比,有利于发展对外经济合作与国际市场的竞争。但原有的国民经济核算制度不能综合反映对外经济交往,因此,有必要建立新的国民经济核算体系,以满足扩大对外开放的需要。

(4) 原有的国民经济核算制度不能适应对国民经济运行综合协调和总体平衡的要求。原有的核算制度的基本核算方法是平衡表法,它只注重各个局部核算内容自身的平衡,各平衡表之间缺乏紧密的联系,所以,不能适应对国民经济运行综合协调和总体平衡的要求。国民经济是复杂的有机整体,社会再生产各环节之间、各部门之间存在着紧密的联系,为了全面反映社会主义市场经济条件下这些经济联系的数量表现,必须采用科学的核算方法,以国际上通用的国民账户方法为主建立新的核算体系,这对于观察和研究社会总需求与总供给总量平衡和财政、信贷、国际收支平衡状况以及社会再生产各环节之间的衔接和各部门之间的联系,促进国民经济协调发展,具有十分重要的意义。

10.1.4 我国国民经济核算体系的结构

建立我国新国民经济核算体系的指导思想是:从我国发展社会主义市场经济的实际出发,以马克思主义理论为指导,在总结我国实践经验的基础上,吸取国际上科学的核算方法和有益的经验,建立适合中国国情的新的国民经济核算体系。

基于上述指导思想,建立新的国民经济核算体系,必须坚持以马克思主义的经济理论体系为指导,并吸收现代宏观经济学中符合市场经济运行规律的理论;从我国实际情况出发,新体系应反映整个国民经济运行的全貌,为宏观管理和决策提供依据,以满足建立和完善社会主义市场经济体制的要求;在总结我国实践经验的基础上,吸取国际上科学的核算方法,建立既适应中国国情又符合国际标准的新国民经济核算体系。

鉴于 MPS 已不适用于社会主义市场经济体制,新 SNA 即将成为世界各国通用的国民经济核算标准与规范。所以,我国新国民经济核算体系应当以新 SNA 为基本框架,向国际标准靠拢,使之成为既能适应我国建立社会主义市场经济体制需求并与国际标准接轨的国民经济核算体系。

国民经济核算体系将国民经济作为一个有机联系的整体,对国民经济循环进行完整的描述。国民经济循环过程是指从生产、分配到交换、使用的社会再生产过程。在市场经济条件下,国民经济循环表现为产品实物运动和货币资金运动交织在一起的统一运动过程。实物运动体现产品的生产、流通和使用过程,资金运动体现收入与分配和资金融通过程。

我国国民经济核算体系由社会再生产核算表和经济循环账户两部分组成。

1. 社会再生产核算表

社会再生产核算表采用收付式平衡表和矩阵式平衡表形式,反映社会再生产全过程及各环节、各部门的经济活动,分为基本表和补充表两种。

1) 基本表

它是对国民经济总体运行情况进行全面、综合、系统的价值量核算的表式。基本表包括:国内生产总值及其使用表、投入产出表、资金流量表、国际收支平衡表和资产负债表。这 5 个基本表彼此衔接,联成一体,构成社会再生产过程的系统描述,但它们又是各自具有相对独立性的子体系。5 个表的中心是国内生产总值及其使用表,它核算社会生产、分配和消费、投资、进出口等社会再生产中的基本总量,并对其他基本表中的有关总量起着控制作用。其他基本表是国内生产总值及其使用表的进一步延伸和扩展。

2) 补充表

围绕基本表制定了 8 张补充表,它们也是体系的重要组成部分。补充表分为两种类型:一是不以价值量表现的社会再生产基本条件的核算,包括人口平衡表、劳动力平衡表、自然资源平衡表等,其内容十分重要,但它们与价值形式的基本表及账户没有直接的数量关系;二是对基本核算表的扩展和补充,包括主要商品资源与使用平衡表(是国内生产总值及其使用表的补充)、综合价格指数表(与国内生产总值及其使用表相应配套)、财政信贷资金平衡表(是资金流量表的补充)、企业部门产出表和企业部门投入表(是投入、产出表的补充)。这些内容是从不同角度适应我国当前宏观经济管理中的各种需要,特别是研究财政、信贷、物资平衡等问题所必需的。但它们的核算范围、核算内容和表现形式各异,为了使核算体系各表之间的关系更加清晰起见,将这一部分内容一并列为基本表的补充。

2. 经济循环账户

经济循环账户采用"T"形账户和复式记账方法,把基本核算表中各种流量和存量的基本指标联结起来,形成一套逻辑严密、结构严谨的账户体系,系统地描述了国民经济循环过程中各环节、各部门的内在联系。可见,采用"T"形账户和采用复式记账是经济循环账户的两个特点。

经济循环账户包括国民经济账户和部门账户两个不同层次的账户。

1) 国民经济账户

国民经济账户是以国民经济总体为对象进行核算,是经济循环账户体系的主体。国民经济账户包括国内生产总值账户、国民可支配收入及支出账户、投资账户、对外交易账户和资产负债账户。因此,国民经济账户对国民经济运行的描述是全面、系统的,它不是孤立地反映每个方面和环节,而是将它们有机地联系在一起。

(1) 国内生产总值账户反映有关生产(供给)和使用的总量平衡关系,国内生产总值是核算体系的核心指标,本账户的总量平衡关系是围绕这一指标建立的。国内生产总值账户反映了国内生产总值的三种计算方法,即生产法、收入法和支出法。

(2) 国民可支配收入及支出账户反映收入来源与使用的平衡关系。该账户有两个关于收入的总量指标,即国民生产总值和国民可支配收入。

(3) 投资账户反映整个经济的投资支出及资金来源状况。

(4) 对外交易账户反映与国外发生的交易活动,集中反映了记录在其他各账户中的所有对外交易项目。该账户分为经常往来账户和资本往来账户。对外交易账户是从国外的角度出发设置的,账户的右方为国外的收入(即国内的支出),左方为国外的支出(即国内的收入)。

(5) 资产负债账户反映某一时点的存量状况。具体分为调整账户和期末资产负债账户,前者记录由于非正常事件(如自然灾害、战争)和价格变化所引起的资产负债变化。期末资产负债等于期初资产负债加本期发生的资产负债,再加上相应的调整(因为资产负债账户是反映存量)。

2) 部门账户

部门账户是国民经济账户的分解,分别按机构部门和产业部门设置。

机构部门账户是按机构部门分类设置的,包括国内 4 个机构部门(企业、金融机构、政府和居民)账户和国外部门账户。机构部门账户反映各部门经济活动及部门之间的经济联系,是与国民经济账户中的国内生产总值账户相对应的。产业部门账户是按国民经济行业设置的,对不同的产业部门分别进行账户核算。

综观上述,经济循环账户与基本核算表是对同一国民经济运行过程进行系统核算采用的不同方法。社会再生产核算表的基本表采用的是平衡表和矩阵式平衡表核算形式,其中每张核算表都具有相对的独立性,但又彼此衔接,联成一体,可根据需要和可能进行比较精细的核算,提供丰富的资料。经济循环账户采用复式记账方法,将经济运行中国民经济及各部门的基本指标联接成有机的指标链,能更好地反映国民经济运行中各环节之间、各部门之间的内在联系,并可通过比较和检验各账户之间的关系,提高数据的准确性。因此,将二者结合起来,可以在内容上、功能上互相补充、互相验证,更有利于提高国民经济核算水平。

10.2 国民经济核算体系的主要指标

国民经济核算体系中的指标,是按照社会再生产过程来设置的,包括社会生产、分配、交换和使用等流量指标,以及资产负债等存量指标。这些指标分布在有关的社会再生产核算表和各经济循环账户中。下面分别介绍其中的几个主要指标。

10.2.1 总产出、中间投入和增加值

1. 总产出

1) 总产出的概念

它是指核算期内全部生产活动的总成果,包括本期生产的已出售和可供出售的物质产品和服务、在建工程以及自产自用消费品和自制固定资产价值。总产出是新核算体系中反映社会总产品价值量的指标。

在掌握总产出的概念时,必须先明确生产活动的含义。核算体系定义的生产活动包括货物生产和服务生产,即不仅包括物质生产部门的生产活动,而且包括非物质生产部门的生产活动。货物生产的基本特点是:具有一定的实物形态,可以用实物量单位进行计量,生产过程从制作到使用可以分阶段独立进行,并可以在不同单位之间进行移动。如汽车、粮食的生产属于货物生产。服务生产的基本特点是:成果不具有实物形态,提供服务与使用服务一般在同一时间内完成。在明确了上述生产活动的基础上,就可理解总产出是反映国民经济各个部门在一定时期内生产的物质产品和服务价值的总量。同时,了解总产出一般按生产者价格计算。

2) 总产出的计算

(1) 一般公式:

$$总产出 = 中间投入 + 增加值$$

(2) 国民经济各部门根据本部门的特点有计算总产出的具体公式,例如:

$$农业总产出 = \Sigma(农产品产量 \times 单位产品价格) = 农业总产值$$

$$工业总产出 = 工业中间投入 + 工业增加值 = 工业总产值$$

$$居民服务业总产值 = 营业收入$$

$$金融业总产出 = 各项利息收入 + 手续费收入 + 信托业务收入 + 融资租赁业务收入 + 外汇业务收入 + 投资分红收入 - 各项利息支出$$

(3) 从对生产的定义可引出总产出的公式为：

$$总产出＝物质生产部门总产出＋非物质生产部门总产出$$

式中，总产出是全社会的总产出，也就是整个国民经济的总产出，其中物质生产部门总产出等于物质生产部门的社会总产值。

2. 中间投入

中间投入是指在生产经营过程中消耗或转换的物质产品和服务价值。中间投入也称为中间产品或中间消耗。记入中间投入必须具备两个条件：一是与总产出相对应的生产过程所消耗或转换的物质产品和服务；二是本期消耗的不属于固定资产的非耐用品。中间投入分为物质产品投入和服务投入。物质产品投入指生产过程中消耗或转换的物质产品，包括货物和物质性服务（货运、邮电通讯、商业和饮食等服务）的消耗，但不包括固定资产损耗；服务投入指在生产过程中消耗的除物质性服务以外的各种服务，包括金融保险、文化教育、科学研究、医疗卫生、行政管理等。

以总产出和中间投入的概念及两者关系，可得出下列公式：

$$中间投入＝总产出－增加值$$

或

$$\begin{matrix}中间投入\\(中间消耗)\end{matrix}＝\begin{matrix}物质产品投入\\(中间物质产品消耗)\end{matrix}＋\begin{matrix}服务投入\\(中间服务消耗)\end{matrix}$$

3. 增加值

增加值是指总产出的价值扣除中间投入价值后的余额，反映生产单位或部门生产活动的最终成果，也是本单位或部门对国内生产总值的贡献。增加值由固定资产损耗、劳动者报酬、生产税净额、营业盈余四个项目构成。各部门增加值之和就是国内生产总值(下面将重点介绍国内生产总值指标)。增加值计算的一般公式为：

$$增加值＝总产出－中间投入$$

10.2.2 国内生产总值和国民生产总值

1. 国内生产总值

1) 国内生产总值的概念

它是指一国所有常住单位在核算期内生产活动的最终成果。从生产角度来看，它等于各部门增加值之和；从收入角度看，它等于固定资产折旧、劳动者报酬、生产税净额和营业盈余之和；从支出角度看，它等于总消费、总投资和净出口之和。国内生产总值简写成 GDP。

国内生产总值是反映常住单位生产活动成果的指标。常住单位是指在一国经济领土内具有经济利益中心的经济单位。经济领土是由一国政府控制或拥有的地理领土，也就是在本国地理范围基础上，还应包括该国驻外使领馆、科研站和援助机构等，并相应地扣除外国驻本国的上述机构。经济利益中心是指某一单位或个人在一国经济领土内拥有一定活动场所，从事一定的生产和消费活动，并持续经营或居住 1 年以上的单位和个人。

2) 国内生产总值指标的作用

计算国内生产总值指标的作用,主要表现在:它能综合国民经济活动的最终成果;是衡量国民经济发展规模、速度的基本指标;是分析经济结构和宏观经济效益的基础数据;有利于分析研究社会最终产品的生产、分配和最终使用情况;有利于进行国际间的经济对比等等。

3) 国内生产总值的计算方法

国内生产总值有三种计算方法,即生产法、收入法和支出法。

(1) 生产法又称部门法或增加值法。生产法是从生产的角度计算国内生产总值。其计算公式为:

$$国内生产总值=国民经济各部门增加值之和$$
$$增加值=总产出-中间消耗$$

(2) 收入法又称分配法或成本法

收入法是从分配或收入的角度来计算国内生产总值。按这种方法计算,首先是各个部门根据生产要素在初次分配中应得到的收入份额来计算增加值,然后再加总各部门的增加值而得到国内生产总值。增加值的计算公式为:

$$增加值=固定资产损耗+劳动者报酬+生产税净额+营业盈余$$

式中,营业盈余是营业利润与其他盈余。

(3) 支出法又称最终产品法或使用法。是从最终使用的角度来计算国内生产总值。一定时期的国内生产总值在本期内的最终使用,具体包括总消费、总投资和净出口三部分。计算公式为:

$$国内生产总值=总消费+总投资+净出口$$

式中,净出口为货物和服务出口价值减去其进口价值的差额。

以上三种方法计算出的国内生产总值,从理论上讲应当相等,称为"三面等值"。但是,由于资料来源不同,实际上三种结果往往会出现差异,这属于统计误差。

2. 国民生产总值

1) 国民生产总值的概念

它是指一定时期内,国内生产总值与来自国外的要素净收入之和。来自国外的要素净收入,就是本国从国外(非常住单位)获得的劳动报酬和财产收入(如利息、红利、租金等),减去国外(非常住单位)从本国获得的劳动报酬和财产收入的净额。国民生产总值简写成 GNP。

国民生产总值反映了本国常住单位原始收入的总和,因此,国民生产总值不是一个生产概念,而是一个收入概念。在联合国的新修订的 SNA 核算体系中,已将国民生产总值改称为国民总收入(GNI)。

2) 国民生产总值的计算方法

国民生产总值可以通过其与国内生产总值的关系来计算,具体公式如下:

国民生产总值＝国内生产总值＋来自国外的劳动者报酬和
财产收入－国外从本国获得的劳动者报酬和财产收入

或

国民生产总值＝国内生产总值＋国外要素收入净额

$$\text{国外要素收入净额} = \text{来自国外的劳动者报酬和财产收入} - \text{国外从本国获得的劳动者报酬和财产收入}$$

$$= \text{来自国外的劳动者报酬净额} + \text{来自国外的财产收入净额}$$

式中，来自国外的劳动者报酬净额指常住居民从非常住单位获得的劳动者报酬与非常住居民从常住单位获得的劳动者报酬相抵后的差额；来自国外的财产收入净额是指常住单位从非常住单位获得的财产收入与非常住单位从常住单位获得的财产收入相抵后的差额。

3. 国内生产净值和国民生产净值

国内生产净值和国民生产净值是通过国内生产总值与国民生产总值来计算的，具体公式为：

$$\text{国内生产净值} = \text{国内生产总值} - \text{固定资产损耗}$$
$$\text{国民生产净值} = \text{国民生产总值} - \text{固定资产损耗}$$

国内生产净值（NDP）反映一定时期内全社会新创造的价值。

国民生产净值（NNP）反映一定时期内本国获得的原始净收入。联合国修订的 SNA 中将国民生产净值改称为国民净收入（NNI）。

4. 国民可支配总收入和国民可支配净收入

国民可支配收入是指本国在一定时期内获得的原始收入的基础上，经过与国外的经常转移收支之后可最终用于消费和投资的收入。

经常转移包括国外的经常转移和国内部门间的经常转移。国外的经常转移。如，与国际组织间的往来、无偿援助和捐赠、侨汇以及向国外征收或缴纳的收入税等。国内部门之间的经常转移包括以现金和实物方式互相转移收入。如，社会保险、社会补助等。这种转移，在汇总国内各部门资料时将被互相抵消。所以，国民可支配收入只包括与国外的经常转移。

国民可支配收入可按总额计算，也可以按净额计算。其计算公式如下：

$$\text{国民可支配总收入} = \text{国民生产总值（国民总收入）} + \text{来自国外的经常转移净额}$$
$$\text{国民可支配净收入} = \text{国民生产净值（国民净收入）} + \text{来自国外的经常转移净额}$$

式中：

$$\text{来自国外的经常转移净额} = \text{来自国外的经常转移} - \text{支付国外的经常转移}$$

5. 固定资产损耗、劳动者报酬、生产税净额和营业盈余

1）固定资产损耗

固定资产损耗是指核算期内生产中因耗用固定资产而磨损的价值。按 SNA 的核算要求,应按固定资产重估价的价值和使用年限计算,我国限于条件,暂以固定资产折旧代替。固定资产损耗是社会最终产品价值的组成部分,不是中间投入。

2)劳动者报酬

劳动者报酬指劳动者从事生产活动而从生产单位得到的各种形式的报酬,包括工资和福利费。

3)生产税净额

生产税净额指各部门向政府缴纳的生产税与政府向各部门支付的生产补贴相抵后的差额。生产税是政府向各部门征收的有关生产、销售、购买、使用货物和服务的税金,包括各种利前税。生产补贴是政府为控制价格又要扶持生产而支付给生产部门的补贴,包括价格补贴和亏损补贴。

6. 总投资和总消费

总投资和总消费是国内生产总值最终使用的两个主要方面,是反映投资和消费规模、研究两者比例关系和内部结构的两项重要指标。

1)总投资

总投资是指常住单位在核算期内,固定资产投资和库存增加价值的总和。它反映本期最终产品中用于扩大再生产增加的固定资产和存货价值,属于积累的范畴。总投资的计算公式为:

$$总投资 = 固定资产投资 + 库存增加$$

对公式的两点说明:

(1) 固定资产投资也称固定资产形成,是指核算期内全社会用于购置和建造固定资产的投资。其内容包括建筑安装工程、设备与工具器具购置、商品房购置和其他费用。其中的建筑安装工程是指建筑工程和安装工程的投资。从形成来看,固定资产投资包括四部分,即:基本建设投资支出形成的固定资产价值、更新改造投资支出增加的固定资产价值、大修理资金支出增加的固定资产价值和由其他资金支出形成的固定资产价值。

固定资产投资减去当年固定资产损耗后为固定资产净投资,是当年固定资产的积累。

(2) 库存增加是指常住单位在核算期内增加的各种存货的价值。期末存货与期初存货相抵为正值表示库存增加,为负值表示存货减少。其内容包括:生产单位生产的各种成品、半成品、在制品库存,使用单位购入的原材料、燃料和各种储备物资等库存,储备单位的物资库存。

2)总消费

总消费是指常住单位在一定时期内用于最终消费的产品(含服务)的价值,也就是最终消费支出。总消费分为居民消费和社会消费两部分。其计算公式为:

$$总消费 = 居民消费 + 社会消费$$

对公式的两点说明:

(1) 居民消费。居民消费是指常住居民在核算期内为个人最终消费需求而购买的物质产品和服务的全部支出。一是居民以货币直接购买的、用于生活消费的各种物质产品,包括各种耐用消费品和非耐用消费品支出,不包括居民购买的房屋和用于生产目的的支出;二是居民直接购买的、用于生活消费的各种服务支出,包括交通费、房租、洗理费、日用修理费、医疗保健费、教育费、家庭保姆费等支出;三是居民以实物工资获得的各种生活消费,包括居民得到的免费和低于市场价格获得的各种物质产品和服务;四是居民自产自用的计入核算期社会产品中的物质产品、自有住房的虚拟房租消费等。

(2) 社会消费。社会消费包括政府消费支出和集体消费支出。政府消费支出指政府部门总产出减去其销售收入后的余额;集体消费支出指行政、事业、企业单位和农村集体对物质产品和服务的最终消费支出。

7. 总储蓄和净储蓄

1) 总储蓄

总储蓄是指国民可支配总收入减去总消费后的余额,即各机构部门的现期收入与现期支出的差额。它具体表现为城乡居民收入再消费后的结余及企业与行政事业单位分配后的所得。总储蓄分为净储蓄和固定资产损耗,后者是用于补偿资产损耗的,前者在企业则可理解为经营盈余。总储蓄的计算公式为:

$$总储蓄 = 国民可支配总收入 - 总消费$$

或

$$总储蓄 = 净储蓄 + 固定资产损耗$$

2) 净储蓄

净储蓄是指国民可支配净收入减去总消费后的余额或总储蓄扣除固定资产损耗后的余额。用公式表现为:

$$净储蓄 = 国民可支配净收入 - 总消费$$

或

$$净储蓄 = 总储蓄 - 固定资产损耗$$

以上介绍新国民经济核算体系中从社会生产至最终使用的主要指标。

8. 流量和存量

流量和存量是进行国民经济核算与分析的基础,是两个常见的重要概念。

流量,是在一定时期内生产的产品和劳务而取得的收入或支出的总量。比如,反映社会产品和劳务的生产、分配、使用情况的国民生产总值、国内生产总值、劳动者收入总额、投资总额、流动资金增加额、社会物质产品消费量等等都是流量。存量,是在某一时点上,过去生产与积累起来的产品、货物、储备、资产负债的结存数量。比如,资产负债表中的期初、期末的固定资产结存、流动资金余额、存款余额、资金储备、外汇储备等等都是存量。

流量与存量之间联系密切,其表现形式有如下种类:一种是有些经济现象中的流量与存量是相对应而并存的,有流量必然有存量。比如,固定资产投资是流量,其对应的固定资产总值是存量,货币支出总额是流量,其对应的存量是期末货币结存。另一种是有些经济现象只有流量,而无对应的存量。比如,一定时期内的进口总额、出口总额,一定时期内的工资总额、奖金总额等,这些是流量,绝无对应的存量。还有一种是在流量与存量并存的经济现象中,流量与存量是相互影响的。一方面,流量来自存量,存量越多,流量也越多;另一方面,流量在一定程度上决定存量的大小。再有一种就是两个存量或两个流量的对比,或者一个流量与一个存量的对比,计算得到的相对指标与平均指标,既不是流量,也不是存量。因此,流量与存量,只是对总量指标而言的。

本章小结

国民经济核算是以整个国民经济和社会再生产为对象的宏观核算。

国民经济核算体系是对国民经济运行或社会再生产过程进行全面、系统的计算、测定和描述的宏观经济信息系统,它是整个经济信息系统的核心。

经济统计体系包括四个体系内容,即:统计指标体系、统计分类与编码标准体系、统计调查方法体系和国民经济核算体系。

我国国民经济核算体系由社会再生产核算表和经济循环账户两部分组成。

国民经济核算体系中的指标,是按照社会再生产过程来设置的,包括社会生产、分配、交换和使用等流量指标,以及资产负债等存量指标。这些指标分布在有关的社会再生产核算表和各经济循环账户中。

练习与实践

一、单项选择题

1. 国民生产总值反映(　　)。
   A. 本国常住单位原始收入的总和
   B. 本国常住居民原始收入的总和
   C. 本国所有企业原始收入的总和
   D. 本国居民再分配收入的总和

2. 国民可支配收入是指(　　)。
   A. 本国一定时期的原始收入,经过分配再分配,可作为社会最终使用的收入
   B. 本国一定时期的原始收入
   C. 本国一定时期创造的全部收入
   D. 国内生产总值加上来自国外的经常转移

3. 反映一个国家或地区经济增长速度的一般是(　　)指标。
   A. 社会总产值增长率　　　　　　B. 国内生产总值增长率
   C. 国民生产总值增长率　　　　　D. 社会净产值增长率

4. 国内生产总值是一国所有常住单位在核算期内的(　　)之和。
   A. 总产值　　　　　　　　　　　B. 净产值
   C. 增加值　　　　　　　　　　　D. 原始收入

二、多项选择题

1. 两大国民经济核算体系是指( )。
   A. 社会再生产核算体系　　　　B. 经济循环账户体系
   C. 物质产品平衡表体系　　　　D. 国民账户体系
2. 总消费包括( )。
   A. 固定资产投资　　　　　　　B. 库存增加
   C. 居民消费　　　　　　　　　D. 社会消费

三、计算题

1. 已知某地区某年劳动者报酬1 200亿元，生产税500亿元，生产补贴130亿元，营业盈余780亿元，固定资产折旧350亿元，来自国外的要素收入120亿元，支付给国外要素收入200亿元，试计算该地区国民生产总值为多少亿元？

拓展实训

请进行文献检索，比较传统GDP和绿色GDP之间的区别，简述绿色GDP的应用前景。